Verlag für Systemische Forschung
im Carl-Auer-Systeme Verlag

Regina Hunter

Positive Scheidungsbewältigung im Kindes- und Jugendalter

Theorien und Resultate einer Befragung von jungen Frauen

2002

Über alle Rechte der deutschen Ausgabe verfügt der
Verlag für Systemische Forschung
im Carl-Auer-Systeme Verlag, Heidelberg
www.carl-auer.de
Fotomechanische Wiedergabe nur mit Genehmigung des Verlages
Umschlaggestaltung: Drißner Design und DTP, Meßstetten
Printed in Germany 2002

Erste Auflage, 2002
ISBN: 3-89670-309-9

Die Deutsche Bibliothek – CIP-Einheitsaufnahme

Ein Titeldatensatz für diese Publikation ist bei
Der Deutschen Bibliothek erhältlich.

Diese Publikation beruht auf der Dissertation „Positive Scheidungsbewältigung im Kindes- und Jugendalter" zur Erlangung der Doktorwürde der Philosophischen Fakultät der Universität Zürich 1999.

Die Verantwortung für den Inhalt liegt bei der Autorin.
Alle Rechte, insbesondere das Recht zur Vervielfältigung und Verbreitung sowie der Übersetzung vorbehalten. Kein Teil des Werkes darf in irgendeiner Form (durch Fotokopie, Mikrofilme oder ein anderes Verfahren) ohne schriftliche Genehmigung des Verlags reproduziert oder unter Verwendung elektronischer Systeme verarbeitet werden.

Inhaltsverzeichnis

1. EINLEITUNG 3

2. DIE SCHEIDUNGSBEWÄLTIGUNG IN DER PRAXIS
   - Befragungsresultate 5
   2.1 Sechs junge Frauen und ihre individuelle Scheidungsbewältigung 5
   2.2 Die Resultate der Befragung 33
   2.3 Über die Befragung hinausgehende Resultate 43

3. DIE SCHEIDUNG 49
   3.1 Die Situation der Scheidung in Zahlen 49
   3.2 Die Scheidung und die Gesellschaft 50
   3.3 Die normative Einordnung der Scheidung 52
   3.4 Die Situation der Scheidung, neue Einschätzungen und Perspektiven ... 53
   3.5 Der Ablauf der Scheidung 55
   3.6 Die Art der Scheidung 58
   3.7 Die Scheidung in der Perspektive der Erwachsenen 60
   3.8 Die Scheidung in der Perspektive des Kindes 62
   3.9 Die kurzfristigen Folgen der Scheidung und die Reaktionen der Kinder ... 66
   (Die Folgen und die Umgebungsveränderungen - Die Reaktionen als eine Vielzahl beeinflussender Faktoren - Das Alter - Der emotionale Bereich - Der Einfluss der Persönlichkeit des Kindes - Die Familiendynamik - Der Einfluss auf die Leistungsebene)
   3.10 Die langfristigen Folgen der Scheidung 75
   3.11 Die Scheidung und die Jugendlichen 83
   3.12 Die Scheidung und die Mädchen 83

4. TRAUMATISIERUNG UND SCHEIDUNG 86

5. DIE BEWÄLTIGUNG 91
   5.1 Einleitung 91
   5.2 Die Geschichte der Bewältigungsforschung 91
   5.3 Begriffsklärungen 93
   5.4 Von der Bewältigung hin zur Gesundheit 95
   5.5 Kritische Bemerkungen 97
   5.6 Die Inhalte von Bewältigungsprozessen 98
   5.7 Modellvorstellungen des Bewältigungsprozesses 99
   5.8 Ressourcen 105

(Personale Ressourcen - Soziale Ressourcen)
5.9 Äussere Bedingungen von Bewältigung 112
5.10 Personale Bedingungen von Bewältigung 114
5.11 Bewältigung und Jugendalter 117
5.12 Bewältigung und Weiblichkeit 120
5.13 Die Ergebnisse von Bewältigungsversuchen 124
5.14 Wann führt Bewältigung zu Wachstum? 129
5.15 Bewältigung in neuen Perspektiven 132

6. DIE BEWÄLTIGUNG IN DER SCHEIDUNGSSITUATION 136
6.1 Die Aufgaben in der Scheidungsbewältigung 136
6.2 Faktoren der Scheidungsbewältigung 138
6.3 Hilfreiche Personen 142
6.4 Forschungsergebnisse zur Scheidungsbewältigung 149
6.5 Bewältigung auf der konkreten Ebene als Kind 150
6.6 Die Arbeit mit Scheidungskindern; Interventionsprogramme 152
6.7 Bewältigung auf der konkreten Ebene als Erwachsener und ehemals von der Scheidung betroffenes Kind 156

7. METHODIK 159
7.1 Neue Forschungsparadigmen und ihre Implikationen 159
7.1.1 Die Systemtheorie 159
7.1.2 Die Chaostheorie 167
7.2 Die Untersuchung 181
7.2.1 Ziel der Untersuchung 181
7.2.2 Allgemeines Vorgehen 183
7.2.3 Methoden 185
7.2.4 Stichprobe 186
7.2.5 Das Untersuchungsmaterial und die Fragestellungen 189

8. DISKUSSION 194

9. ZUSAMMENFASSUNG 198

10. DANKSAGUNG 199

LITERATUR-VERZEICHNIS 200

1. EINLEITUNG

Der Antrieb und die Ideen zu dieser Arbeit und der ihr angegliederten Untersuchung sind zu finden in den Erinnerungen an eigene Prozesse der Bewältigung der elterlichen Scheidung und an Personen, welche in diesen Prozessen eine grosse, wenn nicht die bedeutende Rolle gespielt haben: der Grossvater, der einfach da war, ohne in seiner Zuneigung und seinem Interesse ob all der Unordnung erschüttert zu werden; der Lehrer, welcher den Schulfähigkeiten eine Chance gab oder der Religionslehrer, welcher sich einfach interessierte. Sie alle waren im Bewältigungsprozess bedeutsam. Es waren wohl ihre Beweise der Zuneigung und des Interesses, die diese Personen so wichtig machten. Diese Arbeit soll dazu dienen, mehr Erkenntnisse über solche Prozesse von Bewältigung zu gewinnen.

Die Arbeit ist in zwei Teile gegliedert. Es werden Beispiele von gelebter Bewältigung der elterlichen Scheidung von jungen Frauen vorgestellt und die aktuellen Theorien zu den Themen Scheidung und Bewältigung dargestellt.

So sollen im Sinne einer Pilotstudie wenige Bewältigungsprozesse und die Frage, wie denn Helfende helfen die Scheidung zu bewältigen, Darstellung finden.

Die neuen Erkenntnisse zum Thema Scheidung werden ebenso vorgestellt wie das neuere Gebiet der Bewältigungsforschung. Schliesslich ist zu fragen, was denn bei einer Scheidung bewältigt werden muss. Nach diesen theoretischen Grundlegungen sollen aktuellste wissenschaftliche Erkenntnisse der System- und Chaostheorie Platz finden, die nahelegen, einer solchen Frage in einem qualitativen Rahmen und einem Rahmen, der Elemente des Erzählens miteinbezieht, nachzugehen. Die Systemtheorie hat wesentliche Erkenntnisse und einen sog. Paradigmenwechsel auch in der psychotherapeutischen Behandlung gebracht. Dem Einfluss des Systems, d.h. der Familie auf ein einzelnes behandlungsbedürftiges, aber nicht länger als krank definiertes Individuum, wurde Bedeutung beigemessen und neu die gesamte Familie miteinbezogen und behandelt. Die von der Informatik und den technischen Wissenschaften kommende Systemtheorie hat so im Verstehen und Behandeln psychischer Zustände viel verändert. Auch und gerade für die Scheidungsproblematik hat diese systemische Sicht neue Möglichkeiten und einen offeneren Blick mit der Vermeidung von Schuldzuweisungen in dieser Thematik ermöglicht. Hier soll nun der Versuch unternommen werden, diese Erkenntnisse mit der Thematik der Scheidungsbewältigung zu konfrontieren. Vielleicht kann dieser Einbezug neuer Erkenntnisse zu einer erweiterten Sicht führen.

Der Rahmen und die Ausrichtung dieser Arbeit sind ebenfalls als neu einzustufen. Seit einiger Zeit hat sich das einseitige Interesse an der Pathologie, im Sinne der Dialogik (Herzka, 1992 b), auch auf die andere Seite, die Gesundheit, ausgeweitet (Antonovsky, 1979). Die Fixierung auf die Pathologie ist in der Behandlung an Grenzen gestossen. Der Frage, wie gewisse Personen trotz Belastungen gesund bleiben, wird neu grosses Interesse entgegengebracht. Diese Entwicklung findet ihren Ausdruck in der Etablierung des neuen Gebietes der Salutogenese (Antonovsky, 1979) und einer entsprechenden Neuausrichtung der WHO. Der Kostendruck im Gesundheitswesen gibt dieser Entwicklung weiteres Gewicht.

Es sind eine Reihe neuer Publikationen vor allem zu den Folgen von Scheidung (Wallerstein & Blakeslee, 1989; Fassel, 1994; Freund, 1996) erschienen. Es mag nun der Zeitpunkt sein, sich genauer zu fragen, wie denn Scheidung bewältigt werden kann.

„In einem experimentellen Therapieprogramm mit Tieren bringt ein junger Ausbildner einen Elefanten in eine Gruppe blinder Kinder. Eifrig nähert sich jedes der neuen Erfahrung, um die erhaltene Information mit den anderen teilen zu können. Aber bald schon streiten sie. Es ist wie eine Wand, sagt das eine an der Seite des Elefanten stehende Kind. Es ist wie ein Seil, sagt dasjenige am Schwanz. Nein, ihr habt beide unrecht, es ist wie ein Rohr, ruft dasjenige am Rüssel. Wie einfältig ihr alle seid, meint das am Ohr, es ist wie ein grosser Fächer." (Olds, 1992, S. 13)[1]

In diesem Sinne würde es mich freuen beizutragen, die Bewältigung von Scheidung nicht im Geist des Streits dieser Kinder zu sehen, sondern zu verstehen, dass alle diese einzelnen akuraten Wahrnehmungen dazu beitragen, ein vollständiges Bild zu schaffen.

Die Frage, was und wie bei der Scheidungsbewältigung hilft, soll nun im folgenden im Mittelpunkt stehen.

---

[1] *"In an experimental animal therapy program, a young trainer brings an elephant to a group of blind children. Eagerly they each approach the new experience, to be able to share their information with the others. But soon they are arguing. It is like a wall, says the one standing up against the elephants's side. It is like a rope, says the one at the tail. No, you are both wrong, it is like a pipe, shouts the one at the trunk. How silly you all are, argues the one at the ear, it is like a huge fan."* (Olds, 1992, S. 13)

2. DIE SCHEIDUNGSBEWÄLTIGUNG IN DER PRAXIS - Befragungsresultate

2.1 Sechs junge Frauen und ihre individuelle Scheidungsbewältigung

Für die vorliegende Befragung wurden sechs junge Frauen im Alter von 21 Jahren ausgewählt und in einem halbstrukturierten Interview untersucht. Nach Ablauf einer Woche wurden diese Frauen dann in einer Nachbefragung um weitere, vielleicht vergessen gegangene Informationen gebeten und zum Interview und ihrem Befinden kurz befragt. Um eine möglichst einheitliche Ausgangslage zu erhalten und Vergleiche zwischen den Bewältigungsprozessen der jungen Frauen zu ermöglichen, wurden nur junge Frauen und dies im gleichen Alter ausgewählt. Mädchen und Frauen zeichnen sich beispielsweise durch von Jungen und Männern unterschiedliche Verarbeitungs- und Bewältigungsweisen aus; die weiterführenden methodischen Überlegungen hierzu finden sich in Kapitel 7.2.

Im folgenden werden in einem ersten Teil die sechs interviewten jungen Frauen kurz vorgestellt und die für sie jeweils typische und wichtigste Art der Scheidungsbewältigung beschrieben. Im weiteren werden dann die in den Interviews erhaltenen Antworten gemäss dem vorgegeben Raster (Kap. 7.2.5) wiedergegeben und zusammengestellt. Die den Zitaten beigefügten Zahlenangaben hinter den Namen der Frauen entsprechen dabei der fortlaufenden Nummerierung der transkribierten Interviewaussagen. Die transkribierten, vollständigen Interviews befinden sich bei der Autorin und sind dieser Arbeit aus Platzgründen nicht beigefügt. In einem letzten und dritten Teil werden wichtige, zusätzliche Punkte, welche die jungen Frauen aufgegriffen haben und die nicht durch Fragen vorgegeben waren, behandelt. Die sechs interviewten jungen Frauen werden im folgenden Berna, Daria, Olivia, Zoé, Merette und Paula genannt.

Berna
Berna ist 21 Jahre alt und in Ausbildung als Sozialpädagogin. Zurzeit wohnt sie bei ihrer Mutter, ist aber im Begriff wegzuziehen, um alleine zu leben. Bernas Freund ist in einer anderen Stadt wohnhaft; so sehen sie sich an den Wochenenden. In ihrer Freizeit leitet Berna eine Pfadfindergruppe, liebt die Natur und spielt Geige.

Sie fühlt sich seit einiger Zeit unter Stress, meistert diese Situation jedoch. Sie sagt von sich, sie sei stark, wisse, was sie wolle und setze das durch. Als Problem empfindet sie, dass sie Arbeiten hinausschiebt.

Bernas Vater ist 50 Jahre alt und arbeitet in der Erwachsenenbildung.

Die Mutter ist 48 Jahre alt. Sie hat ursprünglich Sekretärin gelernt, sich dann als Krankenschwester weitergebildet und arbeitet jetzt bei einem Arzt.

Berna hat einen Zwillingsbruder und einen Bruder, der vier Jahre jünger ist, sowie eine acht Monate alte Halbschwester, die sie auch zur Familie zählt.

Berna war bei der Scheidung ihrer Eltern zwölf bis dreizehn Jahre alt. An äusseren, durch die Scheidung bedingten, Veränderungen ergab sich Folgendes: Der Vater zog zunächst von der Familie weg. Er war jedoch schon vor der Scheidung sehr selten zu Hause gewesen; er war immer weggerannt, schnell gekommen und schnell wieder gegangen. Berna hatte früher ihren Vater bevorzugt, da sie ihn um den Finger wickeln konnte, und er ihr alles kaufte. Die Kinder konnten den Vater jederzeit sehen und haben Wochenenden bei ihm verbracht. Die Restfamilie blieb eine Zeit lang im grossen Haus der ehemaligen Familie wohnen. Da die Mutter jedoch das Haus verlassen wollte, zügelten sie ein Jahr später. Sie blieben jedoch ihrer Kollegen und Kolleginnen wegen in derselben Umgebung wohnen.

Zum Scheidungsgrund äusserte die Mutter, dass ein Zusammenleben nicht mehr möglich war, weil der Vater nie zu Hause war und sich nicht an der Kinderbetreuung beteiligte. Die Heirat zwischen den Eltern war auf Initiative der Grosseltern hin, die diese Verbindung gerne gesehen hätten, zustande gekommen. Zu Beginn verlief das Familienleben auch gut. Die Mutter wollte jedoch nicht nur Hausfrau sein und in eine neue Ausbildung einsteigen. Da der Vater die Kinder aber kaum hütete, konnte sie ihre Bedürfnisse zu wenig umsetzen und hat zu viel allein getragen. So war der Gedanke an eine Scheidung schon länger präsent. Der kleine Bruder war noch ein Versuch, die Familie zusammenhalten zu können.

Das „Nicht-Verstehen" - Berna

Berna spricht von ihrer Mühe, als Kind die Scheidung zu verstehen und zu akzeptieren: Sie hätte einfach gewollt, dass es gut wäre (Berna/5).

„Meine Mutter hatte Geschirr aus den Gestellen ausgeräumt, und wir standen daneben und weinten und wussten nicht, was machen und verstanden es nicht. Ich habe es schon gewusst, aber ich wollte nicht, dass es so ist." (Berna/4) und *„Wir wollten immer, dass alles gut und es nicht so schlimm ist. Und es war doch schlimm, und dann wurde sie auf uns auch noch ärgerlich, weil wir gefunden haben: ‚komm jetzt und so'."* (Berna/5).

Es ist nicht klar, was eine Scheidung ist und was sie konkret für das Kind bedeutet:

„Ja, Scheidung bedeutet, ich sehe meinen Vater nie mehr. Das Bild war für mich, sie haben Streit, sie haben es nie mehr gut und man sieht sich nie mehr. Ich hatte ein solches Bild von einer Scheidung und darum war es so schlimm." (Berna/67) oder *„Scheidung tönt dann immer so... Scheidung ist*

etwas Schlimmes. Wobei, viel geändert hat sich eigentlich nicht, es ist einfach das Wort Scheidung, das einem Panik, Angst macht; ich bin allein." (Berna/66)

Eine Scheidung ist für ein Kind schwer zu verstehen, vor allem in ihren konkreten Auswirkungen, die dann oft aufgrund der Streitigkeiten, welche die Atmosphäre der Trennung prägen, als sehr gravierend ausgemalt werden. Der Wunsch nach einer vollständigen Familie drückt sich auch im folgenden wieder aus:

„Ich hatte das Gefühl beide gehören zusammen... und verstand nicht, wieso er ging und wir keine Familie mehr sind." (Berna/1)

„Man will und kann es nicht verstehen als Kind." (Berna/11)

„Geholfen hat mir eben schon, dass geredet wurde - Wir haben immer darüber geredet" - Berna

Was Berna im Interview immer wieder als hilfreich erwähnt hat, sind die Gespräche über die Trennung der Eltern. Initiiert und getragen wurde diese Gesprächskultur von der Mutter:

„Wobei wir immer darüber gesprochen haben. Meine Mutter ist hingesessen mit uns und hat uns alles erzählt und wieso es nicht geht. Sie hat uns miteinbezogen. Nicht einfach: ‚das ist meine Sache'." (Berna/7)

Diese Gespräche konnten eine Reihe von Missverständnissen ausräumen, wie die Idee, die Kinder seien an der Trennung der Eltern schuld, die Mutter wolle den Kindern den Vater vorenthalten oder die Eltern könnten wieder das Paar werden, das sie waren. Die Gespräche konnten Klarheit bringen und einen Prozess anstossen, der dazu geführt hat, dass es für Berna möglich wurde, das Auseinanderbrechen der Familie zu akzeptieren:

„Und wir haben dadurch, dass wir oft geredet haben, auch verstanden, dass jetzt halt der Vater nicht mehr bei uns wohnt, aber wir immer noch ein Anrecht auf ihn haben. Dass wir immer zu ihm gehen können." (Berna/37, 38).

„Ich konnte verstehen, dass es für die Mutter nicht mehr gegangen ist, und dass das nichts mit uns zu tun hat. Ich habe das dann ziemlich rasch auch begriffen und angenommen." (Berna/68)

„Ja, eben auch diese Missverständnisse. Was ich unter Scheidung verstanden habe, konnte ich bereden und dadurch auch verarbeiten und annehmen, es ist jetzt so." (Berna/41)

„Ich denke, mir hat das geholfen (das Einbezogen-werden, Anm. d. Verf.), ich habe es besser verstanden. Ich habe erst im nachhinein gesehen, dass es eigentlich das Beste war." (Berna/10)

Das „Darüber-Reden" ist aber auch einfach entlastend.

„Ja, und es fällt von mir wie eine Last ab, wenn ich es herauslassen kann." (Berna/52)

Interessant ist, dieser Mutter nun beim „Darüber-Reden" gewissermassen über die Schulter zu schauen und zu hören, wie sie konkret vorgegangen ist. Was dabei auffällt, ist die Aktivität, Empathie und eine gewisse Beharrlichkeit der Mutter:

„*Es ist alles von ihr aus gekommen, ich musste eigentlich gar nicht viel machen. Sie hat mir angesehen, wenn ich etwas hatte. Dann ist sie gekommen, hat sich Zeit genommen: ‚Komm, jetzt setzen wir uns hin.', auch wenn ich nicht wollte, hat sie immer gebohrt, bis ich... Sie hat es gesehen und gemerkt. Und ich wollte manchmal auch nicht darüber reden, und sie hat auch gesagt: ‚Gut, wenn du nicht darüber reden willst, reden wir nicht darüber.' Aber es kam eigentlich alles von ihr.*" (Berna/85)

Wichtig bei diesen Gesprächen war, dass Berna sich ernst genommen fühlen konnte und dass sie gemerkt hat, sie steht nicht allein mit ihren Schwierigkeiten. Sie hat gespürt, es ist Interesse an ihrer Person vorhanden, und es wird gemeinsam nach Lösungen gesucht. Nachdem schon ein teilweiser Verlust des Vaters erfahren wurde, hat die Mutter alles daran gesetzt, ihren Kindern zu zeigen: ich bin für euch da. Bei diesen Gesprächen wird neben der Präsenz der Mutter aber auch das Finden eines Konsens als wichtig erwähnt. Es kann angenommen werden, dass dieses Finden eines gemeinsamen Nenners als konträr zur Scheidung und als heilsam erlebt wird. Und es ist nicht nur die Mutter, die für diese Gespräche zuständig ist, sondern auch ihre beste Freundin steht Berna zur Verfügung.

„*Dass sie mich ernst genommen hat und sich auch Zeit genommen hat und mit allen immer hingesessen ist und... Bei uns ist viel geredet worden. Wenn ich ein Problem hatte, dann musste ich es nicht für mich allein lösen. Sondern es war jemand da, also sie...*" (Berna/33)

„*Wir haben dann zusammen eine Lösung gesucht und das zusammen verarbeitet, bis es gegangen ist. Ich habe mit meiner Mutter am meisten geredet. Meine Brüder haben nicht so..., aber schon auch. Sie ist immer auf uns zugekommen und hat gefragt: ‚Wie geht es dir, wie findest du es wegen dem Vater?', undundund. Und sie hat auch gesagt, wir dürften ihn immer sehen, sie wolle ihn uns nicht vorenthalten. Weil er bleibt unser Vater, auch mit 20 noch, ist er unser Vater.*" (Berna/35)

„*Eben darüber geredet, welche Probleme wir damit haben. Und sie hat geschaut, dass wir irgendwie auf einen gemeinsamen Nenner kamen.*" (Berna/36)

„*Wenn meine Mutter keine Zeit hat, gehe ich zu Kathrin. Oder wenn ich Lust habe, Kathrin meine Sörgeli zu erzählen, hört sie mir zu und sucht mit mir eine Lösung und spricht mit mir darüber. Und das hilft mir, schon wenn ich das nur herauslassen kann, wenn ich das jemandem erzählen kann, der mir zuhört.*" (Berna/50)

Die Aktivität und Präsenz der Mutter hatte aber auch ihre Grenzen, dort, wo Berna ihre eigenen Erfahrungen machen muss und die Mutter sie nicht vor ihren eigenen Fehlern beschützen kann.

„Gut, weil diese Therapeutin konnte meiner Mutter auch sagen: "Du musst sie machen lassen, sie muss ihre eigenen Erfahrungen machen." Meine Mutter sagt immer: "Du machst die gleichen Fehler wie ich.", und sie wollte mich immer davor bewahren und das kann sie nicht." (Berna/60)

Das „Darüber-Reden" ist auch ein positiver Teil, den Berna aus der Scheidung ihrer Eltern mitnimmt. Sie hat durch die Scheidung gelernt, nicht wegzurennen, darüber zu reden und sich auseinanderzusetzen.

„Aber das habe ich erst gelernt durch diese Scheidung. Ich habe früher auch immer... Ich hatte nie meine Probleme beredet, ich wollte das immer allein lösen und mittlerweile merke ich, ich bin froh, wenn ich es herauslassen kann. Nur einfach, wenn es draussen ist und wenn ich es meiner Katze erzählen muss. Ich muss darüber reden können." (Berna/51)

„Ich war früher auch so, ich habe auch immer alles verdrängt. Aber ich habe auch gelernt, dass das eigentlich falsch ist, alles zu verdrängen, dass man sich besser damit auseinandersetzen sollte. Wenn ich traurig bin, dann bin ich traurig. Ich bin selten traurig, weil, alle Leute kennen mich als aufgestellt, aber dass man auch zeigen kann, jetzt bin ich traurig, und dass man die Zeit auch braucht und sich zurücknehmen und allein sein kann. Das habe ich auch gelernt, ich konnte früher nicht alleinsein. Ich war eben auch wie mein Vater, hier und da, da und hier. Und jetzt brauche ich die Zeit und nehme mir die Zeit." (Berna/131)

Daria

Daria ist 21jährig. Sie hat soeben ein Praktikum in einer sozialen Institution bei Drogenabhängigen absolviert und ersetzt jetzt eine kranke Teammitarbeiterin. Sie möchte anschliessend die Berufsmatur absolvieren. Daria wohnt wie ihre drei Geschwister bei ihrer Mutter. In ihrer Freizeit geht sie ins Kino, liest, trifft Freunde, hat aber keine feste Beziehung zu einem Mann.

Sie äussert, dass es ihr sehr gut gehe. Wenn sie aber ihre Familie ansehe, gehe es ihr nur mässig gut: „Herauf und herunter". Ihre eigenen Probleme machen ihr nicht zu schaffen; aber wenn Schwierigkeiten in der Familie bestehen, beschäftigt sie das, sie hat dann Mühe abzuschalten.

Darias Vater ist 51 Jahre alt. Er ist Psychiater, arbeitet aber nicht mehr, da er krank ist. Er leidet seit drei Jahren unter einer progredienten, unheilbaren Krankheit: *„Er hat jetzt ein Korsett, und wenn er einmal die Treppe herunterfallen würde oder so, dann wäre er gelähmt."* Zu Beginn war diese Situation eine riesige Belastung für Daria, jetzt hat sie gelernt damit umzugehen. Schwierig für sie ist, dass ihr Vater so weit weg wohnt und sie ihn nicht oft sehen kann. Er wohnt zudem abgelegen, und Daria muss mit ihrer Schwester hinfahren und sich mit ihr absprechen. Sie möchte auch nicht zu oft dort sein. Der Vater leidet unter Schmerzen und kann kaum schlafen. Daria meint, er werde wohl nicht mehr lange leben. Eineinhalb Jahre nach der Scheidung hatte er wieder geheiratet. Seine neue Frau arbeitet zu 80 Prozent, während er tagsüber allein ist.

Die Mutter von Daria ist 53 Jahre alt und arbeitet als Chefsekretärin. Sie hat Arztgehilfin, Sekretärin und Laborantin gelernt. Die Eltern hatten eine gemeinsame Praxis, in der die Mutter immer viel gearbeitet hatte.

Daria hat zwei Schwestern und einen Bruder. Ein weiteres Geschwister ist mit 7 Wochen am plötzlichen Kindstod gestorben. Die ältere Schwester ist 22, Daria 21, eine jüngere Schwester 19 und der Bruder 11 Jahre alt. Das Schwesterchen wäre heute 15 Jahre alt.

An äusseren Veränderungen bewirkte die Scheidung, dass die Mutter den ganzen Tag über weg war. Sie fing an zu arbeiten, da das Geld nicht gereicht hätte, um die Familie durchzubringen. Die Mutter wollte auch nicht nur für die Hausarbeiten zuständig sein, da sie schon immer gearbeitet hatte. So hat sich durch die Scheidung für die Kinder das ganze Umfeld, einfach alles, verändert. Daria meint, es sei wie ein neuer Start gewesen, weg von allem.

Das Wichtigste war, "dass wir vier Kinder sind" - Daria

Ihre drei Geschwister haben Daria geholfen, die Scheidungssituation zu bewältigen. Wichtig ist dabei das Gefühl von Daria, nicht allein zu sein. In der verwirrenden, schwierigen Scheidungssituation besass Daria die ihr bekannte, präsente Geschwistergruppe, deren Teil sie war und in der sie ihre Rolle innehatte. Nachdem das Kind den Verlust des Vaters erlebt hat, ist die Kindergruppe, die immer, bei allen Verrichtungen da ist, hilfreich:

„*(Geholfen hat, Anm. d. Verf.) dass wir vier Kinder sind. Du bist nicht allein: alle haben das gleiche erlebt und etwa ähnliche Gefühle. Wir waren dann auch nachher im Alltag nicht allein. Wir sind zusammen aufgestanden, du hast einander geweckt, hast zusammen gekocht, zusammen eingekauft, du warst eigentlich nie richtig allein."* (Daria/25)

„*Eigentlich den ganzen Tag, aber auch abends (war die Anwesenheit der Geschwister hilfreich, Anm. d. Verf.). Vor allem auch abends, weil zum Teil, wenn die Mutter die Gutenachtgeschichte vorgelesen hatte, hättest du es gerne gehabt, wenn das mal jemand anders gemacht hätte, wenn es der Vater gemacht hätte. Vor allem auch, weil du in der Schule gehört hast: der Vater hat mich ins Bett gebracht, mit dem Vater war ich fort. Und ich glaube, wenn du dann allein bist, abends, wenn du dir Gedanken machen kannst, ist es hart, wenn man allein ist."* (Daria/65)

Hilfreich ist, dass Daria sich bei den auftretenden Fragen an die Geschwister wenden konnte. Ihre Geschwister haben denselben Hintergrund und dasselbe Verständnis wie Daria selbst. Daria konnte fragen, aber auch abschauen, wie die anderen mit dieser neuen, schwierigen Situation als Kind umgehen.

„(Die Geschwister gaben, Anm. d. Verf.) Halt, sicher auch Kraft. Wenn du eine Frage hattest oder ein Gefühl, hast du gefragt, ob die anderen das auch so haben und was sie dann machen. Ich war teilweise auch einfach wütend." (Daria/38)

„Ja (ich konnte vergleichen, Anm. d. Verf.), und auch abschauen, wie sie es machen." (Daria/39)

Daria erwähnt auch, dass sie zu viert auch ein anderes Gewicht ihrem Vater oder ihrer Mutter gegenüber hatten. Es war so auch möglich, ihre Interessen mehr einzubringen und durchzusetzen.

„Wenn man zu dritt auftritt, ist das etwas anderes, wie wenn man allein ist. Man sagt dann andere Dinge, wie wenn man allein reden müsste." (Daria/25)

Das Erleben von Daria bezüglich ihrer Geschwister hängt natürlich sehr ab von der Geschwisterkonstellation und deren Rollen. Als Zweitälteste ist die befragte junge Frau in der Mitte der Mädchen. Die ältere Schwester trug mehr Verantwortung und wird das anders erlebt haben als Daria und die jüngere Schwester, die noch vermehrt das Spielerische behalten durfte. Daria beschreibt im folgenden diese von der Position im Geschwistersystem abhängigen Unterschiede:

„Weil ich mit meiner (kleineren) Schwester das Zimmer zusammen hatte, gingen wir zusammen zu Bett, plauderten, so Schwesterherz. Das ist etwas anderes. Sie (die grössere Schwester) musste uns sagen, ‚so jetzt steht ihr auf'. Sie hat natürlich auch die Seiten der Mutterersatzrolle gehabt, die nicht lustig sind. Wo du schauen musst, dass die Sachen gemacht sind, wo du immer die blöde Kuh bist." (Daria/59)

„Ich hatte sicher einen grossen Einfluss auf die kleinere Schwester. Wie die grössere auf mich, hatte ich einen solchen auf die kleinere. Ich ging zur grösseren Schwester oder zur Mutter, wenn ich etwas wollte. Und mit der kleineren habe ich das Spielerische gehabt, auch das Streiten war auf einer anderen Ebene mit der kleineren Schwester wie mit der älteren, es ging um ganz andere Dinge. Das Kindliche fand mit der kleineren Schwester statt und der Schritt ins Erwachsene mit der älteren Schwester." (Daria/95)

Daria betont, dass diese guten Erfahrungen mit ihren Geschwistern schon vor der elterlichen Krise angelegt waren. Schon vor der Scheidung war die Geschwisterbeziehung gut, wurde viel gemeinsam unternommen, und der enge Altersabstand förderte das gegenseitige Verständnis.

„Es kommt natürlich auch darauf an, wie die Beziehung unter den Geschwistern selbst auch schon vorher ist. Diese war bei uns gut. Wir haben viel miteinander gemacht. Weil wir so nahe aufeinander kommen (ähnliche Alter haben, Anm. d. Verf.), haben wir einander bei den Aufgaben geholfen, zusammen gespielt. Und ich hatte auch mit der kleineren Schwester jahrelang ein Zimmer zusammen, und das schweisst einen schon zusammen. Man muss schauen, dass man einander nicht auf den Wecker geht, man muss Rücksicht nehmen." (Daria/37)

Die Selbständigkeit des Geschwistersystems - Daria

Verbunden mit dieser Bewältigung in der Gruppe ihrer Geschwister waren für Daria auch die gemeinsamen Arbeiten, welche die Kinder zu erledigen hatten. Daria beschreibt im folgenden, wie sie im Haushalt anhand der ihr übertragenen Arbeiten gelernt hat, Dinge anzupacken und sich vor Herausforderungen und Verantwortung nicht zu fürchten.

„Dass wir mit Sachen konfrontiert wurden, die wir vorher nicht gekannt haben, die wir nicht machen mussten. Das war schwierig, dass wir einkaufen mussten, abwaschen, Wäsche machen. Ich konnte in der vierten Klasse bereits bügeln und das konnten andere nicht, weisst du. Dann hat es geheissen, diese Woche musst du noch diese Wäsche machen. Dann hat die Schwester gewaschen und ich habe gebügelt." (Daria/63)

„Und dass ich auch im Haushalt gelernt habe, die Dinge zu erledigen und nicht Angst zu haben vor der Verantwortung. Ich war mir dessen gar nicht so bewusst." (Daria/83)

Daria hat schon früh gelernt, anzupacken und Verantwortung zu übernehmen. Verantwortung zu übernehmen wurde zu etwas Selbstverständlichem und war kein bewusster Prozess.

„Verantwortung zu übernehmen habe ich gelernt von Kind auf, und so wurde es wie selbstverständlich." (Daria/84)

In einer Erweiterung wird das, was Daria im Haushalt gelernt hat, nicht nur auf das Haus angewendet, sondern auch auf das gesamte Leben übertragen. Daria hat nicht nur gelernt, dass sie sich an den täglichen Familienaufgaben beteiligen muss und Anforderungen meistern kann; diese Haltung gilt auch für ihre Einstellung dem gesamten Leben gegenüber. Daria beschreibt hier einerseits den Reiz, den diese Herausforderungen darstellen, den Nervenkitzel; andererseits wird aber auch klar, dass ein Teil an Unbeschwertheit und Kindheit dafür geopfert werden muss.

„Ja (ich habe gelernt, Anm. d. Verf.), und dass man sich dem stellen muss. Und dass man für seine Anliegen selbst schauen muss. Du musst kämpfen für dein Leben, damit du durchkommst. Es wird dir nichts geschenkt." (Daria/85)

„Es macht es niemand, du musst es selbst machen. Und es ist auch ein Reiz da, dich dem Neuen zu stellen, das nicht ganz einfach ist." (Daria/86)
„Ja, und er (der Bruder, Anm. d. Verf.) ist wie den anderen Kindern auch einen Schritt voraus. Er hat es irgendwie einfacher und irgendwie auch schwieriger. Aber er muss auch seinen Teil im Haushalt beitragen, den andere noch nicht müssen. Aber ich muss sagen, das finde ich gut, wirklich gut." (Daria/80)
„Und dann konnte ich erst eine Stunde später spielen gehen, und die anderen waren schon draussen. Das war schwierig, weil sie verstanden nicht, wieso ich das jetzt machen muss, ich hätte es ja auch später noch machen können. Man war aus der Kindheit schon einen Schritt heraus." (Daria/63)

Diese Herausforderungen, die Daria zunächst zu Hause erfahren hat, ermöglichten auch, Erfahrungen mit der eigenen Person zu machen, sich selbst in den eigenen Stärken und Schwächen überhaupt erst zu erfahren. Daria beschreibt, wie sich durch die positive Bewältigung solcher Herausforderungen ein stärkeres Selbstvertrauen und Kompetenz entwickelt. Sie hat gelernt, immer weiter zu gehen, über die eigenen Grenzen auch hinaus, sich zu fordern. Daria konnte die Erfahrung machen, dass auch, wenn sie am Gelingen gezweifelt hat, es doch immer weitergegangen ist.

„Bei diesen Herausforderungen lernst du dich sehr gut kennen: wie weit kannst du gehen, wo sind deine Grenzen, wo bist du verletzbar? Und wenn du nie in solchen Extremsituationen warst, kommst du gar nie dorthin, man traut sich viel weniger zu, obwohl man mehr kann. Und dann lernt man, dass man doch noch einen Schritt weiter gehen kann und es dann immer noch geht. Ich würde sagen, man lernt sich besser kennen und besser einschätzen. Du glaubst dann mehr an dich." (Daria/88)
„Es gibt dir ein gesundes Selbstbewusstsein. Und du siehst auch deine Schwächen, was du nicht kannst und an was du noch schaffen solltest." (Daria/89)

Daria erklärt abschliessend, dass diese Erfahrung der Scheidung ihrer Eltern und alles, was sie in der Bewältigung dieser Situation gelernt hat, ihr auch ermöglicht hat, eine Herausforderung in beruflicher Hinsicht anzunehmen; eine Herausforderung an einer Stelle mit Kriseninterventionen und Notfallsituationen.

„Ich denke mir auch, wenn ich das nicht gehabt hätte, wäre ich nicht so selbständig und hätte ich das Praktikum nicht machen können." (Daria/81)

Olivia

Olivia ist 21 Jahre alt und wird bald 22. Sie ist in Ausbildung zur Kindergärtnerin. Olivia wohnt bei ihrem Vater und dessen Freundin. In der wenigen Freizeit, die sie hat, bereitet sie sich für den Kindergarten vor. Sie hat wöchentlich an jeweils einem Morgen ein Praktikum zu absolvieren. In der übrigen Zeit macht sie Musik oder ist mit Freunden zusammen. Sie spielt Klavier und singt. Seit einem halben Jahr steht sie in einer Beziehung zu einem Mann.

Olivia meint, es gehe ihr im grossen und ganzen sehr gut; manchmal fühle sie sich etwas gestresst und unter Druck. An Familienfeiertagen, wie an Weihnachten oder Ostern, kommen ihr Erinnerungen hoch, die sie belasten. Sie hat keine speziellen Probleme.

Olivias Vater ist 51 Jahre alt und sie meint, er sei Buchhalter, ist sich dessen aber nicht ganz sicher. Die Mutter ist 43 oder 44 Jahre alt und arbeitet als Verkäuferin. Olivia hat einen Bruder, der 16 Jahre alt ist.

Olivia war zum Zeitpunkt der Scheidung 13 Jahre alt, wie sie sich erinnert. Die Trennung der Eltern fand jedoch früher statt, als sie zehn, elf Jahre alt war. Es wurden zwei Trennungsanläufe unternommen. Der Grund für die Scheidung der Eltern war deren andauernder Streit. Diese Streitigkeiten erlebten die Kinder mit, kannten die genauen Gründe dafür jedoch nicht. Der Streit wurde immer stärker, bis die Eltern den Kindern eröffneten, sie wollten sich scheiden lassen. Für die Kinder brach die Welt zusammen, da sie mit so etwas nicht gerechnet hatten. Sie hatten zwar gemerkt, dass etwas nicht in Ordnung war, aber Olivia glaubt, als Kind rechne man wahrscheinlich nicht damit, dass so etwas wie eine Scheidung passieren könne. Ihr Bruder war damals noch sehr klein. Es kam damals jedoch nicht zur Trennung, sondern es ging zwischen den Eltern nachher wieder besser. Der Streit begann jedoch erneut, und als die Eltern sagten, der Vater suche sich jetzt eine eigene Wohnung, hatten die Kinder diesen Gedanken schon im Kopf und sich daran gewöhnt, wie Olivia erzählt. Dieses Mal kam es dann auch wirklich zur Trennung. Durch die Trennung ergab sich an äusseren Veränderungen, dass der Vater wegzog und die Kinder ihn weniger oft sahen. Die Mutter und die Kinder blieben in derselben Wohnung und Schule. Sie hatten weniger Geld zur Verfügung, und die Mutter musste arbeiten gehen. Für das Notwendigste war Geld vorhanden, aber sie konnten sich darüberhinaus nicht viel mehr leisten. Vor der Trennung hatte der Vater nicht gewollt, dass die Mutter arbeitet, und er war der Ansicht, sie solle bei den Kindern bleiben. Es war für Olivia zu Beginn neu und interessant, dass die Mutter arbeiten ging. Olivia übernahm in der Folge mehr Verantwortung; die Mutter kochte vor und Olivia musste das Essen wärmen.

„Wenn keine Hilfe kommt, helfe ich mir eben selbst" - Olivia

Die Ausgangslage nach der elterlichen Scheidung war für Olivia so, dass gar nicht versucht wurde, sie zu unterstützen.

"Man hat gar nicht wirklich etwas versucht, habe ich das Gefühl. Ich kann mich nicht an etwas erinnern, womit man versucht hätte, mir zu helfen und es dann nicht ging." (Olivia/99)

Von den Eltern kam aufgrund ihrer eigenen Involviertheit keine Hilfe. Auch von den Verwandten, die weit weg wohnten oder von den Nachbarn, die einen schief ansahen, konnte keine Unterstützung erwartet werden (Olivia/99). Am ehesten noch hilft die Vertrautheit mit dem jüngeren Bruder. Reden mit und vertrauen kann Olivia ausserdem nur den Kolleginnen und Kollegen in der Schule und in ihren Freizeitaktivitäten.

"Ich glaube, meine Mutter hatte selbst sehr viele Probleme nachher (nach der Scheidung, Anm. d. Verf.), sodass sie selbst in Psychotherapie gehen musste. Sie hat sich schon Mühe gegeben, wir haben zum Beispiel am Sonntag etwas zusammen gemacht, sind nach draussen, Ball spielen gegangen, was wir früher nie gemacht haben. Das war schon gut. Meinem Vater ging es nachher auch nicht gut, er hat auch mit sich zu schaffen gehabt und dann hat man sich einfach Mühe gegeben, lieb zu sein und ihn nicht zu enttäuschen. Und mein Bruder? Am ehesten noch." (Olivia/22)

"Die einzigen Leute, mit denen ich noch reden konnte, waren Schulfreunde oder Leute aus dem Chor." (Olivia/31)

Olivia entwickelt in dieser Lage eine ausgeprägte Selbständigkeit: sie versucht sich selbst zu helfen und vertraut immer mehr vor allem sich selbst. Olivia erwähnt auch, dass dies ihrem Charakter entspricht, und dass diese Selbständigkeit auch ein Wert war, der von der Mutter hochgehalten wurde.

"... ich habe viel selbst überlegt und dann weitergeschaut. Eben, weil zu Hause habe ich es ja nicht erzählt und sonst den anderen auch minimal." (Olivia/60)

"Was ich unternommen habe, war vielleicht eher, dass ich mir selbst überlegt habe, was bedeutet das jetzt für mich, dass das so war. Und ich habe selbst versucht herauszufinden, wo sind die Punkte, die mir etwas ausgemacht haben, und ich versuche damit umzugehen und es wie auf eine Art besser zu machen: Ein Buch zu lesen, das gerade dazu passt, mit Leuten zu reden und sie um Rat zu fragen, zu fragen, wie es bei ihnen ist und wie es auch noch sein kann. Dass ich nicht einfach das sehe, was ich erlebt habe, sondern, dass der Horizont auch weiter wird. Also gerade bei der Familie, wie ist es denn in einer Familie sonst noch? Ich habe Leute kennengelernt, ich war ein Jahr in Frankreich, und ich war sehr oft bei ihnen und sie haben mich sozusagen teilnehmen lassen an ihrem Familienleben. Es war auch wichtig, dass ich gesehen habe, wie es bei ihnen ist und wie es gehen kann. Damit ich nicht mit dem, was ich zu Hause gelernt habe, weitergehe und so eine Familie aufbauen würde. Damit ich einen neuen Standard finden kann." (Olivia/77)

„Ich habe auch sehr viele Psychologiebücher gelesen und versucht, dort Antworten zu suchen und mich selbst zu analysieren: was denke ich und wieso denke ich so." (Olivia/61)
„Ich muss wissen, was sich abspielt, damit ich es dann verstehe und dann machen kann." (Olivia/82)
„Ich wäre auch vielleicht nicht ganz die Person, die einfach Hilfe angenommen hätte. Ich will es zuerst allein versuchen und erst, wenn es wirklich nicht geht, erst dann suche ich Hilfe. Das war auch in der Schule immer so. Ich war zwar schlecht in Physik, aber ich habe es lange allein versucht, bis ich gemerkt habe, es geht doch nicht. Ich habe dann jemanden gefragt, ob er mir nicht beim Lernen helfen könne. Aber das war eigentlich schon immer so. Der Stellenwert davon war in unserer Familie eigentlich auch recht hoch. Meine Mutter hat immer gesagt: ‚Alles, was Olivia macht, hat sie allein gemacht in der Schule, die Schulleistungen. Ich kann ihr ja nicht helfen und Olivia hat es allein gemacht.' Und das war wie ein Ansporn, ich mache es weiter so." (Olivia/89)
„ 'Sie (Olivia, Anm. d. Verf.) hat es allein so weit gebracht.' hat sie (die Mutter, Anm. d. Verf.) zu anderen Leuten, Tanten oder so gesagt. Sie war ein bisschen stolz." (Olivia/91)

Dieses Allein-sich-Durchschlagen hatte aber auch bei Olivia seine Grenzen, und sie geriet in eine Krise. Aber auch im darauffolgenden Gespräch mit einem Pfarrer behält Olivia ihre Selbständigkeit und Reserve.

„Ich hatte Selbstmordgedanken und bin von zu Hause weggelaufen, also nicht allzu weit, aber irgendwie habe ich wie einen Punkt gesetzt." (Olivia/62)
„Wir (ein Pfarrer und Olivia, Anm. d. Verf.) haben etwas zusammen geredet. Es war schon gut, dadurch, dass ich es ausgesprochen hatte, konnte ich mich selbst analysieren und auch wieder Antworten finden. Ich habe ja genau gewusst, wenn er mir eine Frage gestellt hat, was er damit bezweckt hat. Eben dadurch, dass ich ja schon viele Bücher gelesen hatte... Ich habe ihm auf eine Art nicht wirklich vertraut, sondern: ja, er fragt mich das jetzt, ich sage es ihm und weiss jetzt selbst, was das bedeutet, was ich gesagt habe. Aber es war sehr wahrscheinlich schon gut und dann ging es langsam auch wieder bergauf." (Olivia/62)

Olivia beschreibt im folgenden, wie der Glaube ihr in ihrem Allein-auf-sich- angewiesen-Sein einen neuen Halt geben kann. Andererseits wird sie dadurch von anderen Menschen aber auch unabhängiger und scheint gefeiter vor erneuten Verlusten. Trotzdem behalten die anderen Menschen eine gewisse Wichtigkeit. Der Glaube verhilft Olivia auch zu einer neuen Sicht der Familienkrise, die von ihrer Bestimmung für das weitere Leben von Olivia an Gewicht verliert. Tröstlich für Olivia ist, dass sie durch ihren

Glauben an Gottes Hilfe auch in ihrer Einsamkeit und ihrer Bürde dem Gesamten gegenüber entlastet wird.

„Ja, nachher schon, der Glaube ist zur Grundlage geworden. Darum war es am Schluss auch nicht mehr so schlimm, als diese Freundschaft mit Martina..., dass wir uns seltener gesehen haben und dann gar nicht mehr. Das Gewicht ist etwas von den Menschen abgefallen, dass nicht mehr galt: "ich baue auf dich und dann wuff", sondern irgendwie mehr solid." (Olivia/65)

„Wobei die Leute dort schon auch wichtig waren. Einfach die Leute, die den gleichen Glauben teilen." (Olivia/66)

„Ich glaube nicht, dass es ohne Leute rundherum gegangen wäre. Die Leute waren schon immer auch wichtig und sind jetzt auch noch wichtig. Die Leute sind wirklich auch wichtig für mich." (Olivia/74)

„Ich habe auf eine Art dort (im Glauben, Anm. d. Verf.) meinen Halt gefunden. Ich habe gemerkt, es ist nicht so wichtig, was zu Hause passiert ist oder so. Dass ich nicht mehr Schuld zuweise: ‚Es ist wegen dir.' Sondern es war wie eine Art Neuanfang: ich kann jetzt allein, nicht allein, ich kann jetzt etwas aufbauen, weitergehen, und es liegt nicht an den anderen Personen, ob da etwas daraus wird." (Olivia/69)

„Dadurch kann ich dieses auch etwas anders sehen, vielleicht. Es ist nicht mehr einfach die grosse Krise, die mir das ganze Leben verbaut hat. Sondern, es war so, es ist eine Möglichkeit, wie es sein kann, und es gibt noch viele andere Leute, bei denen es auch so ist. Aber das hindert mich nicht daran, etwas aus meinem Leben zu machen." (Olivia/72)

„Und alles mit Gottes Hilfe sozusagen. Nicht, dass ich allein diejenige bin, die da herumknorzen muss oder etwas... dass das Gewicht etwas von mir abgefallen ist, dass ich etwas machen muss, damit ich dorthin komme." (Olivia/70)

Bedingung für diese Neuorientierung war bei Olivia, dass sie sich von ihrer Familie absetzen konnte. Es scheint, wie wenn Olivia sich durch ihren Bruch von der Familie auch von einer Wiederholung dieser Geschichte in ihrem eigenen Leben löst. Dieser Bruch wurde mit rund 15 Jahren eingeleitet durch selbst organisierte Ferien in Paris mit Kolleginnen und Kollegen.

„Aber im Gesamten war es sehr schwierig die ganze Zeit, bis ich mich absetzen konnte von der Familie und allein etwas machen. Auch allein in die Ferien gehen." (Olivia/55)

„Aber allein etwas zu unternehmen..., wir haben es zusammen geplant, sind zusammen dorthin (in die Ferien nach Paris, Anm. d. Verf.) und das war schon gut, so selbst die Grosse..." (Olivia/56)

„Vielleicht sich auch abzusetzen davon, dass ich zu dieser Familie gehöre, ein Teil dieses Problems sozusagen bin. Ich fange jetzt etwas Neues

an, ich mache jetzt etwas allein, und bin selbst verantwortlich für das, was ich mache und wie es herauskommt." (Olivia/58)

Die kleinen Freuden einer heileren Welt haben dennoch geholfen - Olivia

Die Ausgangslage für Olivia nach der Scheidung ihrer Eltern war sehr schwierig, wie sie in der Nachbefragung erwähnt. Durch die Befragung wurden ihr diese Schwierigkeiten, die traurigen Gefühle und auch Erstaunen über ihre eigenen Leistungen wieder bewusster.

"Wenn ich jetzt zurückschaue, habe ich das Gefühl, es war sehr schlimm, und es hatte nicht allzu viele schöne Dinge. Aber es ging trotzdem weiter, ich blieb nicht dort stehen, auch in dieser Situation habe ich weitergehen können und kam da raus. Es war nicht so, dass ich da drin steckengeblieben bin und nichts machen konnte und warten musste, bis ich irgendwann erlöst werde oder irgend so etwas. Es ging trotzdem weiter." (Olivia/137)

In dieser Situation haben ihr die kleinen Freuden und Ziele dieser eigenen Welt ausserhalb der Familie, die sie sich aufgebaut hat, geholfen nicht zu resignieren.

"Oder einfach resignieren, ich hatte immer wieder kleine Ziele und kleine Freuden, die halfen weiterzugehen." (Olivia/138)

"Eben so kleine Dinge, an denen ich mich immer wieder festhalten konnte. Einfach kleine Freuden: dort macht man das, was man lässig findet und dort kann man das wieder machen. Eben auch viel wegzugehen, dort ein Chor, da ein Chor. Ich hatte immer das Ziel, dann kann ich wieder dorthin gehen oder das machen." (Olivia/139)

Olivia beschreibt diese kleinen Freuden und Ziele ausserhalb der Familie. Wichtig ist zunächst, dass es sich um Dinge ausserhalb der Familie handelt, die nicht an die mit der Familie verbundenen Belastungen erinnern. Der hohe Stellenwert der Entlastung, des fröhlich und Normal-sein-Könnens und eines Gegenpols zur eigenen Familie wird deutlich.

"Alles, was ich ausserhalb der Familie gemacht habe, was nicht mit der Familie zu tun hatte (war hilfreich, Anm. d. Verf.). Dass ich im Chor mitgesungen habe, dass wir dort weggingen oder ich dort neue Freunde kennengelernt habe. Die Welt ausserhalb der Familie ist viel wichtiger geworden." (Olivia/18)

"Irgendwie etwas, wo es in Ordnung war. Zu Hause hat man immer all diese Probleme mitbekommen und dort konnte man miteinander reden, etwas zusammen machen und das machen, was einem Spass gemacht hat." (Olivia/19)

"Es war vielleicht, obwohl wir (ihre Freundin Martina und sie, Anm. d. Verf.) die gleiche Grundlage hatten, wie eine Art ein Gegenpol. Bei ihr zu Hause war alles so schön, in Ordnung." (Olivia/43)

"Eher, dass sie (Martina, Anm. d. Verf.) dann dadurch anders war und Dinge vielleicht etwas einfacher genommen hat und lustiger war, etwas fröhlicher vielleicht. Dass wir uns nicht gegenseitig heruntergezogen haben, auch. Dass, wenn es mir nicht gut ging, sie mich aufheitern konnte und umgekehrt. Dass wir nicht beide versunken sind: "Ach, uns geht es doch so schlecht"." (Olivia/44)

"Es war dann schwierig, wenn sie (Kollegen, Anm. d. Verf.) Fragen stellten. Irgendwie war es gut, dass sie es nicht wussten, weil sie dann keine Fragen stellen konnten und mich auch noch damit belästigten. Dass sie meinten, es sei alles in Ordnung und sich auch so verhalten haben und nicht auch noch versucht haben, Mitleid zu haben." (Olivia/20)

Zoé

Zoé ist 21 Jahre alt. Sie absolviert eine Ausbildung als Psychiatrieschwester und lebt in Personalhäusern, WG's und mit einer Frau zusammen. In der Freizeit lernt sie, liest, ist in der Natur und reitet.

Momentan fühlt sie sich, am Schluss der Ausbildung, gefordert, manchmal auch überfordert, aber sie ‚bringt es immer wieder auf den Nenner'. Die Frage, die sie beschäftigt ist, ob sie nach der Ausbildung die Stelle erhält, die sie sich wünscht.

Spezielle Probleme bestehen darin, dass Zoé das Gefühl hat, allen gerecht werden zu müssen und Mühe hat, sich abzugrenzen.

Ihr Vater ist Unternehmer und 53 Jahre alt. Er hat ein eigenes Geschäft aufgebaut, das er führt.

Die Mutter arbeitet teilzeitweise und ist 50 Jahre alt.

Zoé hat einen Bruder, der 26 Jahre alt ist. Er ist in Weiterbildung zum Ingenieur.

Bei der Scheidung war Zoé 6 Jahre alt. An äusseren Veränderungen ergab sich durch die Scheidung, dass die Mutter mit den beiden Kindern von ihrem Wohnort wegzog. Die Familie hatte gemeinsam mit den Grosseltern in einem Haus gelebt. Sie zogen also aus diesem grossen Haus und weg von der Mehrgenerationenfamilie, der Familie des Vaters und der Familie der Mutter. Die Mutter der Mutter folgte ihnen ein paar Monate nach der Trennung in die Nähe ihres neuen Wohnortes. Die elterliche Trennung geschah ohne Vorbereitung und kam überraschend. Zoé erinnert sich nur an Streitigkeiten zwischen den Eltern. Der Grund für das Auseinanderbrechen der Familie war, dass der Vater die Mutter mehrmals betrogen hatte; dies aufgrund einer Krankheit, deren Namen Zoé nicht weiss. Auch in der zweiten Ehe betrog der Vater seine neue Frau. Es gab auch Telefonate von

Männern dieser Frauen, an die Zoé sich unangenehm erinnert. Die Mutter wollte sich schon zwei, drei Jahre früher scheiden lassen, hoffte jedoch noch auf eine Veränderung. Zoé hatte nach der Trennung Mühe mit ihrem Vater. Ihr Bruder jedoch hing sehr am Vater. Für Zoé entstand ein grosses Problem in Situationen, in denen sie von ihrer Mutter, ihrer eigentlichen Bezugsperson, weggehen musste. Solche Trennungen haben ihr sehr Angst gemacht. Sie hatte Mühe, in die Schule zu gehen, oder wenn die Mutter einkaufen ging. Diesen Angstgefühlen hat sie einen Namen gegeben. Wenn sie gefordert oder überfordert ist, entstehen diese Angstgefühle auch heute noch. Es gab damals auch eine traumatische Situation, die Zoé sehr geprägt hat: Zoé lief von der Schule nach Hause zu ihrer Mutter, die mit ihrem neuen Freund und jetzigen Mann zu Hause war und sie hatte dort einen Angstanfall. Sie hatte ‚getäubelt' und geweint, nicht aus Jähzorn, sondern aufgrund einer extremen Angst. Es kam soweit, dass die Mutter eine Ärztin benachrichtigte, die kam und ihr Haldol spritzte, worauf sie mit Krämpfen allergisch reagierte und sich eine halbe Stunde nicht mehr bewegen konnte; dies war ein ganz schlimmes Erlebnis. Dann kam die Grossmutter dazu, die einzige, die noch ruhig geblieben war. Sie hat dann erneut die Ärztin benachrichtigt, die ihr ein Gegenmittel spritzte. Anschliessend habe der jetzige Stiefvater ‚super' reagiert und gesagt: „Jetzt gehen wir weg, wir drei miteinander". Dann gingen sie fünf Tage miteinander in die Ferien, die Mutter, der Stiefvater und Zoé. Dort hat sich Zoé wieder beruhigt. Der Stiefvater hatte sehr Verständnis für diese Situation. Zoé erinnert sich an diese Medikation als ein ‚Abschiessen' der Gefühle und Ängste, die heraufkamen. Der Krampf und die anschliessende Sedierung durch die ihr gespritzten Medikamente war für sie eine aussergewöhnlich starke und schwierige Erfahrung. Sie war damals acht, neun Jahre alt. Heute als Psychiatrieschwester hat sie Mühe, Patienten mit Medikamenten zu sedieren. Sie möchte eher nach Möglichkeiten suchen, Gefühle auszuleben und Streit nicht zu unterdrücken, sondern Aggressionen loszuwerden.

Eine neue Familie zu haben, hat geholfen - Zoé
Was bei den Schilderungen von Zoé sehr beeindruckend ist, ist die neue Familie und das neue Zuhause, das nach der Scheidung aufgebaut werden konnte. Vor allem wurde die Mutter und ihre zwei Kinder vom neuen Stiefvater und seinem ganzen Umfeld sehr gut aufgenommen, und sie waren willkommen.

„Von der ganzen Familie, von seiner Seite, wurden wir so aufgenommen." (Zoé/13)

„Ja und das hilft." (Zoé/14)

„Der ganze Kollegenkreis (des Stiefvaters, Anm. d. Verf.), auch andere Familien, die wir kennengelernt haben, haben uns begrüsst, haben sich un-

ser angenommen, haben gefragt, wie es uns gehe. Die Scheidung war ein Thema, das nie totgeschwiegen wurde, weil das Dorf des Vaters ist relativ nahe und alle kennen diese Gegend und die Situation. Auch diese Geborgenheit, die wir bekommen haben." (Zoé/21)

Die neue Familie entstand auch gemeinsam. Die Mutter und die Kinder zogen nicht nur zum neuen Stiefvater, sondern das Haus des Stiefvaters wurde gemeinsam den neuen Bedürfnissen aller entsprechend umgebaut.

„Wir haben dann, die ganze Familie miteinander, das Haus des Stiefvaters umgebaut." (Zoé/11)

„Als Kinder hatten wir auch ein Mitspracherecht: welche Wand bleiben soll und welche heraus soll und wie wir das Ganze gestalten wollen. Sie (die Mutter des Stiefvaters, Anm. d. Verf.) hat uns auch einfach akzeptiert und uns aufgenommen als ihre Enkel." (Zoé/12)

Viel dieses tollen neuen Zusammenhaltes in der Familie hing von der Person des Stiefvaters ab. Er wird als sehr tolerant geschildert, als eine offene, in die Gesellschaft gut integrierte Person. Vor allem wichtig aber war sicher, dass er die Kinder mit ihren Bedürfnissen akzeptiert hat und nicht mit ihnen in Konkurrenz um die Mutter getreten ist. Er hat sich vielmehr zurückgestellt. Schliesslich aber hat er die neuen Kinder einfach gern.

„Der Stiefvater als Mensch überhaupt ist ein ruhiger Typ, jemand, der etwas macht, aber auch nachdenkt und dann kommt es gut. Er hat ein eigenes Geschäft und ist auch etabliert im Dorf. Und er ist auch in Vereinen integriert und wird geschätzt, und ich denke, das hatte auch damit zu tun." (Zoé/23)

„Und er hat eine Linie, er weicht schon auch ab für uns von dieser Linie. Aber er hat ein Ziel, und wenn er sich etwas vornimmt, dann macht er das." (Zoé/58

„Ich denke, dass der Stiefvater uns nie das Gefühl gab, oder ich nie das Gefühl hatte, er nehme uns unsere Mutter weg. Also, dass diese Vertrauensbasis schon seit ich Kind war, da war." (Zoé/55)

„Indem wir miteinander Sachen unternommen haben, dass wir laufen gegangen sind an Sonntagnachmittagen, dass wir ins Verkehrshaus, baden gingen miteinander." (Zoé/56)

„Das ist genau das („Dass er sich fest auch auf euch konzentriert hat und euch mit euren Bedürfnissen nicht weggeschoben hat und gefunden, er wolle mit eurer Mutter Ruhe haben oder alleinsein?" Frage d. Verf.)." (Zoé/57)

„Ich glaube, es liegt ganz fest an seinem Verhalten, dass er mir das nicht so vermittelt hat." (Zoé/143)

„Ja, Sicherheit vermitteln, das ist es." (Zoé/59)

„Es gab noch eine Zeit, in der ich oft im Spital war, in der ersten Sekundarklasse. Und damals diesen Zusammenhalt zu sehen und zu sehen,

dass auch der Stiefvater kam, meine Mutter war eh oft bei mir, aber dass auch er kam..." (Zoé/71)

„Und es ist auch das Gefühl, dass er hinter uns steht in den Entscheidungen, die wir treffen." (Zoé/60)

„Genau und vor allem auch, der uns liebt wie ein Vater, und wir ihn auch." (Zoé/52)

Aber auch die Mutter erbringt grosse Leistungen, und auch sie scheint, ähnlich wie der Stiefvater, sehr offen und um Integration bemüht zu sein.

„Und auch mit der Integration meiner Mutter schliesslich, die im Einkaufsladen arbeiten ging, um auch Geld zu verdienen, für sich und für uns." (Zoé/24)

„Sie (die Mutter, Anm. d. Verf.) war auch sehr offen." (Zoé/25)

Zoés Beitrag zu diesem neuen Familienzusammenhalt war ihre Offenheit und Akzeptanz dem Stiefvater gegenüber.

„Dass ich ihn akzeptiert habe, und er mir nicht erschien wie ein Mensch, der mir meine Mutter wegnehmen will. Ich denke, das hat mit seinem Verhalten zu tun." (Zoé/68)

„Es ist etwas schwierig, normalerweise, wenn ich von meinem Vater rede, meine ich meinen Stiefvater und sage ‚mein biologischer Vater' und das ist dann mein Vater." (Zoé/72)

Während eine neue Familie und ein neuer wohltuender Zusammenhalt aufgebaut werden konnte, entsteht in der Familie des Vaters leider Streit. Der Bruch geht jedoch nicht durch die zwei Herkunftsfamilien, vielmehr wird die Mutter von Zoé von der Schwiegermutter weiterhin unterstützt, die den Kontakt sucht und den Stiefvater miteinbeziept. Ausgeschlossen werden der Vater und seine neue Frau, die Anlass für die Scheidung gaben.

„Die Familie meines Vaters hat schlussendlich Krach bekommen mit meinem Vater. So war das Ganze zerstritten. Und ich denke, dass der familiäre Zusammenhalt von Beat's Familie (der Familie des Stiefvaters, Anm. d. Verf.) und unserer Familie... das war einfach gut und hat mir gut getan." (Zoé/16)

„Sie (die Grossmutter väterlicherseits, Anm. d. Verf.) hat meine Mutter unterstützt, in dem, was sie gemacht hat. Sie ist oft zu uns gekommen. Die Grossmutter hat versucht, die Verbindung von der Familie des Vaters zu uns zu erhalten. Sie hat eigentlich auch die Familie des Vaters verkörpert. An Familienessen wurden wir alle eingeladen, auch der Stiefvater, er war auch absolut integriert in dieser Familie. Mein Vater und seine Frau blieben draussen, weil dieser Streit war." (Zoé/28)

„Ich denke auch, das (die Offenheit und Akzeptanz, Anm. d. Verf.) bestand, weil mein Vater der Grund für die Scheidung war." (Zoé/29)

„Mein Vater kam dann auch (ins Spital, um mich zu besuchen, Anm. d. Verf.), mit seiner Frau oder seine Frau allein. Und wenn meine Mutter da

war, war das eine spezielle Situation, aber nicht nur für mich schwierig."
(Zoé/72)
    „Besonders hilfreich war es, als meine Grossmutter väterlicherseits starb. Damals habe ich diese Vertrautheit extrem gespürt. Sie starb und ihr Wunsch war es, meinen richtigen Vater zu sehen und sich mit ihm zu versöhnen. Ich telefonierte ihm, und er meinte, nein, da ist nichts zu machen: ‚Ich komme nicht.' Auch als sie am Sterben war. Das konnte ich nicht verstehen in dieser Situation, und als sie gestorben war und wir zu Hause waren, ist mein Stiefvater dort gesessen, hat angefangen zu weinen und hat gesagt. ‚Die Oma hat mich so aufgenommen und integriert.' Er hat das gezeigt und hatte diese Linie, das war super." (Zoé/64)
    Dieser Familienzusammenhalt war die grösste Hilfe für Zoé in der Scheidungssituation und hat seine Wichtigkeit bis heute behalten.
    „Es ist schon diese Familie, die wir damals gebildet haben. Wenn irgendjemand von uns ein Problem hat oder mein Bruder eine Entscheidung trifft für sein Leben oder halt mache ich diese Weiterbildung oder nicht, dann heisst es: ‚Hör, hast du Zeit nächste Woche, am Freitag-Abend oder so, zusammensitzen, reden...?'" (Zoé/54)
    „Es ist auch so, dass wir immer nach Hause gehen können." (Zoé/61)
    „Genau und gleichzeitig weiss ich, nach dem, was letztes Jahr alles passiert ist, dass ich auch eine Rückendeckung habe, dass sicher jemand da ist, der mich stützt, der mich auch auffangen kann, wenn etwas wäre; wohin ich auch immer gehen kann." (Zoé/151)
    „Genau. Das (die Offenheit und Toleranz, Anm. d. Verf.) ist absolut der Punkt. Das ist auch das, woran es liegt, dass wir es so gut haben." (Zoé/141)
    „Ja, es ist wirklich schön und die Toleranz, die wirklich auch da ist. Und ich weiss das auch zu schätzen." (Zoé/99)

Für mich gehört zu einer richtigen Familie ein Hund - Zoé
    Zoé beschreibt, dass für sie ein Hund zum Bild einer Familie gehört. Dass die Mutter nach der Trennung einen Hund in die Familie bringt, ist für sie der Beweis, dass die Familie Bestand haben wird.
    „... also für mich gehört ein Hund, schon früher, zur Familie." (Zoé/119)
    „Und wenn man schliesslich eine Familie ist, dann hat man einen Hund. Und diese Familie geht dann... das war wie eine Bestätigung: wenn wir jetzt einen Hund anschaffen, dann geht das nicht auseinander. Also ich glaube, das hat mir gutgetan." (Zoé/121)

"Dass sie (die Mutter, Anm. d. Verf.) den Hund angeschafft hat und einverstanden war mit diesem Hund, hat mir wie die Bestätigung gegeben, dass sie bleibt. Dass sie mir nicht auch genommen wird." (Zoé/122)

Auf den Hund ist Zoé stolz, wenn sie ihn draussen spazierenführt. Sie hat mit ihm aber auch eine Beziehung aufgebaut, und er zeigt ihr seine Freude oder sie findet bei ihm Trost.

"Damals hatten wir ein Haustier, einen Hund, auch nur in der letzten Zeit zwar. Aber ich glaube im nachhinein hat mir das sehr viel gebracht. Die Liebe zu Tieren. Wir hatten auch bei meinem Vater Tiere. Mein Vater hat Hunde." (Zoé/116)

"Ich bin oft mit dem Hund umhergelaufen und hatte einen grossen Stolz, draussen mit ihm an der Leine. Das hat mir gutgetan." (Zoé/123)

"Ich glaube, das hat mir damals als Kind sehr viel geholfen. Diese Beziehung zum Hund aufbauen zu können und die Freude zu spüren, wenn ich nach Hause komme." (Zoé/124)

"Genau, wenn es einem irgendwie schlecht ging, man sich verkrochen hat im Zimmer, hat es meist vor der Türe gewinselt und sie kam. Oder wenn ich auf dem Bett lag, kam sie und hat die Hand abgeschleckt, ganz herzig. Den Kopf zu einem hingehalten." (Zoé/125)

Später übernimmt ein Pferd die Rolle des Hundes. Auch zu diesem Pferd baut Zoé eine intensive, gewinnbringende Beziehung auf.

"Ich ging dann auch reiten, was mir sehr viel gegeben hat." (Zoé/31)

"Ich ging am Mittwoch, wenn man frei hat. Ich bin sicher jeden Tag in den Stall gegangen, um ihn zu putzen und bevor ich reiten gelernt habe, ging ich mit ihm spazieren." (Zoé/35)

"Ja, er (das Pferd, Anm. d. Verf.) ist absolut, das war eine geniale Beziehung." (Zoé/36)

Merette

Merette ist 21 Jahre alt. Sie befindet sich in Ausbildung zur Physiotherapeutin. Seit sie 17 Jahre alt ist, wohnt sie nicht mehr zu Hause. Seit kurzem teilt sie die Wohnung mit einer Freundin, mit welcher sie in Ausbildung ist. Vorher hatte sie in einer WG und auch ein halbes Jahr allein gewohnt, was ihr nicht gefiel. Merette ist seit einem Monat in einer neuen Beziehung und war vorher vier Jahre mit dem gleichen Mann zusammen. In der Freizeit ist sie viel draussen in der Natur; sie ist gern unter Leuten, an Ausstellungen, in Konzerten oder in Strassencafés und beobachtet die Vorbeigehenden. Nebenbei arbeitet sie ein bisschen als Model, um Geld zu verdienen. Sie ist schon vor Beginn ihrer Ausbildung in eine andere Stadt in der Welschschweiz gezogen. Dort hatte sie zuerst zwei Monate in einem Haushalt gearbeitet. Es war für sie jedoch schwierig, von einer Familie mit Spannungen in eine andere zu wechseln. Sie ging daher oft in den Ausgang, um der Enge der Wohnung zu entkommen. So hat sie Leute aus der Kunstszene kennengelernt, die sie schon immer interessiert haben. Sie blieb dann zwei Jahre in diesem Umfeld.

Es geht ihr heute so gut wie noch nie. Sie hat das Gefühl, sie habe sich das Leben nun eingerichtet, wie es ihr entspricht.

Ein spezielles Problem stellt die Ablösung von zu Hause dar. Vor allem zum Vater besteht ein seltsames Verhältnis. Die Konflikte mit der Mutter sind daran, sich in einem guten Sinn aufzulösen. Die Spannungen sind nun nicht mehr so heftig wie früher, und sie können zusammen sprechen.

Ihr Vater ist 56 Jahre alt und befindet sich als Politiker in einer exponierten Stellung.

Die Mutter ist 54 Jahre alt und arbeitet als Laborantin.

Merette hat zwei, 4 und 5 Jahre ältere Brüder. Matthias ist 25 und Stefan 26 Jahre alt.

Zum Zeitpunkt der endgültigen Scheidung war Merette 16 Jahre alt. Seit sie sich erinnern kann, haben ihre Eltern sich gestritten, und es hat ein paar Mal geheissen: "Jetzt lassen wir uns scheiden". Es kam lange doch nie zu einer Trennung, schliesslich dann aber doch. Merette empfand es so, dass ihre Eltern weder wirklich zusammen noch auseinander waren.

An Veränderungen hat sich ergeben, dass der Vater wegzog und auch die Mutter mit den Kindern das frühere Haus verliess. Vor der Trennung hatte die Familie immer grosse Häuser bewohnt, und dann zogen sie in eine Wohnung, in der es nicht mehr für alle Kinder ein Zimmer gab. Die Schule blieb für Merette aber die gleiche, da sie mit 16 Jahren schon eine höhere Schule besuchte.

Geholfen hat, Fluchtpunkte zu haben - Merette

In der Familie von Merette gab es grosse Spannungen und oft Streit. In dieser Situation hat es Merette immer wieder geholfen, einen Fluchtpunkt ausserhalb der Familie zu haben.

„Und wenn ich wieder mal Streit hatte zu Hause; wusste ich, ich kann gehen und bei einer Freundin schlafen gehen. Das war gut." (Merette/19)

„Zu Tina konnte ich immer gehen, wenn es zu Hause gekracht hat." (Merette/55)

„Bevor ich zu Tina ging, wenn ich zu Hause wegwollte, rief ich an, ‚du, ich halte es nicht mehr aus, ich komme zu dir'. Und dann hat sie gewusst um was es geht. Und manchmal rief ich an, um ins Kino zu gehen oder zu baden." (Merette/71)

„Nein, gerade ein zweites Zuhause war es nicht. Es war wie ein Fluchtort, ein Hintertürchen, das ich nehmen konnte, wenn ich es zu Hause nicht mehr ausgehalten habe." (Merette/20)

"Möglichst wenig zu Hause zu sein und Freundinnen (zu haben, Anm. d. Verf.). Der Kollegenkreis war extrem wichtig." (Merette/15)
"Ich hatte immer extrem gestritten mit meinem Vater. Es ist teilweise so ausgeartet, dass für mich die letzte Möglichkeit war zu verschwinden, aus dem Haus zu gehen." (Merette/34)

In dieser Situation des extremen Streits und der Spannungen kam es bei Merette zu einem Suizidversuch. Ohne Fluchtort war die einzige Lösung die, auch körperlich zu verschwinden.

"Ich hatte mit 14 einen Selbstmordversuch gemacht, und daraufhin gingen wir in eine solche Beratung." (Merette/30)
"Und dann immer das Gestreite daheim zwischen meinen Eltern und ich dazwischen. Es war sehr schwierig. Der Suizidversuch war die einzige Möglichkeit dem zu entgehen." (Merette/35,36)

Eine längerfristige Lösung bietet der Aufbau einer eigenen Existenz und die Ablösung oder der Bruch von der Familie.

"Mir ist es damals ziemlich dreckig gegangen, bis ich wegging." (Merette/37
"(Das Wichtigste war, Anm. d. Verf.) Das Umfeld. Und dass man sich sein eigenes Leben aufbaut, seine eigene Existenz." (Merette/46)

Bei der Freundin und den Kolleginnen und Kollegen von Merette war eine gewisse Geborgenheit und Abstand von den Spannungen das Wichtige. Auch ein Psychotherapeut kann Merette in den verzweifelten Momenten unterstützen.

"Eine gewisse Geborgenheit." (Merette/17)
"Ja und es gab eine Leichtigkeit der Beziehung, nicht immer das Spannungsgeladene." (Merette/18)
"Eben diesen Therapeuten der Jugendberatung. Es war für mich wichtig, dass ich etwas machen konnte, wenn ich verzweifelt war." (Merette/77)
"Er hat mir einfach viel zugehört. Ich habe wie mein Rucksäckli zu ihm geschleppt und einfach mal hingeworfen, nicht gross geordnet. Bei ihm ging es oft darum, dass ich ausleeren konnte." (Merette/79)

Dieser Bruch von zu Hause, der einer Flucht gleicht, bedeutet aber nicht, dass das Thema Ablösung damit abgeschlossen wäre. Er erschwert die Ablösung eher, wie Merette berichtet. Die Ablösung wie auch die Bewältigung der Scheidung ist nicht mit dem Jugendalter abgeschlossen, sondern dauert viel länger und ist ein wichtiger Teil des Lebens.

"Ja, und irgendwie denke ich, macht es die Ablösung von zu Hause schwieriger." (Merette/133)
"Es ist halt immer noch so, dass mich meine Eltern wie zurück wollen, und dass sie versuchen, mich zu halten, mit irgendetwas, mit Geld, mit Pflichtgefühl. Dass ich zu etwas verpflichtet bin, eben diese Beraterrolle zu übernehmen." (Merette/134)

"Und vor zwei Jahren, als ich mit dieser Ausbildung anfing, habe ich gedacht, jetzt ist es vorbei, aber es ist halt nicht vorbei." (Merette/135)

"Ja, das war ein eigenes Leben, und ich habe meine Eltern weniger gesehen, und hatte das Gefühl, so, jetzt ist es gut. Und ich mache in meiner Heimatstadt weiter damit, und es hat aber nicht geklappt." (Merette/136)

Als hilfreich haben sich Symptome erwiesen, die bei Merette dazu geführt haben, dass sie die ganze Situation ihrer Herkunftsfamilie mit therapeutischer Hilfe nochmals ausgeleuchtet und aufgearbeitet hat.

"Hilfreich im nachhinein waren Angstzustände, die ich im letzten Jahr hatte, Panikattacken, einfach so, ganz plötzlich. Und ich wusste nicht, woher die kamen und ging zu einem Psychologen. Ich hielt es nicht mehr aus. Und dann fing ich noch einmal von vorne an. Also die ganzen Beziehungen zu klären, zu meinen Eltern, meinen Geschwistern, alles wurde noch einmal aufgewärmt." (Merette/138)

"Und als diese Angstzustände aufhörten, ging es mir automatisch besser und dann konnte ich auch mehr sagen, was ich will und was ich nicht will. Es war alles klarer." (Merette/139)

"Ja, und das hat mich noch selbständiger gemacht." (Merette/140)

"Ich denke, dass ich vom Gefühl her vieles gemacht habe, das eigentlich gut war. Also das Unterstützung holen oder dann auch die räumliche Trennung von zu Hause. Ich denke, das waren alles sehr gute Dinge, die ich machen konnte. Nur ist es im Moment immer sehr schmerzhaft. Manchmal tut es halt immer ein bisschen weh." (Merette/94)

Das „Sich-Amüsieren" hat eine grosse Rolle gespielt - Merette

Merette war in ihrer Familie starken Spannungen ausgesetzt und stand als Vermittlerin zwischen den Eltern. Sie berichtet, wie sie mit fernsehen, sich amüsieren oder auch mit Alkohol Distanz finden und entspannen konnte.

„Der Fernseher. Ich habe extrem viel Fernseh geschaut in dieser Zeit." (Merette/41)

„Dass ich mich nicht mit mir selbst auseinandersetzen musste." (Merette/42)

„Und auch Aktivitäten oder das ‚Sich-Amüsieren'. Das hat auch sehr viel geholfen. Das Ablenken." (Merette/49)

„Eine Zeit lang tranken wir viel Alkohol. Das war auch etwas, um loszulassen." (Merette/81)

Paula

Paula ist 21 Jahre alt. Sie hat ein Zwischenjahr absolviert und möchte an die Dolmetscherschule. Sie wohnt zu Hause, bei ihrer Mutter, Schwester und ihrem Bruder. Die Schwester ist 8 und der Bruder 17 Jahre alt. In ihrer Freizeit fotografiert sie, entwickelt die Fotografien selbst, malt, schreibt Briefe, trommelt, hütet Kinder, ist mit Leuten zusammen, redet, trinkt Kaffee und geht spazieren. Sie ist ‚ein bisschen' in einer Beziehung zu einem Mann. Es ist schön für sie, nach ihrem Auslandaufenthalt wieder hier zu sein. Probleme für sie stellen ihr Gewicht und ihre Figur dar.

Paula hat zwei Väter, einen gefühlsmässigen Vater und einen Erzeuger. Ihr Gefühlsvater ist 46 Jahre alt. Er ist ihr Stiefvater. Mit ihm ist sie, seit sie ungefähr einjährig ist, aufgewachsen. Er ist Schriftsteller. Er unterrichtet sie, was aber schwierig ist. Der andere Vater ist etwa 42 Jahre alt und arbeitet auf einer Bank.

Die Mutter von Paula ist 40 Jahre alt. Sie bekam Paula, als sie 19 Jahre alt war. Sie arbeitet zu 70 Prozent als Hebamme.

Äussere Veränderungen ergaben sich durch die Trennung der Eltern kaum. Die Restfamilie ist im gleichen Quartier, drei Strassen weitergezogen. Die Familie zog einfach in ein anderes Haus, und es war den Kindern möglich, weiterhin dieselbe Schule zu besuchen und alte Freunde und Kollegen zu sehen.

„Wir waren nachher fast mehr Familie wie vorher" - Paula

Abschliessend soll im folgenden der positive Verlauf einer Trennung, wie er von Paula gesehen wird, in allen Teilen als Gesamtheit dargestellt werden. Für Paula war die Trennung der Eltern ein positiver Schritt in einer schwierigen, unlösbar scheinenden Situation. Es war Paula klar, dass wenn die alte Situation weitergelebt worden wäre, dies zu einem Zusammenbruch geführt hätte.

"Dass man sich auch eingestehen kann, jetzt geht es nicht mehr: Sackgasse jetzt, jetzt kehren wir halt um und versuchen es anders." (Paula/108)

"Ich persönlich behaupte, (Die Trennung hat... gebracht, Anm. d. Verf.) fast nur Gutes. Das musste sein, sonst hätte es irgendwie gekracht." (Paula/60)

"Ja, mir kam es so vor, dass, wenn man im Schlamassel sitzt, man gar nicht mehr weitersieht und kaum ist man draussen, kann man wieder anfangen zu schauen: ‚Was wollen wir denn eigentlich, wer sind wir, wo stehen wir?'" (Paula/110)

"Und ich denke, wenn wir dort geblieben wären, wir wären in eine Mühle gekommen, die immer schlimmer geworden wäre. Es war wie ein Ausbruch, bei dem alle lernen mussten und hinschauen mussten." (Paula/148)

Paula steht mit dieser positiven Einstellung zur Scheidung eher allein, wie sie in einem durch die Untersuchung ausgelösten Gespräch mit Kolleginnen feststellt.

"Plötzlich haben viele meiner Kolleginnen..., einmal haben wir einen Abend, den ganzen Abend über Scheidung gesprochen. Wir waren drei Scheidungskinder, und ich war eigentlich immer die einzige, die das positiv gesehen hat." (Paula/137)

"Dass es auch seltsam ist, dass die anderen gar nicht viel Positives darin sehen können, und ich das eigentlich von Anfang an gut gefunden habe. Ich habe von Anfang an gemerkt, dass es ihnen viel besser geht. Es ist natürlich auch so, dass sie es gut gelöst haben." (Paula/139)

Paula beschreibt im folgenden die positiven Auswirkungen der elterlichen Trennung, die sich ergeben haben. Der unmittelbare Vorteil war, dass die Konflikte zwischen den Eltern durch die Trennung abnahmen. Es fand eine allgemeine Neuorientierung der ganzen Familie und der einzelnen Familienmitglieder statt. Paula hat schliesslich erlebt und gelernt, dass Konflikte nicht nur schlimm und bedrohlich sein müssen, sondern Ausgangspunkt für Neues und Besseres sein können.

"Dass ich gesehen habe, wenn sie nicht zusammen sind, geht es viel besser. Ich war eher diejenige, die etwas Druck ausgeübt hat: "Ich sehe, dass es euch viel besser gehen würde, wenn ihr nicht mehr so nahe zusammenkleben würdet, das bringt ja auch nichts, wenn ihr immer Streit habt, das wird ja nur schlimmer." (Paula/102)

"Ja, oder dass man sieht, dass so etwas..., dass das ganz viel Positives haben kann. Für uns, ich denke für uns alle, war das ganz positiv. Wir haben alle sehr viel daraus gelernt. Und alle haben sich so weiterentwickeln können. Auch mein Vater, er ist viel weicher geworden." (Paula/103)

"Jeder musste sich wieder neu orientieren: wo stehe ich eigentlich, was will ich eigentlich? Es war wie ein Anstoss von aussen. Man muss sich für sich wieder einmal Überlegungen machen... Mein Vater hat auch gemerkt, wie wichtig ihm die Familie eigentlich ist. Er hat sich nie so sehr um die Familie gekümmert wie damals, als er sie nicht mehr hatte." (Paula/104)

"Ja genau, und wie wichtig man sich ist. Man konnte es wieder einmal sagen, und es war nicht mehr so selbstverständlich. Man fing an, darüber zu reden und sieht, der Vater und die Mutter können es eigentlich wieder gut miteinander. Das ist ja viel schöner." (Paula/105)

"Und eben, dass man sieht, dass es einem nach so etwas auch besser gehen kann, und dass Beziehungen dann sogar noch besser werden." (Paula/129)

"Dass man sieht, dass man eine Trennung auch gut lösen kann. Dass es einem nachher besser gehen kann, auch wenn es im Moment ganz, ganz schlecht aussieht. Dass man aus einer solchen Sackgasse wieder herauskommen kann. Dass man viel miteinander reden muss. Dass man Dinge lernt, wie man es machen kann, wie gewisse Systeme oder Tricks." (Paula/126)

"Dass es sich auch lohnt, dafür zu kämpfen, wenn es auf einer guten, fairen Ebene bleibt. Man muss einfach die richtige Ebene suchen und nicht gegeneinander fieseln." (Paula/130)

"Und dass man auch sieht, dass die Eltern wieder zusammen reden können, dass sie es eigentlich viel besser zusammen haben als zuvor. Dass sie nicht mehr streiten. Es geht einem viel besser, man denkt, es war richtig. Irgendwie entsteht das Gefühl, wenn wir es jetzt viel besser haben, dann muss es richtig sein. Man merkt, sie streiten sich nicht mehr, sie können wieder miteinander lachen, sie können es gut miteinander haben, sie können einander zum Nachtessen einladen. Wir haben einen Spielabend miteinander gemacht, die ganze Familie, wir waren nachher fast mehr Familie wie vorher, als man sich auf den Füssen gestanden ist." (Paula/59)

Bei den Teilen, die eine positive Bewältigung der Trennungskrise in der Familie von Paula bewirkt haben, wird zunächst das soziale Netz erwähnt, das einen in der Krise trägt.

"Das (die Unterstützung, Anm. d. Verf.) war ganz wichtig oder lebensrettend. Eben, wenn man das hat, dann kann man irgendwie alles meistern." (Paula/101)

"Und auch ein Netz, das einen hält. Man weiss genau, es kann mir gehen, wie es will oder es kann mir etwas passieren, diese Leute sind einfach da. Dieses Netz hält einen." (Paula/42)

"Eben, ich denke etwas vom Allerwichtigsten, sowieso im Leben, sind eben die guten Freundinnen. Wo man weiss, man hat jemanden, die stehen

zu einem. Dass man Gespräche führt und nicht schweigt über Dinge, dann wird es nur noch schlimmer." (Paula/59)

"Freunde machen muss man dann, wenn es einem gutgeht, dann kann man auf Leute zugehen und es gut haben. Dann muss man aber so gute Freunde machen, dass sie auch zu einem halten, wenn es einem schlecht geht." (Paula/Kommentar zur FAST-Aufstellung "wichtige Personen", FAST vgl. Kap. 7.2.5)

Weiter hatten für Paula die klärenden Gespräche eine grosse Bedeutung. Wichtig bei diesen Gesprächen war, dass ein möglichst offener, ehrlicher Rahmen mit allen Familienmitgliedern gegeben war.

"Dass man auch gesehen hat, wenn man darüber geredet hat, was gelaufen ist oder was läuft. Und dass man auch weiss, was im anderen vorgeht und wieso, dass man die Gründe..., dass man es begreift auch." (Paula/37, 127)

"Man hat ja sowieso das Gefühl, man verliere alle Sicherheit, wenn die Situation nicht mehr so ist, wie es jetzt war, eben 16 Jahre lang oder weiss ich wie lange." (Paula/119)

"Ja, diese Gespräche waren über alles wichtig. Gespräche, in denen man auch total ehrlich sein kann, man sagen kann: ‚Ich habe dich gern, ich nehme dich so wie du bist.'" (Paula/41,85)

"Man kann Probleme ansprechen, weil es ein ehrliches Umfeld ist. Und man weiss, der Grundton ist, man hat sich einfach gern. Dann kann man einander auch besser helfen, weil man auch etwas sagen kann: ‚Schau, das hast du jetzt nicht gut gemacht.' Aber das ist nicht..., dass man nicht sagt: ‚du bist schlecht', sondern ‚das hast du schlecht gemacht, nur das, sonst habe ich dich ganz gern, aber das ist ein Punkt, der mich stört'." (Paula/87)

"Das ist etwas sehr Wichtiges, dass man immer ehrlich ist, dass die Eltern den Kindern nichts vorspielen. Das habe ich immer sehr geschätzt, dass sie uns immer gesagt haben: ‚Schaut, so ist es.' Was sie mehr hätten machen können, wäre gewesen: miteinander, sie haben öfter mit einzelnen geredet. Und mit einzelnen, immer wieder zwei zusammen, haben sie geredet. Dass man nicht zusammen an einen Tisch gesessen ist und gesagt hat: jetzt reden wir. Wir haben das schon ein paar Mal gemacht, aber zu wenig." (Paula/111)

"Aber, dass man das einfach miteinander versucht und gar nicht anfängt, diese zwei gegen dort und hier gegen da..." (Paula/112)

"Das macht die Stimmung unehrlich und das entzieht einem den Diskussionsboden. Man kann nirgends mehr anfangen, weil alles so verdreht ist." (Paula/114)

"Wenn die Eltern gemeinsam hinstehen und das sagen würden, dann gäbe das Klarheit." (Paula/116)

Einen wichtigen Beitrag zu einem positiven Scheidungsverlauf liefern die Eltern mit einer möglichst fairen, zurückhaltenden Art der Auseinandersetzung. Nicht zum ersten Mal wird auch hier betont, wie erleichternd es für die Kinder ist, die Eltern wieder konfliktfrei miteinander kommunizieren zu sehen.

„Ich denke, das ist etwas ganz Wichtiges, dass sie sich sehr Mühe gegeben haben, diese faire Ebene zu behalten und nicht völlig abwegig oder völlig gegeneinander... einander nicht mehr begrüssen und nichts mehr... Ich denke, dann wird es ganz schwierig." (Paula/141)

„Dass man auch merkt, dass die Eltern sich auf eine Art ja immer noch gern haben. Es stimmt jetzt für sie nicht, aber es bleibt dann auf einer Ebene der Ausrutscher. Sticheleien gibt es, aber die Grundstimmung sollte irgendwie doch fair ist." (Paula/131)

„Und dass ihnen auch wichtig war, dass wir immer noch Vater und Mutter haben, wir sie gern haben können und wir zu ihnen gehen können. Das hat man gemerkt, das ist ihnen wichtig. Sie konnten nicht ein Massaker durchführen und sich bekriegen..., das ganz Gemeine, das war bei uns gar nie so." (Paula/140)

Das Zusammenwachsen in der Trennungskrise war für diese Familie jedoch weder speziell einfach noch problemlos. Es waren eine Reihe von Veränderungen notwendig. Für Paula war dies die Veränderung, sich von der grossen Nähe und Loyalität allein zu ihrer Mutter ein Stück weit zu verabschieden und zu ihrem Vater eine neue Beziehung aufzubauen, was auch gelang.

„Bei mir war es immer so, dass ich eine total enge Beziehung zu meiner Mutter hatte, weil wir schon viel zusammen durchgemacht haben. Und ich denke, das Problem war, dass sie mit mir fast die tiefere Beziehung hatte wie mit ihm (dem Vater, Anm. d. Verf.). Ich denke, sie müssten ihre Beziehung haben und eine andere Beziehung zu den Kindern. Man konnte sie dann ausspielen gegeneinander, oder man stand dazwischen. Das war eben nicht das, was sein sollte. Dass die Eltern zusammen sind und zusammenhalten und dann die Kinder kommen, so müsste es sein." (Paula/24)

„... ich muss jetzt lernen zu meinem Vater eine neue Beziehung aufzubauen. Ich musste ihn als Menschen kennenlernen und nicht immer als den, von dem ich fand ‚du machst es falsch, schon wieder schuld'." (Paula/27)

„Ja, und nicht mehr so Partei zu nehmen, einfach zu sagen, das ist ihre Beziehung, nicht meine. Ich habe mit der Beziehung gar nichts zu tun. Dass ich nicht so nahe bei der Mutter stehe." (Paula/29)

„Und ich musste sagen: ‚Das ist euer Problem, damit habe ich nichts zu tun, das ist eure Beziehung. Ich stehe ganz woanders, und ich möchte mit jedem einzelnen von euch eine Beziehung haben.'" (Paula/28)

Erwähnenswert ist auch, dass diese nach der Krise wieder zusammengewachsene Familie eigentlich auch bereits eine neu zusammengesetzte Familie war. Für Paula ist nicht ihr biologischer, sondern ihr "Gefühlsvater" ihr richtiger Vater geworden. Mit ihm lebt sie, seit sie einjährig ist; ihm sagt sie "Papi", und er hat mit ihr alles durchgelebt.

„Ich habe ihm aber eigentlich immer schon Papi gesagt." (Paula/9)

„Ich war für ihn immer seine Tochter wie die anderen. Mein Bruder hat einmal gefragt, als der andere Vater zu Besuch kam, ob das mein Götti sei. Das ist ein guter Vergleich, weil er kam auch ganz selten zu Besuch und hat sich nicht gross gekümmert. Er hat diese Beziehung auch gar nicht gesucht, das kam erst jetzt. Dann kann man nicht, wenn man das nicht mit einem Kind aufbaut, zwanzig Jahre später kommen und wollen: ‚Ich habe dich so gerne, ich schenke dir so viele Dinge.' " (Paula/12)

„Er hat mit mir alles durchgelebt, auch Schuldinge, wenn es mir schlechtging. Er war für mich wirklich ein Vater." (Paula/13)

„Ja, und ich habe jetzt eine sehr gute Beziehung zu meinem Papi." (Paula/22)

„Um ihm das auch einmal zu zeigen. Damit ich das nicht nur für mich sehe und spüre, sondern um ihm das auch zu zeigen." (Paula/32)

„Er (der biologische Vater, Anm. d. Verf.) spielt keine Rolle, weder vom Gefühl her noch sonst. Ich sah ihn auch selten, vielleicht zweimal im Jahr." (Paula/16)

2.2 Die Resultate der Befragung

Im folgenden sollen die Antworten der oben vorgestellten jungen Frauen auf die in der Befragung gestellten Fragen in zusammengefasster Form wiedergegeben werden. Die Interview-Fragen werden hier jeweils vorgängig aufgeführt; sie finden sich mit weiterführenden Darlegungen auch im Teil Methodik, Kap.7.2. Es wird der Leserlichkeit zuliebe auf Zuordnungen und weitere Zitate der Frauen verzichtet.

1. Ich beschäftige mich mit dem, was eine Scheidung bewirkt und vor allem damit, was hilft, diese Erfahrung zu bewältigen.

Könnten/könntest Sie/Du mir zuerst sagen, wie sich die Scheidung Ihrer/Deiner Eltern ereignet hat und wie Sie/Du sie erlebt haben/hast?

Im Erleben der jungen Frauen dominiert in ihrer Erinnerung ein Nichtverstehen-Können, aber auch ein Nicht-wahrhaben-Wollen der Trennung der Eltern. „Eigentlich gehören die Eltern doch zusammen" ist das vorherrschende Gefühl. Mit der Trennung der Eltern geht auch das Bild verloren, eine Familie zu sein. Der Augenblick, in dem der Vater dann seine Sachen zusammenpackt und die Trennung endgültig ist, ist sehr schlimm. Häufig wird aber auch geäussert, wie belastend der elterliche Streit war. Wenn die Eltern streiten, getraut man sich nicht mehr etwas, vielleicht Falsches zu sagen und die Kinder verstummen. So besteht neben der Trauer um den Verlust des Vaters auch Erleichterung, dass der Streit beendet ist. Bei allen interviewten jungen Frauen waren deren Mütter die Scheidungsinitiantinnen. Dies entweder, weil sich die Frauen in ihren Bedürfnissen übergangen fühlten, oder andererseits von ihren Männern betrogen wurden.

2. Welche Schwierigkeiten ergaben sich durch die Scheidung Ihrer/Deiner Eltern? Welche Schwierigkeiten ergaben sich speziell für Sie/Dich?

Die Schwierigkeiten, welche die damaligen Mädchen belasteten, waren die Streitigkeiten zwischen den Eltern und die Tatsache, dass die Eltern sich überhaupt nicht mehr verstanden. Die Kinder standen bei diesen Streitigkeiten daneben und waren im Weg. Die Hälfte der Frauen berichtet, zwischen den Eltern gestanden zu sein, mit dem Gefühl, sich entscheiden zu müssen. Dadurch entstand Angst, einen der beiden Elternteile zu verletzen. Die Situation wurde einer jungen Frau so unerträglich, dass sie schliesslich darauf verzichtete, ihren Vater weiterhin zu sehen. Unausgesprochene Erwartungen der Eltern an die Loyalität der Kinder führten dazu, dass dieses Mädchen aufpassen musste, was sie machte und wie sie sich verhielt, um nicht einen der beiden Elternteile zu enttäuschen. Dieses Mädchen entwickelte in der Scheidungssituation eine grosse Selbstkontrolle. Zwei junge Frauen berichten davon, wie ihre Mütter sie bezüglich der ehelichen Schwierigkeiten ins Vertrauen zogen. Beide junge Frauen finden dazu kritische Worte und meinen, sie seien dafür zu klein gewesen. Eine befragte Frau meint, dass sie die engere Beziehung zu ihrer Mutter als zu ihrem Vater hatte. An eine andere junge Frau kam die Erwartung, zwischen den Eltern vermitteln zu müssen; sie hörte sich dann beide Seiten und Probleme an und wurde um ihre Meinung gefragt. So entstand das Gefühl, sie sei verantwortlich, die Probleme ihrer Eltern zu lösen. Es entstehen aber auch ganz handfeste Schwierigkeiten; eine Mutter, die neu wieder ins Erwerbsleben einsteigen musste, nahm die Kinder zur Putzarbeit und Mithilfe mit. So kam diesen Kindern ein Stück Freiheit und Kindheit abhanden. Eine junge Frau entwickelte eine starke Angst, die Mutter könne ihr auch noch genommen werden und sie verlassen. Als weitere Schwierigkeit wird von einer jungen Frau das Verhältnis zur neuen Frau des Vaters berichtet. Bedenklich stimmt, dass die Hälfte der sechs befragten Frauen während der elterlichen Trennungskrisen einen Suizidversuch unternahm oder kurz davor stand.

3. Mich interessiert dabei besonders, was Ihnen/Dir geholfen hat, diese Erfahrung und Situation zu bewältigen. Was fällt Ihnen/Dir zuerst ein?

Wenn hier gefragt wurde, was zuerst einfällt, was in der Trennungskrise geholfen hat, so ist dies die Beziehung und Nähe zur Mutter. Die jungen Frauen, die eine starke Mutter hatten, die in der Trennungskrise nicht zusammengebrochen war, berichten, dass die Mutter die wichtigste Person für sie war. Auch wenn Konflikte mit der Mutter bestanden und eine Frau erzählt, sie habe die Mutter „die Dümmste" gefunden, bleibt diese doch die für sie wichtigste Person. Dort, wo es grössere Schwierigkeiten mit der Bewältigung gab, werden ganz eindeutig Fluchttendenzen aus der Familie deutlich. Hilfreich wurden dort alle Aktivitäten ausserhalb der Familie: der Spass und das Sich-Amüsieren mit Freunden und Kollegen. Weiter werden als hilfreiche Elemente die oben beschriebenen Bewältigungscharakteristika der einzelnen Frauen genannt, wie die neu zusammengesetzte Familie, hilfreiche Gespräche oder die Unterstützung durch die Geschwister.

4. In welchen Bereichen fühlten/fühltest Sie/Du sich/Dich unterstützt:
- in der Familie: von den Eltern, Geschwistern?
- in weiteren Umkreis: von Verwandten, Freunden, Bekannten, Nachbarn?
- von anderen Personen?
- in der Schule?
- in der Freizeit?
- durch Ihre/Deine eigene Person und Aktivitäten?

Bis auf eine Frau beschreiben die übrigen die Beziehungen zur Verwandtschaft als nicht hilfreich. Wenn die Verwandtschaft sich nicht bereits bezüglich der Scheidung verstritten hatte, so wurden einhellig das Mitleid oder die Schuldgefühle als störend empfunden. Weiter zeigt sich erneut die enorme Bandbreite an für die Bewältigung hilfreichen Bereichen: es sind dies Freundinnen, Geschwister, die Ähnliches erlebt haben, ein engagierter Lehrer oder die Nähe zu einer anderen Scheidungsfamilie. Was die Freundinnen betrifft, so besteht die Schwierigkeit darin, Freundinnen zu finden, die einen verstehen und nicht nur eine heile Welt erlebt haben, deren Erlebnisse aber auch nicht zu traumatisch sind, was eine Verständigung auch erschweren würde. Die Mutter, deren Tochter berichtet, sie habe überhaupt keine Freunde, kann sich auch nicht erinnern, dass je versucht worden wäre, ihrer Mutter oder ihr selbst Unterstützung zu geben. Zu erwähnen ist, dass im Freizeitbereich das Spielen, sich Amüsieren und sich Ablenken (bis hin zum Drogengebrauch) übereinstimmend als sehr entlastend und hilfreich erlebt wird.

5. Gab es einen bestimmten Bereich/eine bestimmte Person, die für Sie/Dich vor allem bedeutend und unterstützend war?

In allen Fällen, in denen die Mutter nicht selbst in massive Schwierigkeiten geriet, war es die Mutter, welche vor allen anderen bedeutend und unterstützend war. Vier der sechs jungen Frauen berichten, dass ihnen in erster Linie die enge Beziehung zur Mutter Hilfe in der Scheidungskrise war. Die Mädchen, deren Mutterbeziehung durch Loyalitätskonflikte zwischen den Eltern belastet war, wichen auf Freundinnen aus. Eine junge Frau, deren Mutter professionelle Hilfe benötigte, berichtet von Freundinnen, welche die Mutterbeziehung ersetzten.

6. Die weiteren Fragen betreffen jetzt vor allem diesen hilfreichen Bereich oder diese hilfreiche Person. Was hat diese/n so bedeutend werden lassen?

7. Wenn eine Person für Sie/dich bedeutend war, welche Eigenschaftswörter für die Beschreibung dieser Person würden Ihnen/Dir einfallen?

8. Welche Rolle oder Funktion hatte diese Person?

9. Was hat sie Ihnen/Dir gegeben?

Die wichtigsten Merkmale, welche die Mütter unterstützend werden liessen, waren, dass sie nicht selbst zusammenbrachen, mit beiden Füssen auf dem Boden standen und stark waren. Die Mütter machen vielmehr viel für ihre Tochter, denken in schwierigen Situationen an sie und stehen hinter ihr. Sie nehmen sich Zeit und sind da, damit die Tochter den Schwierigkeiten nicht allein gegenübersteht und diese nicht auf sich gestellt lösen muss. Die Mutter gibt so Halt und Sicherheit. Einige junge Frauen berichten, dass ihre Mütter sie in den Arm nahmen und körperlich Nähe und Unterstützung gaben. Tröstlich war für eine der befragten Frauen von ihrer Mutter zu hören, dass nicht die Kinder die Schuld an der Trennung tragen, und dass die Trennung für die Eltern die bessere Lösung darstellt. Eine Tochter berichtet, die Mutter habe die Situation genommen, wie sie war und habe versucht, das Beste für alle daraus zu machen. Die Mutter, die an ihren Schwierigkeiten gearbeitet hat, wurde zum Vorbild für ihre Tochter.

Werden Freundinnen als wichtig für die Unterstützung beschrieben, so ist die ähnliche Basis zwischen beiden eine wichtige, oft genannte Voraussetzung. Eine gemeinsame Basis nicht nur bezüglich der Umwelt, sondern auch der Erfahrungen, wie beispielsweise mit einer schwierigen Kindheit, erleichtert das gegenseitige Verständnis. Auch Freundinnen werden wie die

Mütter so beschrieben, dass sie zu 100 Prozent hinter einem stehen, einem nehmen, wie man ist und einem sehr gern haben. Man weiss, dass sie einem helfen. Freundinnen zeigen einander auch ihre positiven Gefühle, bringen einander kleine Geschenke oder eine Blume und umarmen sich, wie eine Frau berichtet. Durch diese Unterstützung entsteht eine Abfolge von Gefühlen, die etwa so aussieht: es ist jemand für einen da und man ist nicht allein. So bekommt man das Gefühl, ich habe auch jemanden, und ich bin auch jemand. Man fühlt sich bestätigt. Dies führt zu der zusammenfassenden Feststellung einer Frau: „die haben mich ja gern". Auf dieser Basis des Gern-Habens sind auch kritische Hinweise der Freundinnen möglich. Freundinnen muntern aber auch auf und lenken ab, mehr als dies den Müttern in der Unterstützung zugeschrieben wurde. Es entsteht dadurch eine Leichtigkeit in der Beziehung und das Spannungsgeladene überlagert nicht länger das Erleben.

10. Was hat dies an Ihrem/Deinem Bild von sich selbst verändert, wie haben/hast Sie/Du sich/Dich nachher anders gefühlt?

Am Bild, das die Betroffenen von sich selbst haben, ändert sich durch die Scheidungssituation und durch die Unterstützung in dieser Situation einiges. Die Befragten gaben an, sie haben sich anders als ihre Kameradinnen und Kameraden gefühlt. Dadurch, dass sie sich an Haushaltsarbeiten bereits in einem Alter beteiligen mussten, in dem das andere Kinder weder mussten noch konnten, entstand eine Distanz zu den von einer solchen Situation nicht betroffenen Kindern. Eine befragte Frau konnte durch die guten Erfahrungen mit ihrem Stiefvater ein positiveres Männerbild und mehr Selbstvertrauen entwickeln. Die erhaltene Unterstützung bewirkte bei den Frauen auch das Gefühl, nicht alles allein machen zu müssen und letztlich nicht allein dazustehen. Eine Frau erklärte, dadurch bewusst gemerkt zu haben, dass sie abhängig von anderen Menschen und deren Zuneigung und Nähe ist. Es entsteht das Gefühl, dass einem die anderen gern haben. Schliesslich entsteht ein Bewusstsein, dass man ganz viele Dinge bewältigen kann.

11. In welchen Situationen und welcher Zeit war dies besonders notwendig und hilfreich?

12. Wie oft hat diese Unterstützung stattgefunden?

13. Wie lange hat diese Unterstützung zeitlich angedauert?

14. War es notwendig, dass diese Person anwesend war, um Ihnen/Dir die hilfreiche Unterstützung zu geben? Wenn nicht, wie wurde die Unterstützung wirksam, und was hat sie angeregt?

Immer in Situationen, in denen zu Hause Streit und Spannungen herrschten, war die Unterstützung besonders wichtig, wird übereinstimmend erzählt. Dann war es auch in jenen Situationen hilfreich, nicht allein zu sein, in denen man über das Geschehene nachdachte, wie beispielsweise abends im Bett. Weiter wurde die Unterstützung in anderen, zusätzlichen Krisensituationen wie dem Tod der Grossmutter bedeutsam. Die erhaltene Unterstützung wird häufig als permanent oder auf Abruf vorhanden beschrieben. Die Unterstützung beschränkt sich auch in keinem Fall auf die Krisensituation der elterlichen Trennung, sie wurde schon früher aufgebaut und wird immer als fortdauernd beschrieben. Es scheint also so zu sein, dass Unterstützung entweder bereits vor einer Krise aufgebaut wurde oder dann aber nicht vorhanden ist. Es sind dies die langjährigen Beziehungen, in denen Unterstützung zum Tragen kommt; Hilfe entsteht nicht in der Akutsituation.

15. Was haben/hast Sie/Du unternommen, um diese Unterstützung zu erhalten?

16. Was an Ihnen/Dir hat es ausgemacht, glauben/glaubst Sie/Du, dass Sie/Du diese Unterstützung bekommen haben/hast?

Wenn hier danach gefragt wurde, was die jungen Frauen unternommen haben, um Unterstützung zu erhalten, äussert die Hälfte der Frauen, dass sie ihre Bedürfnisse immer geäussert haben. Sie haben darüber geredet, wie es ihnen ging und gesagt, was sie möchten. Die jungen Frauen berichten, sie hätten sich auch aktiv um diese Beziehungen bemüht. Die Unterstützung scheint auf Gegenseitigkeit zu beruhen, indem man Ähnliches den anderen auch von sich gibt, nicht im gleichen Moment vielleicht. Man meldet sich auch nicht nur in schlechten, sondern auch in guten Zeiten. Eine Voraussetzung für Unterstützung ist weiter, dass man die anderen auch akzeptiert und an sich heranlässt. Eine Frau meint, ihre Ratlosigkeit und Angst hätten Hilfe bewirkt. Schliesslich beantworten einige Frauen die Frage, wieso sie Unterstützung bekommen hätten, damit, weil die anderen sie als Person einfach gern gehabt hätten.

17. Hat diese Person von ihrer Funktion für Sie/Dich gewusst?
Überwiegend scheint es so zu sein, dass die unterstützenden Personen nicht von der Wichtigkeit ihrer Hilfe wissen.

18. Was für einen Einfluss hatten Sie/Du auf diese Person?

19. Gab es noch andere solche bedeutende, hilfreiche Personen?
Zu diesen zwei Fragen kamen kaum Antworten. Die rückbezügliche Fragestellung von Frage 18 schien schwierig beantwortbar, und eine solche systemische Denkweise scheint uns noch nicht vertraut zu sein. Frage 19 scheint eine Wiederholung von Fragen 4 bis 8 zu sein und hat dementsprechend keine neuen Antworten gebracht.

20. ... oder hilfreiche Tätigkeiten?

21. ... oder hilfreiche Bereiche?
Neben dem Spielen und sich Ablenken gehört das Lesen von Büchern über andere Kinder in Scheidungssituationen zu den hilfreichen Tätigkeiten. Die Mädchen sahen, dass nicht allein sie mit dieser Situation konfrontiert waren. Sie sahen, wie andere Kinder mit der Elterntrennung umgingen und reflektierten ihr eigenes Verhalten. Drei junge Frauen berichten davon, dass ihnen solche Bücher eine Hilfe waren.

22. Was denken/denkst Sie/Du, haben/hast Sie/Du damals vor allem gebraucht? War Ihnen/Dir das klar und konnten/konntest Sie/Du das ausdrücken?
Überwiegend äussern die Frauen, dass sie nicht wussten, welches ihre Bedürfnisse waren, und sie diese nicht artikulieren konnten. Diese wurden ihnen erst viel später bewusst. Eine Frau meint, dass sie aufgrund ihrer grossen Verunsicherung ihre Bedürfnisse weder kannte noch mitteilen konnte. Gezeigt hat sich dann eine Unzufriedenheit mit sich selbst und mit den Eltern. Eine weitere junge Frau war zu beschäftigt damit, auf die Bedürfnisse der anderen zu achten, als dass sie ihre eigenen hätte erkennen können. In den enormen Spannungen und dem Druck der Trennung hat sie sich selbst oft nicht gespürt und war zeitweise wie lahmgelegt. Eine andere Frau hingegen äussert, dass sie ihre Bedürfnisse klar kannte und auch ausdrücken konnte. Zu den Bedürfnissen der damaligen Mädchen in der Trennungssituation gehörten Halt und Sicherheit. Ein anderes Bedürfnis war, sein zu können, wie man wirklich war, ohne Rücksicht nehmen zu müssen, wenn man etwas sagen wollte. Wichtig war auch, nicht nur als Mitglied einer Familie angesehen zu werden, die auseinandergefallen ist, sondern als Individuum. Eine Frau benötigte als Mädchen die Präsenz und körperliche

Nähe ihrer Mutter. Wichtig war auch zu sehen, dass die Eltern einem noch immer gern haben, dass man zu jedem Elternteil eine Beziehung haben kann, und dass die Eltern sich Mühe geben miteinander.

23. Was wurde als wenig oder nicht hilfreich bei der Scheidungsbewältigung erlebt?

Was abgelehnt und als nicht hilfreich erlebt wurde, sind einhellig die gutgemeinten Ratschläge von aussen und das Mitleid, das oft von Verwandtenseite kam. Kritisiert daran wurde eine Oberflächlichkeit, und das Gefühl war da, es werde gleichzeitig auf sie gezeigt. Als oberflächlich wurde das Mitleid weiter darum eingestuft, weil das Interesse nur dann kam, wenn man sich sah. Es wurde geäussert, dass dieses Mitleid oft von Leuten kam, die die Situation nicht kannten. Der Wunsch dagegen wäre gewesen, dass die Trennung der Eltern akzeptiert würde und versucht würde, aus dieser Tatsache das Beste zu machen. Zwei junge Frauen äussern als weitere grosse Schwierigkeit, dass ihre Väter nicht in der Lage waren, über Probleme zu reden. Als erschwerend wird zudem erwähnt, dass mit einer Scheidung die Familie als etwas sehr Bedeutendes und Tiefes tangiert wird. Die Familienbeziehungen werden als die Wurzeln einer Person bezeichnet. Nicht hilfreich sind auch bestehende Normen über die Familie, die dann ausgrenzend wirken und das Gefühl geben, die Restfamilie sei nicht mehr Familie.

24. Was denken/denkst Sie/Du abschliessend über diese erhaltene Unterstützung und die Bewältigung der Elternscheidung?

In den abschliessenden Meinungen über die Scheidung dominieren die Aussagen: „es ist gut herausgekommen". Dieses Gut-herausgekommen-Sein hat viele Varianten: Einerseits wird oft geäussert, es sei gut herausgekommen im Sinn von: „Die Scheidung hat uns nicht geschadet, es ist für alle annehmbar". Sehr gross ist die Erleichterung in den Fällen, in denen die Eltern nach einer gewissen Zeit gelernt haben, wieder miteinander auszukommen. Darüber hinaus wird auch berichtet, dass alle Familienmitglieder in der Trennungszeit gelernt haben, und dass ein besseres, intensiveres Familienverhältnis als früher entstanden ist. Anderseits äussern die Frauen auch, dass sie akzeptieren müssen, dass die Beziehung zum Vater nicht so nah ist wie bei anderen, oder dass sie nicht wissen, wie es ist, ein wirklich schönes Familienleben zu haben. In den Familien, in denen eine befriedigende Lösung schwierig war, wurde betont, dass die Loslösung von der Familie entlastend war. Vieles hängt dann nicht mehr so sehr an dieser Familie, und es wurde versucht, eine neue, grössere Familie von Freunden aufzubauen. Die ganze Bewältigung ist aber auch mit Schmerz und Trauer verbunden: „*Nur ist es im Moment immer sehr schmerzhaft. Manchmal tut es halt immer ein bisschen weh."* (Merette/94)

25. Hat es für die elterliche Scheidung und deren Bewältigung eine Rolle gespielt, dass Sie/Du ein Mädchen waren/warst?

Es wird einhellig bejaht, dass es für die Bewältigung der Scheidung eine Rolle gespielt hat, ein Mädchen zu sein. Und dies in vielerlei Hinsicht: Die Mutter hat einen im Gegensatz zum Vater besser verstanden, weil sie auch diejenige war, die mehr Zeit mit den Kindern verbracht hat. Sie hat besser gesehen, wie es einem geht, einfach, weil sie da war. Häufig wird geäussert, dass aufgrund des gleichen Geschlechts zur Mutter eine vertrautere, nähere Beziehung bestand. Die Mutter versteht einen aber auch besser, da das Erleben als Mädchen als gemeinsamer Hintergrund geteilt wird. In dieser vertrauteren Beziehung ist es für die Mutter zudem einfacher der Tochter körperliche Nähe zu geben. Die Bewältigung erleichternd ist für die Mädchen, dass sie eher über Schwierigkeiten wie die Scheidung sprechen und sich bereitwilliger anderen anvertrauen. Knaben, vor allem als älteste, geraten häufiger als Mädchen in eine Beschützer- oder Vaterersatzrolle. Die Schwierigkeit, die sich den Mädchen stellt, ist, dass das Verständnisvoll- und Nett-Sein dazu führt, dass die Mädchen die eigenen Bedürfnisse vergessen, sich zu viel beanspruchen lassen und dem Frieden zuliebe nachgeben. Eine befragte Frau äussert, dass sie dann lernen musste, zu erkennen, was sie möchte und auch für sich zu schauen.

26. Haben/hast Sie/Du nach der Scheidung der Eltern gewisse Entscheide getroffen (wie sich selbst nie scheiden zu lassen, nett zu sein, sich verantwortlich zu verhalten oder Ähnliches)?

Die Scheidung prägt die jungen Frauen auch für ihre Zukunftsvorstellungen. Alle Frauen sind sich einig, dass sie aus den Fehlern ihrer Eltern lernen möchten, und sie machen sich diesbezüglich viele Gedanken und haben sich ihre Meinungen und Vorsätze gebildet. Die befragten, jungen Frauen sind nach der Scheidung ihrer Eltern sehr skeptisch dem Heiraten gegenüber. Eine Frau äussert sich so, dass sie sagt, heiraten stehe auf der gleichen Ebene wie scheiden. Ohne Trauschein sei es auch möglich, einfacher wieder auseinanderzugehen, wird angeführt. Eine Frau möchte gar keine eigenen Kinder, da sie die Verantwortung, die sie als Mädchen schon früh für ihre Geschwister getragen hat, nicht möchte. Sie hat Angst, es könne etwas passieren. Weiter fürchtet sie auch, sitzengelassen zu werden und die Kinder alleine versorgen zu müssen. Die in der Befragung angetroffenen Frauen legen Wert auf eine gute Ausbildung und darauf, dass sie sich entfalten können. Daher sind sie auch der Meinung, es müsste in ihrer eigenen Familie eine Aufteilung der Versorgungspflichten zwischen Mann und Frau geben. Die ehemaligen Scheidungsmädchen sind sehr auf eine solche gerechte Aufteilung bedacht. Aber nicht nur die Lebensumstände, auch die Befindlichkeit werden durch die Scheidungserfahrungen beeinflusst. Eine Frau bemerkt, dass sie sehr abgeneigt ist zu streiten. Eine andere meint, die Trennungssituation habe auch ihre Berufswahl beeinflusst. Eine Frau meint abschliessend zu ihrem Ziel, sie möchte in ihrem Leben glücklich werden und nicht dauernd mit ihrem Partner in Auseinandersetzungen stehen. Sie möchte, dass es ihr gutgeht.

27. Welche Schwierigkeiten stellen sich Ihnen/Dir heute durch die frühere Scheidung Ihrer/Deiner Eltern?

Die jungen Frauen nehmen mit den Trennungserfahrungen auch Schwierigkeiten und Belastungen in ihr erwachsenes Leben. Familienfeiertage können zu einer solchen Schwierigkeit werden. Die Familienfeiertage und -rituale stellen immer wieder eine Konfrontation mit der eigenen Familiensituation dar. Dann, wenn alle anderen mit ihren Familien zusammen sind und keine Lust besteht mit der eigenen Familie oder dem, was davon übrig geblieben ist, zusammenzusein und man dann allein ist, entstehen Niedergeschlagenheit und Trauer. Als grosse Schwierigkeit wird weiter erwähnt, dass die jungen Frauen kein Vorbild für ihre eigenen Beziehungen haben. Die Eltern konnten diese Funktion nicht erfüllen. Dies wird als Mangel erlebt. Eine Frau erzählt, sie versuche sich dieses Bild bei anderen Familien zu holen und für sich selbst aufzubauen. Eine andere Frau erlebt, dass sie aufpassen muss, weder das Beziehungsmuster ihrer Eltern zu wiederholen noch ins Gegenteil zu fallen. Sie meint, sie versuche ein eigenständiges Beziehungsmuster zu erschaffen. Väter, die die Mütter der befragten Frauen betrogen, beeinträchtigen als eine weitere Schwierigkeit auch das Männerbild der Tochter. Dies, das muss angemerkt werden, geschieht jedoch nicht nur in Scheidungsfamilien. Eine andere Frau reagiert auf Situationen, die sie an ihre Kindheit erinnern, sehr heftig, übermässig. Sie meint, eine solche Situation müsse von ihrem Gegenüber nicht in dem Sinn gemeint sein, es wirke aber auf sie sehr stark. Eine weitere junge Frau hat aus der Scheidungssituation als ihr typisches Muster eine plötzlich auftauchende Angst mitgenommen. Keine der Frauen jedoch äussert, dass sie sich in ihrer Integrität massiv beeinträchtigt fühlt.

28. Welche positiven Auswirkungen hatte die Scheidung Ihrer/Deiner Eltern für Sie/Dich?

Die befragten Frauen nehmen neben den oben beschriebenen Schwierigkeiten viele positive Auswirkungen aus der Trennungssituation mit. Viele der jungen Frauen betonen, sie hätten gelernt, wie wichtig es ist, miteinander über Schwierigkeiten zu reden. Die Erfahrung wurde gemacht, dass es nachteilig ist, alles zu verdrängen. Die Befragten versuchen, sich mit Schwierigkeiten auseinanderzusetzen und sich für sich selbst in diesen Auseinandersetzungen Zeit zu nehmen. Die Auseinandersetzungen in der Trennungskrise führten aber auch dazu, dass sich die jungen Frauen besser kennengelernt haben. Sie haben gelernt, Situationen zu hinterfragen. Einige formulieren das Erlebnis, dass man schwierige Zeiten haben kann und diese nicht ewig bleiben, sondern dass man einen Schlusstrich ziehen und weitergehen kann. Sie haben gelernt, dass Schwierigkeiten nicht unbeeinflussbar und unverändert bleiben. Man entdeckt, dass auch wenn es im Moment schlecht aussieht, es nachher besser gehen und man aus einer Sackgasse herausfinden kann. Zwei Frauen meinen, sie hätten das bessere, intensivere Familienleben wie zuvor. Viele betonen auch, dass sie erfahren haben, dass eine Trennung und etwas Neues nicht schlecht an sich sein muss. Es wird oft geäussert, alle Familienmitglieder hätten in den Auseinandersetzungen der Scheidungssituation gelernt und sich persönlich weiterentwickelt. Einen Grossteil ihrer Selbständigkeit im Denken und Handeln schreiben einige Befragte der elterlichen Trennung zu. Weiter wird eine grössere Sensibilität anderen Leuten und deren Problemen gegenüber als positiv erwähnt. Die in der Scheidungskrise gemachten Erfahrungen und Überlegungen sind so hilfreich für andere Situationen. Eine Frau beschreibt, sie habe Antennen für die Spannungen zwischen Personen und in Räumen entwickelt. Diese Empathie und die Vermittlerrolle haben positive Seiten in verschiedensten Situationen; so ist es zum Beispiel im Beruf oft hilfreich, wenn man einfühlsam oder diplomatisch sein kann. Man eignet sich auch praktische Dinge wie gewisse Systeme der Bewältigung an und erwirbt Bewältigungskompetenzen, die in andere Gebiete übertragen werden. Viele trauen sich in Stressmomenten oder Situationen mit hohen Anforderungen mehr zu und leisten auch mehr. Es wird ferner erwähnt, dass bei einer positiven Bewältigung der Glaube an die Möglichkeit eines guten Endes entsteht und auch für andere Situationen angenommen wird. Es ist bei den befragten Frauen schliesslich eine ausgeprägte Motivation zu verändern, anzupacken und zu bewältigen auszumachen. Die Bewältigung der Scheidungssituation war der Beweis, „dass ich es kann, wenn ich es möchte", wie es eine der jungen Frauen formuliert.

2.3 Über die Befragung hinausgehende Resultate
Ausserhalb der gestellten Fragen wurde in den halbstrukturierten Interviews viel über die Fragen Hinausgehendes geäussert. Vor allem zu den Themenkomplexen der Elternbeziehung, den Vätern, den neuen Partnerinnen der Väter, den Brüdern und den eigenen Männerbeziehungen kamen

viele und interessante Aussagen, die hier nicht gänzlich ausgeklammert bleiben sollen. Diese Aussagen werden im folgenden in zusammengefasster Form wiedergegeben. Anschliessend sollen auch die Aussagen der Nachbefragungen hier Platz finden. Zu erinnern ist, dass im Anschluss an die Interviews im Abstand von rund einer Woche ein erneutes Treffen mit der befragten Frau stattfand und sie dann gebeten wurde, sich zum Interview und zu Ergänzungen zu äussern.

Zur Elternbeziehung erzählen die befragten Frauen, wie überaus froh sie waren, wenn ihre Eltern wieder einigermassen miteinander auskamen. Bis sich die Elternbeziehung wieder normalisiert hatte, dauerte es bei einer der jungen Frauen aber vier Jahre. Dass ihre Eltern nicht miteinander reden konnten, war für eine Frau das Schwierigste in der Scheidungssituation überhaupt. Mit grosser Anerkennung berichteten die befragten Frauen, dass ihre Mütter nie über ihren Vater schlecht geredet hätten; dies zumindest nicht vor ihnen, den Kindern. Eine Frau meinte, vielleicht habe sich die Mutter bei ihren Freundinnen über den Vater beklagt. Diese grosse Leistung der Mütter bewirkte zweierlei: Einerseits waren die Töchter in der Lage, sich ihr eigenes Bild vom Vater zu machen und andererseits gerieten sie nicht in Loyalitätskonflikte zwischen den Eltern.

Überaus viel Material kam zu den Vätern, nach denen nicht gefragt worden war. Verschiedentlich wurde die Meinung geäussert, die Väter hätten durch die Trennung einen Teil der Entwicklung ihrer Töchter, vor allem die Pubertät, verpasst. Die Väter stellten sich dann die Erziehung zu einfach vor, wie die Töchter meinten. Die Meinung war denn auch, dass zum Vater nicht die Beziehung bestand, die sich die Töchter wünschten. Sie kannten ihn zu wenig, zu oberflächlich und wussten nicht, „welches die richtigen Gefühle sind". Im Herzen aber behielt der Vater seine hohe und wichtige Stellung. Zwei der Befragten wohnten mindestens zeitweise beim Vater. Einige Frauen erzählten, dass sich ihre Väter nach der Trennung vermehrt um sie gekümmert hatten. Die Väter hätten gemerkt, dass die Kinder weg waren und ihnen fehlten. Übereinstimmend und häufig erzählten die jungen Frauen von den Telefonaten ihrer Väter und sie beklagten, dass ihre Väter nach den Schulleistungen fragten, nicht aber danach, wie es ihnen wirklich ging. Sie fühlten sich als Menschen übersehen, nicht ernst genommen. Das Telefon war das Hauptkommunikationsmittel zwischen Vater und Tochter, mit all seinen Beschränkungen: die Zeit, die für eine Beziehung den Rahmen darstellt, war am Telefon kaum vorhanden. Es wurde aber auch betont, dass die Väter aus der Trennung gelernt haben. Sie haben gelernt, nicht zu verdrängen und Gefühle wie Freude zu zeigen und weich zu sein.

Die Aussagen zu den neuen Partnerinnen der Väter fielen sehr unterschiedlich aus. Eine junge Frau beschrieb, dass sie die neue Frau des Vaters hasste, gemein zu ihr war und meinte, eigentlich nehme diese den der Mutter zustehenden Platz ein. Eine neue Frau eines Vaters wollte die Kinder nicht mehr zu Besuch, was zu einem zeitweisen Beziehungsabbruch führte. Es wurde aber auch berichtet, dass die neue Frau die Tochter unterstützte und ernstnahm. Schliesslich war es auch möglich, dass sich die Mutter und die neue Frau des Vaters schliesslich akzeptierten. Ob eine Mutter die Tochter wegen ihres neuen Partners zum Vater wegschickte, wie hier auch berichtet wurde, oder ob die neue Frau der Mutter sagte, sie wäre bereit, sich zugunsten der Familie vom Vater zurückzuziehen, wenn noch eine Chance für eine Wiedervereinigung bestünde, war sehr von den involvierten Personen und deren Verhalten abhängig. So vielfältig wie diese Personen und ihr Verhalten waren, so vielfältig gestalteten sich die späteren Beziehungen.

Viele Aussagen kamen auch zu den Brüdern. Drei junge Frauen beschrieben ihre Brüder ausführlich. Es wurde einstimmig berichtet, dass die Brüder sehr unter der Situation der elterlichen Trennung litten. Es fiel ihnen schwer zuzugeben, dass es ihnen schlecht ging. Ein Bruder weinte vielleicht zwei, drei Male, ganz zurückgezogen. Sie zeigten dies aber nicht oder sprachen kaum darüber. Sie schlossen sich ab und flüchteten in ihre eigene Welt. Es scheint so, dass die Brüder im allgemeinen zurückgezogener waren, ihre Schwierigkeiten in sich ‚frassen' und für sich ausmachten. Der Bruder einer jungen Frau kann die Trennung der Eltern bis heute nur sehr schlecht akzeptieren und hält den Eltern vor, „dass sie es nie schön hatten, so wie andere Kinder". Weiter wurde beschrieben, dass die Mütter ähnlich wie die Töchter leichter über die Scheidung reden konnten, und die Töchter sich aufgrund dieser ähnlichen Art des Umgangs mit den Müttern besser verstanden und ihnen näher standen. Für die Brüder und Söhne schien diese Situation der Elterntrennung generell sehr schwierig zu sein, da ihnen das Verständnis und die Nähe der Mutter durch diese andere Art des Verarbeitens und der Kommunikation oft erschwert wurde oder fehlte. Diese Schwierigkeit wurde für die älteren Brüder oder Brüder ohne einen weiteren Bruder geäussert. Kleinere Buben mit älteren Geschwistern hatten jemanden, der noch zu ihnen schaute, und sie konnten ihre Probleme mit dem älteren Bruder, wie mit dem Vater, teilen und bereden.

Die befragten jungen Frauen äusserten auch einiges zu den eigenen Beziehungen. Drei Frauen meinten, dass sie sich Männer wie ihre Väter mit deren schwierigen Eigenschaften oder Schwierigkeiten aussuchten. Es fielen Ausdrücke wie, er ist „wie mein Vater" oder „meinem Vater extrem ähnlich". Die Mutter und sie selbst fragten sich, „wieso suchst du dir immer solche Männer aus wie dein Vater"? Die Beziehungen mit diesen, dem Vater ähnlichen Männern, verliefen denn auch problematisch. Eine weitere Frau berichtete, sie habe sich Männer ausgesucht, die von ihr abhängig waren. Sie war mit einer solchen Wahl dann die Starke und sie berichtete, dass sie sich dann viel weniger verletzt fühlte. Sie war diejenige, welche sagen konnte: „so, jetzt will ich nicht mehr". Sie beschrieb, dass sie sich dann einfach in der höheren, aber auch in der gefühlloseren, weniger involvierten Position befand. Den Frauen war für ihre eigenen Beziehungen wichtig, gut miteinander reden zu können. Es wurde noch einmal auch auf die Schwierigkeit hingewiesen, dass von den Eltern kein Beziehungsmodell übernommen werden konnte. Durch die Auseinandersetzung, die mit der Beziehung der Eltern stattgefunden hatte, war es aber möglich, die eigenen Beziehungen zu reflektieren und zu versuchen, Fehler der Eltern zu vermeiden.

Weitere Themen wurden kurz gestreift. Aussagen zur Selbständigkeit waren, dass die meisten der damaligen Mädchen mit Anforderungen im Haushalt konfrontiert wurden, die sie vor der Trennung nicht gekannt hatten. Man musste Dinge im Haushalt erledigen, wie einkaufen gehen oder Wäsche waschen, was andere Kinder nicht machen mussten und auch nicht erfüllen konnten. Man war dann den anderen Kindern einen Schritt voraus – „das macht das Leben irgendwie einfacher und irgendwie auch schwieriger". Und so war man auch bereits einen Schritt aus der Kindheit draussen. Eine der Befragten meinte, dass sie sich dessen aber nicht bewusst war; sie fand es einfach gemein, dass sie erst nach der Hausarbeit spielen gehen durfte. Im Nachhinein wurde dieses Involviert-Sein in den Haushalt als positiv gesehen. Schwierig für die jungen Frauen zu unterscheiden war, welche ihrer Probleme von der Scheidung herrührten und welches die vielleicht normalen Probleme in der Pubertät waren. Obwohl die Familien der befragten Frauen dem Mittelstand angehörten, war deren finanzielle Situation doch unterschiedlich. In der einen Familie war alles vorhanden; ein grosses Haus, Tiere und ein riesiger Garten; es hatte nichts gefehlt. In einer anderen Familie nahm die Mutter die Kinder zum Putzen mit, und in einer weiteren Familie hatten die beengten Platzverhältnisse wesentlich zur Krisen- und Trennungssituation beigetragen. Vier der befragten Frauen haben Erfahrungen mit psychotherapeutischer, professioneller Hilfe gemacht. Eine Frau berichtete von einer erfolgreichen Familientherapie nach einem Suizidversuch, in der die Beziehung zwischen Mutter und Tochter entlastet werden konnte. Im anderen Fall gelang die Familientherapie nach dem Suizidversuch nicht. Eine weitere Familientherapie scheiterte am Einbezug des Vaters. Eine Einzeltherapie, die nach Bedarf in Anspruch genommen werden konnte, wurde als positiv beurteilt. Die Einzeltherapie einer Mutter, in welche die Tochter involviert wurde, wurde von dieser ebenfalls als problematisch erfahren.

Zu den Randbedingungen einer positiven Bewältigung gehörten die vielen Anstrengungen der Mütter und Väter dieser jungen Frauen. Auffallend dabei war, dass sehr wenige Wohnortswechsel für die Kinder nach der Trennung anfielen. Ein anderer wichtiger Punkt war, dass nahezu alle Mütter den Kindern erlaubten, den Vater jederzeit zu sehen. Umgekehrt äusserten die Väter: „Ihr könnt kommen, wann immer ihr wollt". Die Mütter gaben sich beeindruckende Mühe, nicht über den Vater ihrer Kinder schlecht zu reden. Es schien ein hohes Ausmass an Bewusstsein für die Bedürfnisse der Kinder in der Trennungssituation in diesen Familien vorhanden zu sein.

Die Nachbefragungen waren nicht sehr ergiebig und erbrachten inhaltlich nicht wesentlich Neues. Dies ist doch auch beruhigend, da offensichtlich das Wesentliche durch die Fragen bereits abgedeckt wurde. Es war sehr erfreulich, dass sich keine der befragten Frauen durch die Befragung relevant belastet fühlte oder Unterstützung benötigt hätte. Bei einer sorgfältigen, empathischen Befragung scheint eine Nachbefragung somit nicht zwingend notwendig und der Aufwand dafür bedenkenswert. Es war aber doch auch sehr schön, die vielen positiven Äusserungen zu dieser Befragung als Rückmeldung zu erhalten. Am meisten geschätzt wurde der ressourcenorientierte, positive Ansatz der Untersuchung.

Im Detail berichteten die meisten Frauen, es sei ihnen nachher eigentlich gut gegangen. Weiter wurde geäussert, dass es befreiend war, über die Scheidungserfahrungen zu reden. Eine Frau meinte, es war *„sehr gut, klärend"*. Da eine Scheidung nicht ein Thema ist, das alle gleichzeitig betrifft, besteht nicht gleichermassen der Anlass und die Möglichkeit darüber zu reden. Diese Frau meinte auch, sie habe viele Dinge ausgesprochen, die sie zwar schon lange wusste, aber noch nie formuliert hatte. Dieses Formulieren wirkte befreiend und setzt einen Prozess in Gang. Die Befragung wurde von dieser Frau so *„ganz, ganz positiv erlebt"* und war *„auch eine spannende Erfahrung"*.

Zur Frage nach der allfälligen Belastung durch die Befragung ergab sich folgendes: Es wurde überwiegend geantwortet, die Befragung sei keine Belastung gewesen. Eine Frau meinte, sie habe sich nicht unter Druck gefühlt. Eine Befragte berichtete, sie habe durch das, was sie erzählt habe, realisiert, dass die Scheidung viel mehr, bedeutender war als sie sich oft eingestehe. Die Scheidung sei wie ein schwarzer Fleck, den sie manchmal etwas verdränge und auch auf die Seite stelle. Diese Erfahrungen, die diese junge Frau in der Scheidung ihrer Eltern machte, stimmten sie traurig, aber sie wisse auch, dass ihre Situation jetzt nicht mehr so sei, wie sie damals war. Sie meinte:

„Ich habe es mir einfach noch durch den Kopf gehen lassen, wie das eigentlich war. Und eben dass, wenn ich so zurückdenke, es viel schlimmer war, als ich gedacht habe. Und dass man aber trotzdem weiterkommt, das hat mich erstaunt, wenn ich jetzt zurückschaue und denke, nein, wenn ich

das nochmals machen müsste... Aber damals ging es trotzdem immer vorwärts." (Olivia/136)

Eine andere Frau berichtete, dass ihr das Thema der elterlichen Scheidung nahe ging, dass sie aber immer wieder auch lernte, sich abzugrenzen, und sie meinte, dass sie ihre Schwierigkeiten irgendwann in den Griff bekommen werde. Es war auch nicht so, dass das Thema diese Frau nicht mehr losgelassen oder dominiert hätte. Eine weitere Frau berichtete, sie habe sich *„kaputt"* und *„ausgepumpt"* gefühlt, weil trotzdem immer noch viele Gefühle mit der Scheidung der Eltern verbunden waren. Sie hatte Mühe, sich wieder umzustellen und hatte von ihrer Familie geträumt, aber es ging ihr *„auch nicht schlecht in dem Sinn"*.

Es wurde auch berichtet, dass die Untersuchung eigene Überlegungen und Gespräche in der Familie und mit Freunden und Kollegen noch einmal angeregt hat. So hat die Untersuchung selbst zu einem weiteren Stück an Bewältigung in diesem lebenslangen Prozess beigetragen.

3. DIE SCHEIDUNG

3.1 Die Situation der Scheidung in Zahlen

Die Scheidung ist ein häufiges, weit verbreitetes Phänomen unserer Zeit. Die Mehrzahl der Autorinnen und Autoren (Duss-von Werdt et al., 1980; Fthenakis et al., 1982; Kahlenberg, 1993; Reukauf, 1989; Wallerstein & Blakeslee, 1989) geben als aktuelle Scheidungsziffer für die west- und osteuropäischen Ländern und die USA die Anzahl von einem Drittel bis zu 50% Scheidungen auf alle geschlossenen Ehen an.

In der Schweiz hat sich die Zahl der Scheidungen, absolut gesehen, von 6'405 im Jahre 1970 kontinuierlich auf 14'530 im Jahr 1992, d.h. auf rund das Doppelte, erhöht. Je 1000 Einwohner beläuft sich somit die Scheidungsrate im Vergleich zur Heiratsrate im Jahr 1970 auf 1.0 von 7.6, 22 Jahre später, 1992 bereits auf 2.1 von 6.6 (Bundesamt für Statistik, 1994). Auf knapp einen Drittel aller geschlossenen Ehen fielen im Jahr 1992 also Scheidungen. 1994 stieg die Scheidungshäufigkeit an auf 37.8% von 100 geschlossenen Ehen, 15'634 Ehen wurden gesamthaft geschieden (NZZ vom 12.2.1996). Diese Zahl scheint jedoch weiter zu steigen und so betrug die Scheidungsrate 1997 bereits 41%, was bedeutet, dass 17'070 Ehen geschieden wurden (NZZ vom 20.7.1998). 1998, im Jahr, in dem die von der Verfasserin vorgestellte Befragung in der Stadt Schaffhausen durchgeführt wurde, betrug die Scheidungsrate gar 79%. Es kamen auf 187 neu geschlossene Ehen 148 Scheidungen (Schaffhauser Nachrichten vom 22.1.1999).

Die Statistiken müssen jedoch mit Vorsicht interpretiert werden, da Veränderungen zeitverschoben wiedergegeben und in Beziehung gesetzt werden. Phänomene wie ein Ansteigen der Heiraten ab 1989 zeitigen Wirkungen, die aber nicht zeitgleich erfasst werden, wenn die Heiraten des Jahres 1992 mit den Scheidungen des Jahres 1992 verglichen werden, die sich auf ganz andere Ehen beziehen. Es ist weiter festzuhalten, dass die Scheidungsrate auf ein Absinken der Heiratsrate sensibel reagiert. Ferner darf nicht vergessen werden, dass die Trennungen von im Konkubinat lebenden Paaren mit und ohne Kinder durch diese Zahlen nicht erfasst werden.

Es ist jedoch festzuhalten, dass Scheidungen als ein sehr häufiges Geschehen bezeichnet werden müssen, und diese können nicht mehr mit dem Attribut der Abnormität belegt werden. Dass dies dennoch geschieht, muss mit anderen Gründen als ihrer Häufigkeit zu tun haben. Einer dieser Gründe mag die Verdrängung und der Wunsch sein, mit diesem Thema nicht konfrontiert zu werden.

Die Zahl der unmündigen Kinder aus geschiedenen Ehen hat sich entsprechend dem obigen Bild ebenfalls von 6'985 Kindern im Jahr 1970 auf 12'486 von einer Scheidung betroffenen Kindern im Jahr 1992 verdoppelt. Jedes Jahr durchlebt in der Schweiz also eine Anzahl Kinder, die der Grösse einer Kleinstadt entspricht, die meist dramatische Zeit und die einschneidenden Folgen einer Scheidung. In Deutschland wird geschätzt, dass pro Jahr ca. 135'000 Kinder und Jugendliche von einer Scheidung ihrer Eltern betroffen sind (Menne, Schilling & Weber, 1993, S. 7). Viele Kinder erleben vor ihrem 18. Geburtstag eine Scheidung. Wenn deren Eltern sich wieder verheiraten, endet auch jede zweite dieser Ehen erneut in einer Scheidung. Scheidungskinder oder Erwachsene, die als Kind eine Scheidung ihrer Eltern erlebt haben, machen demnach einen beträchtlichen Teil unserer Bevölkerung aus.

Auffällig in dieser Scheidungsstatistik ist, dass die Zahl der geschiedenen Ehen ohne unmündige Kinder diejenigen der geschiedenen Ehen mit unmündigen Kindern stark übersteigt. Es darf daher vermutet werden, dass Kinder einen Grund zur Weiterführung der Ehe darstellen:

„Kinder symbolisieren auf gewisse Weise die Kontinuität, vielleicht sogar die Untrennbarkeit der Ehe, denn die Kinder können sich von ihren Elten nicht scheiden lassen." (Prokop, 1994, S. 41)

Dass diese Frage aber noch wenig erforscht ist und hierin keine Einigkeit besteht, zeigt die Aussage von Bauers (1993, S. 43), die behauptet, dass in allen von ihr untersuchten Scheidungsfamilien die Geburt des ersten Kindes zum Auslöser der Ehekrise wurde.

3.2 Die Scheidung und die Gesellschaft

Die oben beschriebene Zunahme der Scheidungen hat mit verschiedensten geschichtlichen, soziologischen, individuellen sowie paar- und familiendynamischen Faktoren in ihrer gegenseitigen Abhängigkeit und Bedingtheit zu tun (Reukauf, 1989).

Die Familie unterliegt einem bedeutenden gesellschaftlichen Wandel. Im Laufe des 19. und 20. Jahrhunderts fand eine Emotionalisierung und Intimisierung der Familienstruktur statt. Die Bande innerhalb der Familie wurden enger: die affektiv-emotionale Mutterliebe entstand, die Vaterliebe entwickelte sich weg von ihrer dominanten Qualität zu einer, bis zum heutigen Zeitpunkt, auch Nähe beinhaltenden Beziehung. Die Familie als Einheit wurde immer mehr abgeschirmt von aussen: Gänge entstanden, die im Haus den öffentlichen vom privaten Bereich trennten, und es wurde nicht mehr im selben Haus gelebt und gearbeitet (Nave-Herz, 1993, S. 32).

Das Vorbild der traditionellen, bürgerlichen Familie, in der die Frau für den Innenbereich Hausarbeit, Kindererziehung und emotionale Reproduktion zuständig war, griff in den fünfziger und sechziger Jahren schliesslich in alle sozialen Schichten, auch in die Arbeiterschicht, über (Menne, Schilling & Weber, 1993, S. 9).

Seit die Familie aus ihrer Einheit und Funktion als Lebens- und Produktionsgemeinschaft entlassen wurde, stellen sich ihr eine Reihe widersprechender Aufgaben. Durch den Bruch mit Traditionen und durch die Orientierung am Individuum werden vorgeformte Strukturen verlassen, und neue, jeweils individuelle Strukturen und Institutionalisierungen müssen geschaffen werden (Buchholz, 1990 a). Buchholz (1990 a) spricht in der Folge von einem Problem der Deinstitutionalisierung der Familie.

Weiter wird von der Familie erwartet, dass sie als Hort gegen die rauhe Welt aussen abschirmt und gleichzeitig auch die Selbstverwirklichung ihrer Mitglieder ermöglicht. Herzka (1992 b, S. 201) bezeichnet die neue Familie als *"Freizeitfamilie"* und beschreibt, dass sich die Familie von der Produktionsgemeinschaft zu einer Gefühls- und Freizeitgemeinschaft gewandelt hat. Die Freizeitfamilie, bei der Wohn- und Arbeitsbereich getrennt sind, verliert auch bei der Tradierung von Werten und Verhalten an Einfluss.

Wenn heute weitreichende Umstrukturierungen in der Arbeitswelt, wie momentan in den 90er Jahren, zu der oben beschriebenen Entwicklung dazukommen, existiert ein sicherer, stützender äusserer Rahmen immer weniger. Die gemeinsame Aufgabe der Familie ist verschwunden, stattdessen muss im Individuellen erst ausgehandelt werden, was *"die gemeinsame Sache"* sein soll (Buskotte, 1991, S. 177). Von der Ehe als Versorgungsinstitution (man ist zusammen, um den Lebensstatus zu sichern) ist die Ehe zur Beziehungsgemeinschaft (man heiratet sich, weil man sich liebt) geworden (Zeddies, 1993, S. 67). Die heutige Ehe beruht vor allem auf Emotionen und Sexualität und die Dimension des irdischen Existierens wird als sekundär gewertet. Die Ehe ist mit ihrem neuen Inhalt aber auch anfällig geworden, an der Unvereinbarkeit der jeweiligen emotionalen Anforderungen zu zerbrechen. Hinzu kommt der in der westlichen Welt stark gewichtete Individualismus, der dazu führt, dass die Ehe heute in vielen Varianten und Formen gelebt wird. Dies bedeutet aber auch, dass Kommunikation und Entscheidungen über die vielen möglichen Formen des Zusammenseins vonnöten sind. Sexualität und Liebe, Gespräch und Kommunikation sind für die heutigen als befriedigend erlebten Ehen daher konstitutiv. Und das Auseinanderleben entwickelt sich denn auch in den zwei zentralen Bereichen des ehelichen Zusammenlebens, der Sexualität und der Kommunikation.

Duss-von Werdt et al. (1980) haben in ihrer Untersuchung eine Reihe konkreter Faktoren ausgemacht, die eine Scheidung begünstigen. Dazu gehören u.a. der Wohlstand, die Selbstverwirklichung, die Emanzipation der Frau, das Abnehmen religiöser Bindungen u.a.m. Der gleiche Autor schränkt jedoch sogleich ein, dass der Versuch, eine Erklärung des Phänomens Scheidung zu geben, indem man auf bestimmte Ursachen abstellt, die Komplexität und wechselseitige Beeinflussung der gesellschaftlichen und individuellen Wirkkräfte übersieht und so nicht befriedigen kann.

Die Entwicklung heute, die in gewissen Gesellschaftsschichten hin zu einer egalitären Teilung von Erwerbsarbeit, Hausarbeit und Kindererziehung läuft, scheint demgegenüber beziehungsstabilisierend wirken zu können (Hess-Diebäcker & Stein-Hilbers, 1991, in Menne, Schilling & Weber, 1993, S. 11).

Es ist nicht zu vergessen, dass durch die allgemeine Erhöhung der Lebenserwartung die eheliche Lebensgemeinschaft auch zur Langzeitperspektive wurde; zu einer Langzeitperspektive, die einen viel grösseren Zeitraum, aber auch mehr Phasen des Lebens mit immer neuen Anforderungen miteinbezieht.

Weiter beeinflussen die gesellschaftlichen Wertmassstäbe auch die Vorstellungen über Ehe und Scheidung. Was heute generell gilt, dass alles machbar scheint, Perfektheit die Norm darstellt und Krankheit und Trennung als Störfall gesehen werden, ist auch die Ausgangslage für die Einschätzung von Ehe und Scheidung.

Dabei geht jedoch leicht vergessen, dass Trennungen von den Eltern für die Kinder kein neues, exklusives Phänomen unserer Zeit darstellen. In der vorindustriellen Zeit hat es nicht gewollte Trennungsprozesse „vor der Zeit" häufig gegeben, jedoch mit anderen auslösenden Bedingungen. In vorindustrieller Zeit erfolgte ein Trennungsprozess im Kindesalter überwiegend aufgrund des Todes der Mutter, der Kindesaussetzung oder der Weggabe an andere Personen oder Institutionen (Nave-Herz, 1993, S. 26). Solche Trennungen waren sogar häufiger als heutige Trennungen von den Eltern durch Scheidung (Nave-Herz, 1994, S. 13). In der vorindustriellen Zeit gab es auch damals schon verschiedene Familientypen: alleinerziehende Mütter oder Väter, Stief-Familien, Adoptivfamilien und diese waren sogar stärker verbreitet als heute (Nave-Herz, 1994, S. 15).

3.3 Die normative Einordnung der Scheidung

Scheidung wird mehr und mehr zu einem normativen Ereignis (Ross, 1991, S. 29), zumindest dann, wenn von den an die 40%-Rate steigenden Zahlen ausgegangen wird. Ob dies aber auch für deren Akzeptanz gilt, scheint fraglich. In der Gesellschaft besteht noch immer der Mythos der intakten Familie, und es wird ungern zur Kenntnis genommen, dass Scheidungen mit einer derart hohen Verbreitung ein Phänomen der Norm darstellen.

Viele Geschiedene verabschieden sich auch nicht von der Ehe generell, sondern gehen eine Zweitehe ein. Scheidung hat dann einen doppelten Sinn: sie hilft aus der als falsch erlebten Ehe und hält die Institution Ehe am Leben, mit ihren Illusionen und Hoffnungen (Menne, Schilling & Weber, 1993, S. 12).

Oft wird geheiratet, im Glauben, die Ehe werde bestehende Probleme lösen. Dies ist aber selten der Fall, viel öfter verstärkt eine Ehe und ein erstes Kind die Probleme, die von der Ursprungsfamilie mitgebracht werden. Eine Scheidung kann auch als Folge einer bereits bestehenden Problematik verstanden werden.

Fassel (1994, S. 26) bezeichnet die Scheidung in den meisten Fällen als Höhepunkt einer seit langem bestehenden Störung der Familie - als den Punkt, an dem die Verleugnung dieser starken, bereits bestehenden Gestörtheit der Familie zusammenbricht.

Aus der Sicht der Systemtheorie gesehen sind kleinere Anpassungen in einer Familie oder einem System möglich, sog. Anpassungen erster Ordnung. Grössere Anpassungen, die eine unangemessene, veraltete oder ungesunde Stabilität aufbrechen, werden als Anpassungen zweiter Ordnung bezeichnet (Hoffman, 1987, S. 47). Die Scheidung wäre in dieser Sicht als Lösung zweiter Ordnung zu verstehen, die dann zum Zug kommt, wenn die Spannungen durch gewöhnliche Verhaltensmuster nicht in Schach gehalten werden können. Durch eine Trennung (eine Veränderung zweiter Ordnung) kann die Eskalation der Feindseligkeiten gestoppt werden und ist ein Überleben in einer neuen Form möglich.

3.4 Die Situation der Scheidung, neue Einschätzungen und Perspektiven

Es gibt heute eine Reihe von Autorinnen und Autoren, die vorschlagen, die Scheidung nicht mehr als negativ, sondern im Sinne von Normalität und der Möglichkeit zur Entwicklung neu einzuschätzen:

Wiesner (1992, S. 7) regt in dem Sinn an, Scheidung nicht mehr anzusehen als *„nur individuelles Schicksal, sondern eine Variation normaler Entwicklungen"*. Der Scheidung soll also ihre stigmatisierende Einschätzung der individuellen Betroffenheit und Verursachung genommen und Normalitätscharakter zugesprochen werden.

Von anderer Seite wird vorgeschlagen, die Scheidung als Übergangskrise in einem normalen Lebensablauf zu betrachten (Weber, 1992, S. 37). Dennoch ist kritisch anzumerken, dass die Scheidung, wenn eine Übergangskrise, dann eine spezielle Übergangskrise darstellt, denn eine Scheidung wird auch von den Betroffenen überwiegend negativ attribuiert und als Scheitern erlebt. Es fehlt weiter auch an Strukturen und Ritualen, die bei anderen Übergangsphasen wie beispielsweise Hochzeit, Geburt vorhanden sind und den Vergleich mit anderen Übergangskrisen nahelegen würden.

Wird eine Scheidung als kritisches, nichtnormatives Ereignis im Lebenszyklus einer Familie gesehen, so können diesem sowohl positive als auch negative Entwicklungsverläufe der einzelnen, als auch der ganzen Familie zugesprochen werden (Oberndorfer, 1991, S. 11; Fthenakis, Griebel, Kunze, Niesel & Oberndorfer, 1992, S. 16). Als kritisches Ereignis und familiale Übergangsphase betrachtet, wird die Scheidung dann vermehrt mit ihren Möglichkeiten entweder zu gelingen oder zu misslingen gesehen. Diejenigen Muster, die früher von der Familie in Übergangsphasen angewandt wurden, werden dann erneut die Scheidungskrise beeinflussen.

Fthenakis, Niesel & Griebel (1993) vertreten ein Modell der Scheidung nicht als Desorganisation, sondern als Reorganisation. Scheidung wird wertfrei als eine der möglichen Entwicklungen betrachtet, die eine Familie nehmen kann. In der Vorstellung dieses sogenannten Reorganisationsmodelles wird das ursprüngliche Familiensystem nicht aufgelöst, sondern verändert, eben reorganisiert. Dieses Modell wird sicher dem prozesshaften Verlauf gerecht, und es wird versucht, weniger zu pathologisieren. Weiter soll durch weniger Normvorgaben die Bewältigung neuer Anforderungen und Aufgabenstellungen nicht behindert werden. Das Autorenteam Fthenakis et al. (1992, S.17) meint, dass die Verluste und Einschränkungen, die sich durch eine Scheidung ergeben, betont - die Chancen, die eine Scheidung beinhalten kann, jedoch übersehen werden. Die Autoren verlangen, der Scheidungsfamilie keine voreilige Problemdefinition, aus dem Umstand der Scheidung allein, zuzuschreiben (Fthenakis et al., 1992, S. 22).

Balloff (1993, S. 115) beschreibt die zwei theoretischen Grundpositionen folgendermassen: Die eine Position fasst die Trennung der Eltern als Auflösung der Kernfamilie auf und kann als Konfliktmodell bezeichnet werden. Die andere, neu zur Diskussion stehende Position sieht die Familie in einem prozesshaften Übergang zwischen ursprünglicher und reorganisierter Familie und wird Reorganisations- oder Prozessmodell benannt.

An dieser Stelle ist eine begriffliche Differenzierung zwischen der Scheidungsfamilie und der Konfliktfamilie vonnöten. Im Einzelfall ist meist die Alternative zu einer Trennung nicht eine intakte Familie, sondern eine Familie mit oft hohen Spannungen und Konflikten. Viele Belastungen der Kinder in einer Scheidung gehen denn auch zu einem beträchtlichen Anteil auf die krisenhafte Zeit vor der Scheidung zurück (Figdor, 1994, S. 135).

Man kann sich demnach fragen, ob die Schwierigkeiten, die aufgrund von Scheidungen für die Kinder entstehen und in ihr erwachsenes Leben hineingreifen, nicht einfach auch genereller die Schwierigkeiten von konflikthaften Familien sind. Viele Erwachsene, deren Eltern nicht geschieden sind, haben ähnliche Probleme wie erwachsene Scheidungskinder. Dennoch stellt die Scheidung einen Einbruch dar: *„Die Macht der Scheidung liegt in der Beendigung des Familienlebens, wie das Kind es kennt."* (Fassel, 1994, S. 39). Die Scheidung liefert eine Bezeichnung und Identität dafür, dass die Familieneinheit aufgelöst wurde.

In einer systemischen Sicht dient die durch die Scheidung hervorgerufene Instabilität auf der einen Seite vielleicht der Stabilität einzelner Individuen auf der anderen Seite (Hoffman, 1987, S. 322). Diese Stabilität auf der individuellen Seite, für die die Familie aufgegeben wird, findet sich heute häufig in der individuellen Entwicklung und Verwirklichung.

Wenn Scheidung weiter im Sinne der Dialogik oder Chaostheorie nicht einfach nur negativ beurteilt wird, sondern als Wendepunkt auf ein adaptiveres Funktionieren hin betrachtet wird, könnte, wenn am Modell Familie festgehalten werden will, auch versucht werden zu suchen, welche Veränderungen dieses Modell Familie benötigt, um weiterhin für alle Teile befriedigend zu funktionieren und weiterzubestehen.

Werden die von einer Scheidung Betroffenen auch als Opfer der gesellschaftlichen Vorstellung der intakten Familie als Norm gesehen, stellt sich die Frage, ob nicht auch an einer Veränderung dieser kulturellen Mythen gearbeitet werden müsste (Fassel, 1994, S. 21, 260ff).

Hurrelmann (1989, S. 63) vertritt die Meinung, dass gewisse Ereignisse nicht von einzelnen Individuen gemeistert werden können. Es wäre zu überlegen, ob ebenso für die Scheidungssituation gilt, dass auch kollektive Strategien vonnöten sind.

3.5 Der Ablauf der Scheidung

Nur wer die Ehe mit dem Zusammenleben oder dem juristischen Zustand vor dem Gesetz gleichsetzt, verfällt dem Irrtum, diese Ehe ende mit der Scheidung. Wird aber die materielle Versorgung, die gemeinsam erlebte Biographie, die soziale und psychische Wirklichkeit in den Blick gebracht, wird klar, dass dem nicht so sein kann. Die Kinder repräsentieren dabei die Untrennbarkeit der Ehe, *„die jetzt nur keinen Ort mehr hat."* (Beck & Beck-Gernsheim, 1990, in Buskotte, 1993, S. 180).

Die Scheidung ist vielmehr als Prozess zu betrachten, der lange vor der Trennung selbst begonnen hat und über diese hinaus Jahre andauert. Fassel (1994) spricht im Falle von Scheidung von einer Dauerbelastung, nicht von einzelnen Stressoren, sondern von einem Stressprozess, der ein Leben lang anhalten kann.

Eine Scheidung impliziert Interessenskonflikte und Instabilität.

Die Scheidung kann dementsprechend in die folgenden drei Phasen unterteilt werden:

1. Eine Phase vor der Scheidung, die zum Entschluss führt, die Ehe zu beenden. Ständiger Streit und offene Kämpfe sind darin prägend. In der ersten Zeit der Scheidung wird der andere als bösartiges Wesen gesehen, dessen Hauptinteresse darin besteht, einen zu verletzen und zu zerstören. Der eigene Schatten und die Verantwortung, die man trägt, kann in einer ersten Phase wenig erlebt werden und wird oft projiziert. Die Kinder haben das angstvolle Gefühl, dass etwas Entscheidendes geschieht, das sich ihrer Kontrolle entzieht (Fassel, 1994, S. 33). Lange bevor die Scheidung eingereicht wird, erahnt das Kind intuitiv, dass die Scheidung eine reale Möglichkeit ist. Diese Phase dauert in der Regel zwischen drei und fünf Jahren.

2. Die zweite Phase ist die Phase der Scheidung selbst, die zu einer räumlichen Trennung führt, die aber für das Kind auch relativ unbemerkt verlaufen kann. Es ist nicht so, dass nach der Scheidung die Konflikte aufhören. Auch nach der Scheidung, vor allem wenn gemeinsame Kinder da sind, bleiben die geschiedenen Ehepartner konflikthaft miteinander verbunden, und in einigen Fällen steigen die Auseinandersetzungen nach einer Scheidung sogar an (Oberndorfer, 1991, S. 22). Nach einem richterlichen Entscheid vermindert sich das Streitgeschehen jedoch häufig, und nachdem Aggressionen und Kränkungen im Vordergrund waren, ist nun vermehrt Platz für Gefühle der Trauer und des Leidens (Balloff, 1992, S. 54). In dieser eigentlichen Scheidungsphase werden die Kinder aber auch am meisten vernachlässigt (Bauers, 1994, S. 55).

3. Die dritte Phase, nach der eigentlichen Trennung, ist für die Kinder geprägt vom Gefühl zwischen den Eltern hin- und hergerissen zu sein. Diese dritte Phase beginnt mit der juristischen Scheidung und endet mit der emotionalen Scheidung der Partner, in vielen Fällen jedoch nie. Eine Loslösung vom als enttäuschend erlebten Partner wird oft nicht zu Ende geführt, weil eine solche letztlich die Auseinandersetzung mit sich selbst, den eigenen Erwartungen und der eigenen Geschichte beinhaltet (Krabbe, 1992, S. 130). Gelingt es, nicht nur den anderen verantwortlich zu machen, sondern die eigenen Anteile zu erkennen, können Trauer und Vergebung erlebt werden, um sich verabschieden und lösen zu können. Bei einer Trennung von einem Menschen, der lebt, kann aber die Hoffnung immer wieder aufleben, dass man eines Tages doch wieder zusammenkommen könnte. Dies verhindert ein Sicheinlassen auf die neue Situation, die Loslösung und die notwendige Trauerarbeit. Kinder nehmen oft an, dass die Scheidung rückgängig gemacht werden könne (in seltenen Fällen geschieht dies ja auch), was jedoch normalerweise das Leid der Kinder nur erhöht.

Diese drei beschriebenen Phasen werden auch als Ambivalenzphase, Scheidungsphase und Nachscheidungsphase bezeichnet.

Als weitere Ebenen unterscheidet Oberndorfer (1991) im Trennungsprozess eine psychische, eine ökonomische und eine juristische Ebene der Trennung.

Bei jeder Scheidung handelt es sich auch um das Erleben eines Verlustes. Dieser mag sehr gross sein, wenn der Partner oder Vater, den man liebt, einen gegen den eigenen Willen verlässt; oder der Verlust mag weniger offensichtlich sein, wenn das Zusammenleben kaum erträglich war und die Trennung herbeigesehnt wurde. Aber auch in diesem Fall geht es um einen Verlust - weniger um den Verlust dieser Person, als um das Loslassenmüssen des Ideals, eine glückliche und vollständige Familie zu haben bzw. in einer solchen gross werden zu können. Der Wunsch und die Sehnsucht nach einer glücklichen Partnerschaft und Familie muss dann verabschiedet werden.

Dieser Verlust geht einher mit der Notwendigkeit, Trauerarbeit zu leisten. Kast (1994) meint:

> *„Jede Trennung erfordert Trauerarbeit. Eine grosse Bedeutung innerhalb des therapeutischen Prozesses hat das Trauern um Beziehungen, die zerbrochen sind. Es geht dabei weniger um die Trennungen durch das Schicksal (Tod), sondern vielmehr um die Trennungen durch einen Entschluss." (S. 23)*

Aber es fragt sich, ob die für die Trauerarbeit notwendige Akzeptanz und Schonfrist auch im Falle einer Scheidung vorhanden ist (Kast, 1994, S. 29).

Der die Trennung begleitende Trauerprozess dauert bei positivem Verlauf rund drei bis vier Jahre (Bauers, 1994, S. 59). Gemäss Suess (1993, S. 167) kommt es im zweiten, dritten Jahr nach der Scheidung in der Regel zu einer Stabilisierung der Situation.

Oft bleibt dieses Abschiednehmen in Nachscheidungskonflikten stecken. Da der Partner noch verfügbar ist, kann die innere dialogische Auseinandersetzung jederzeit in eine reale Auseinandersetzung umgesetzt werden. Das bedeutet, dass die mit der Scheidung verbundenen Konflikte nicht intrapsychisch verarbeitet werden müssen, sondern agiert werden können. Auch die Kinder sind dann weiterhin den alten Beziehungskonflikten ihrer Eltern ausgesetzt.

Im Trennungsprozess finden sich zwischen den Entwicklungen der einzelnen Familienmitglieder häufig auch Phasenverschiebungen: während der Vater sich schon abgelöst hat, ist die Mutter noch in der Ambivalenzphase und die Kinder halten an der Illusion der Rückkehr der Eltern fest (Jaede, 1992, S. 119).

Da für die Situation nach der Scheidung keine gesellschaftlich vorgegebenen Strukturen und Handlungsmuster bestehen, wird zusätzlich Unsicherheit und Stress erzeugt (Napp, 1988, S. 15).

3.6 Die Art der Scheidung
Die Art des Scheidungsverlaufs beeinflusst die Scheidungskinder am nachhaltigsten (Fassel, 1994, S. 36), wobei der problematische Verlauf der weitaus häufigere ist. In vielen Fällen und zumindest in einer ersten Phase der Trennung und Scheidung bestehen starke Konflikte. Bei fehlendem Übereinkommen der Eltern wird dann eine *„Parallele Elternschaft"* (Furstenberg & Cherlin; 1991 in Ballof, 1993, S. 117 u. 130) angestrebt werden müssen. Indem die Geschiedenen unabhängig voneinander, aber in voller erzieherischer Verantwortung, mit dem Kind Kontakt aufrechterhalten und pflegen, werden gegenseitige Abwertungen und Konflikte vermieden.

Wie Fassel (1994) in ihrer Untersuchung betont, ist es daher wichtig zu unterscheiden, wie eine Scheidung verlaufen ist: Scheidung ist nicht gleich Scheidung. Die Autorin führt eine Unterteilung in fünf verschiedene Formen von Scheidung ein, die dann auch mitentscheiden, wie erwachsene Scheidungskinder sich selbst sehen und welche Art der Schwierigkeiten für sie entstehen: *„die Scheidung, bei der ein Elternteil einfach verschwindet, die überraschende Scheidung, die gewalttätige Scheidung, die späte Scheidung und die 'Lass-uns-die-Kinder-da-heraushalten'-Scheidung" (Fassel, 1994, S. 18)*

Die Scheidung, bei der ein Elternteil einfach verschwindet:

Wenn ein Elternteil eines Tages einfach nicht mehr da ist, so geht damit auch das Vertrauen in andere Menschen verloren: jede und jeder könnte unerwartet gehen, einen verlassen und so könnte sich das Geschehene wiederholen. Aber auch das Vertrauen in sich selbst und in die eigenen Gefühle wird in Frage gestellt. Viele dieser Erwachsenen behalten ihre Geheimnisse für sich und unterdrücken ihre Gefühle. Sie können nicht für sich eintreten. Als Mutter oder Vater zeigen sie die Tendenz, perfekt zu sein, um das erlebte Verschwinden in Zukunft zu verhindern (Fassel, 1994, S. 86ff).

Die überraschende Scheidung:

Diese Scheidungskinder glaubten, eine glückliche Familie zu haben und zweifeln nach einer überraschenden Scheidung ernsthaft an ihrer Wahrnehmung. Sie glauben als Erwachsene, dass Beziehungen verletzend und ein Elternteil oder Männer oder Frauen generell unzuverlässig seien. Um sich zu schützen, werden sie unnahbar und kontrollierend. Enttäuschungen scheinen für sie immer überwältigend zu sein (Fassel, 1994, S. 89ff).

Die gewälttätige Scheidung:

Bei einer gewälttätigen Scheidung, bei der die Grenzen der Familienmitglieder nicht respektiert wurden, entstehen bei den betroffenen Erwachsenen Probleme, Grenzen zu setzen und zu respektieren. Ärger macht ihnen auch in ihrem aktuellen Leben noch grosse Angst, da er in der Ursprungsfamilie immer zu eskalieren schien. Konflikte werden gleichgesetzt mit Gewalt und werden deshalb häufig vermieden. Da aber auch erlebt wurde, dass Gewalt - wenn auch auf negative Weise - Verbindung und Nähe schuf, können diese Menschen versucht sein, Gewalt auszuüben, um Nähe herzustellen (Fassel, 1994, S.93ff).

Die späte Scheidung:

Wenn Kinder hören, dass die Eltern ihretwillen zusammengeblieben sind, verursacht das damit verbundene Leiden der Eltern Schuldgefühle und Leid auch für die Kinder. Als Kinder lebten sie mit Feinden unter einem Dach in einer Atmosphäre von Drohungen, ständiger Kritik, unausgesprochenem Ärger und Hass. Meist schlagen sich die Kinder dann auf eine Seite und ergreifen Partei. Als Erwachsene wirken sie emotional verschlossen. Sie haben gelernt, ihre Wahrnehmung zu verleugnen, um diese Zeit überstehen zu können. In ihrem späteren Leben haben sie Angst, die Menschen nicht als die zu sehen, die sie wirklich sind. Viele von ihnen sind im Glauben aufgewachsen, dass es eine Tugend sei, gestörtes Verhalten zu erdulden, ohne etwas zu ändern. Sie betrachten dementsprechend Beziehungen als ein Gefängnis und haben Angst, sich verbindlich einzulassen. Oft suchen sie den perfekten Partner oder die perfekte Partnerin, um nicht Gefahr zu laufen, sich trennen zu müssen, und sie sind ständig auf der Hut, um nicht enttäuscht zu werden (Fassel, 1994, S. 96ff).

Die 'Lass-uns-die-Kinder-da-heraushalten'-Scheidung:

Bei dieser Art der Scheidung versuchen die Eltern, ihre Kinder zu schonen, indem sie ihnen Informationen vorenthalten und die wahren Gründe für ihre Trennung verschweigen. Diese Scheidungen beruhen auf der Annahme, dass alles in Ordnung sei, wenn nur die äussere Form gewahrt werde. Die Eltern sprechen zwar mit ihren Kindern, aber die Wahrheit wird nicht gesagt. So stimmt zwar die Form, aber nicht der Inhalt - es werden nur bestimmte Techniken benutzt. Kinder aus diesen Familien sind als Erwachsene verwirrt. Der Vertrauensbruch stellt das Hauptproblem für diese ehemaligen Scheidungskinder dar. Dort, wo die Eltern die aufkommenden Fragen der Kinder beantworteten und sich ehrlich äusserten, fühlten sich die Scheidungskinder sicher in der Beziehung zu ihren Eltern, auch wenn das Mitgeteilte schmerzlich war.

Wie immer auch die Art der Scheidung sei, werden die unterschiedlichen Bedürfnisse nicht mehr, wie im Rahmen der Familie, ausgehandelt und aneinander angepasst, sondern individuelle Bedürfnisse werden über diejenigen der Familie gestellt. Bei einer Scheidung kommen daher die unterschiedlichen und widersprüchlichen Emotionen in einer nicht nur die Kinder, sondern auch die involvierten Erwachsenen, verwirrenden Weise zum Vorschein. Die elementarsten menschlichen Gefühle wie Wut, Aggression, Trauer, Hass, Rache und Liebe zeigen sich. Wallerstein & Blakeslee (1989, S. 29) fragen: *„Wann sonst werden Kinder als Waffen gegen den Partner benutzt?"* Dies erstaunt umso mehr, wenn man sich vor Augen hält, wie weit die Sorge für die eigenen Kinder normalerweise reicht. In Katastrophen, wie bei Bränden oder Überschwemmungen, bringen Eltern noch vor sich selbst zuerst ihre Kinder in Sicherheit. Im Falle einer Scheidung jedoch kommen die Kinder hintenan, und während des Scheidungsverfahrens wird eine grosse Zahl von Kindern in vielen Bereichen vernachlässigt (Wallerstein & Blakeslee, 1989). Als Ausdruck des tiefen emotionalen Aufruhrs wird Wut bei einer Scheidung viel häufiger als in anderen Lebenslagen durch verbale und physische Gewalt ausgedrückt. Gemäss der Studie von Wallerstein & Blakeslee (1989) wurde mehr als die Hälfte aller Kinder Zeugen von Gewalttätigkeiten. Die Eltern versuchten auch kaum, ihren Kindern diese Szenen zu ersparen. Es scheint im Gegenteil sogar so, dass solche Gewalttätigkeiten gehäuft vor Kindern vorkommen. Noch zehn Jahre nach der Scheidung erinnerten sich die Kinder in der Nachbefragung des Teams von Wallerstein & Blakeslee (1989) besonders deutlich an Streit und Schläge.

3.7 Die Scheidung in der Perspektive der Erwachsenen

Kinder und Erwachsene erleben eine Scheidung völlig anders: Für die Eltern kann die Scheidung die Chance eines Neubeginns sein. Für die Kinder bedeutet eine Scheidung oft das Ende einer unbeschwerten Kindheit, und sie sehen ihre Zukunft gefährdet.

Die Situation der Eltern soll in dieser Arbeit nur in Kürze dargelegt werden. Sicher jedoch ist die Situation der Mütter und Väter von entscheidender Bedeutung und untrennbar mit dem Wohlbefinden ihrer Kinder verknüpft.

Oft werden die Belastungen der Scheidung durch die Veränderung der Lebensumstände von den Erwachsenen unterschätzt: Zu diesen Belastungen gehören der soziale Abstieg durch die verschlechterte finanzielle Situation, der Verlust des vertrauten Beziehungsnetzes durch einen Wohnortwechsel oder der Rückzug gemeinsamer Freunde, die Verstärkung der abhängigen Bindung an die Ursprungsfamilie und die Überforderung der Kinder. Eine Scheidung geht zudem mit Erschütterungen des Selbstkonzeptes und der Identität einher, die viele Ehepartner nicht vorhergesehen hatten, selbst dann nicht, wenn sie die Scheidung gewünscht hatten (Napp,

1988, S. 27). Aufgrund der Trennung muss auch vieles neu gelernt und umorganisiert werden. Es kann jetzt nicht mehr aufgeteilt und delegiert werden. Jeder muss nun alles alleine machen: der Mann muss soziale Kontakte pflegen und die Frau Geld verdienen. Dies beinhaltet viele Veränderungen und in der Folge entstehen zumindest in der ersten Zeit eine massive Überforderung und oft chaotische Zustände (Lederle, 1993, S. 241). Diese werden in ihren Auswirkungen auf das Familienleben und auf die Kinder im folgenden Kapitel beschrieben.

Die Ehepartner sind in der Scheidung zudem meist so in Auseinandersetzungen verstrickt, dass sie die Situation der Kinder vergessen oder sehr unrealistisch sehen (Weber, 1991, S. 88). Viele Mütter glauben, dass sie nach einer Scheidung glücklichere und bessere Mütter sein können. In der Studie von Wallerstein & Blakeslee (1989) hat dies jedoch keine Bestätigung gefunden. Die Qualität der Mutter-Kind-Beziehung hatte sich nur in wenigen Fällen verbessert, gegenüber der Qualität dieser Beziehung vor der Scheidung, in den meisten jedoch verschlechtert. Viele Eltern machen in der Scheidung auch die Erfahrung, dass ihr Einfühlungsvermögen für die Kinder schwindet. Die Gefühle der Eltern für ihre Kinder werden vom Trennungsschmerz überschattet. An die alleinerziehende Mutter werden eine ganze Reihe von Forderungen gestellt: Erstens muss sie die Trennung von ihrem ehemaligen Partner verarbeiten. Sie hat zweitens die dreifache Funktion als Mutter, Geldverdienerin und intrafamiliärer Vaterersatz zu erfüllen. Drittens muss sie die allenfalls auftretende soziale Stigmatisierung überwinden. Viertens stellt sich ihr das Problem des Umgangs mit der gespaltenen Loyalität der Kinder und dem Fortdauern ihrer Bindung zum getrennt lebenden Partner (Duss-von Werdt, 1980). Die negative gesellschaftliche Wertung einer Scheidung wirkt sich weiter nicht nur auf die konkreten Lebensumstände der geschiedenen Mutter, sondern auch auf ihr Selbstkonzept und ihr subjektives Erleben aus. Geschiedene Mütter beschreiben sich als *"nicht eben beliebt, weder geachtet, noch missachtet"* (Duss-von Werdt, 1980, S. 115; Fthenakis et al., 1982, S. 98; Kahlenberg, 1993). Für die Trennungsinitiative sorgen dennoch mehrheitlich die Frauen, und die Scheidungsfrage lässt sich demnach vor allem über die Frau verstehen (Menne, Schilling & Weber, 1993, S. 9). Auch für die geschiedenen Männer ist eine Scheidung eine schwere Lebenskrise. Die Männer neigen jedoch dazu, die auftretenden Emotionen zu verdrängen.

Viele Betroffene nehmen an, dass sie mit ihren Konflikten fertig würden und es ihnen selbst besser ginge, wenn sie erst einmal geschieden sind. Viele jedoch können die Chance für einen Neubeginn nicht nutzen. Wallerstein & Blakeslee (1989, S. 68) beziffern die Zahl der Ehepartner, denen es zehn Jahre nach der Scheidung nicht besser, manchmal sogar schlechter geht, auf die Hälfte der Frauen und auf zwei Drittel der Männer - eine erschreckend hohe Zahl! Meist ging es einem der Partner besser, oft demjenigen, der die Scheidung aktiv betrieben hatte, und meist ging nur einer der ehemaligen Partner eine neue, stabile Ehe ein. Männer finden dabei schneller eine - oft jüngere - Frau, die zu ihren Wünschen passt. Auch zehn Jahre nach einer Scheidung ist diese Erfahrung aber noch von zentraler Bedeutung. Es wurde als Ausdruck der belastenden Situation eine erhöhte Krankheits- und Sterblichkeitsrate bei Geschiedenen gefunden. Auch die Suizidalität ist vergleichsweise erhöht (Duss von-Werdt, 1980; Kahlenberg, 1993; Wallerstein & Blakeslee, 1989). Andererseits ist die Bewältigung der Krisen und Herausforderungen, die eine Scheidung mit sich bringt, oft geeignet, die eigenen Fähigkeiten und Ressourcen und ein neues Selbstvertrauen und Selbstkonzept zu fördern (Kahlenberg, 1993). Es sind denn auch die Eltern, die in diesem Sinn in der Scheidungskrise Positives entdecken und umsetzen können, die schliesslich besser mit der Scheidungsproblematik zurechtkommen (Fthenakis et al., S. 101, 108, 110; Kahlenberg, 1993, S.4; Wallerstein & Blakeslee, 1989).

Eine Scheidung ist für viele Erwachsene und nahezu alle Kinder eine schmerzliche Erfahrung. Sie ist für die Kinder fast immer schmerzvoller als für die Eltern. Und trotzdem können diese Realitäten kein generelles Plädoyer gegen die Scheidung sein. Vielfach ist eine Scheidung der einzig mögliche, oft der bessere Weg aus einer als unerträglich erlebten Situation.

3.8 Die Scheidung in der Perspektive des Kindes

Aus Abwehr von Schuldgefühlen werden die Kinder oft lange über die anstehende Scheidung im Ungewissen gelassen, was deren Ängste und Unsicherheiten verstärkt und das Vertrauen in die Eltern weiter erschüttert. Figdor (1991, in Bauers, 1993, S. 48) spricht von der *„Illusion der Unbetroffenheit"* der Kinder, die den Austausch über die Umstände und Folgen der Scheidung behindert. Es ist wichtig zu betonen, dass die Eltern den Kindern ihrem Alter entsprechende korrekte Informationen geben sollten, die im Verlaufe des Heranwachsens dann um weitere Einzelheiten ergänzt werden. Dort, wo die Eltern die aufkommenden Fragen der Kinder beantworteten und sich ehrlich und nicht kontrollierend verhielten, fühlten sich die Scheidungskinder in der Beziehung zu ihren Eltern trotz der belasteten Situation sicher (Fassel, 1994, S. 103). Sehr häufig aber sind die Kinder mit ihren Gefühlen allein, weil es für die Eltern zu schmerzhaft ist, die Erkenntnis zuzulassen, dass ihre Trennung ihren Kindern wehtut. Bauers (1993, S. 39) stellte fest, dass in den seltensten Fällen die Eltern die Probleme ihrer Kinder in Verbindung mit der Ehekrise und Scheidung sehen, ganz besonders dann nicht, wenn diese länger zurückliegen. Ebenso vermeiden es die Kinder selbst, den Eltern Gespräche oder Schmerz zuzumuten, weil sie spüren, dass sie ihre Eltern damit noch zusätzlich belasten würden (Lederle, 1993, S. 243). Oder aber die Kinder entwickeln Abwehrmechanismen zur Bewältigung ihrer Erfahrungen, wie die Verleugnung der Scheidung. So ist für das Gespräch über die Betroffenheit und Sorgen der Kinder in einer Scheidung oft zu wenig Raum.

Die Eltern oder zumindest ein Elternteil hofft, nach der Scheidung ein besseres Leben führen zu können. Für die Kinder bewirkt eine Scheidung meist Gefühle von Verlassenheit, Einsamkeit, Schuld und Angst. Selbst die „besten" Scheidungen sind schmerzlich, vor allem für die Kinder.

Die Autorinnen und Autoren, die im folgenden zu Wort kommen, gehen in ihren Meinungen über die Bedeutung der Scheidung für die Kinder auseinander. Dennoch drückt der überwiegende Teil der Untersuchenden die Meinung aus, die Kinder wollten in aller Regel keine Scheidung ihrer Eltern. Dies liest sich dann folgendermassen:

Die Kinder wollten in der Regel immer nur eins: Mutter und Vater behalten (Rudeck, 1993, S. 155).

Kinder sind die Verlierer in einer Scheidung (Buskotte, 1991).

Auch Oberndorfer (1991, S. 17) meint, dass den wenigsten Kindern eine Scheidung wünschenswert scheint.

Matthey (1992) stellt fest:

> „Vor allem die Kinder machten uns zunehmend Probleme: Sie wollten keine Trennung der Eltern, und wenn dies nicht zu verhindern war, wollten sie den Erhalt der Beziehung zu beiden Eltern trotz Trennung und Scheidung." (S. 32)

Bauers (1994, S. 60) stellte fest, dass Hoffnung, den verlorenen Elternteil zurückzugewinnen, immer wieder mobilisiert wird.

Kinder glauben mit Beharrlichkeit an die Ehe ihrer Eltern und an friedlichere Zeiten und oft weigern sie sich zu glauben, dass ihre Eltern sich trennen werden. Nur eines von zehn Kindern war über die Scheidung der Eltern erleichtert, und meist waren diese Kinder bereits älter und hatten physische Gewalt zwischen den Eltern erlebt oder waren selbst zu Opfern geworden (Wallerstein & Blakeslee, 1989, S. 34).

Kinder wollen nicht, dass Eltern, die sich nicht mehr verstehen und streiten, zusammenbleiben. Schwierigkeiten aber bereitet ihnen die Sprachlosigkeit der Erwachsenen, die Angst, verlassen zu werden, die Angst anders zu sein oder versagt zu haben, die Angst vor einer ungewissen Zukunft (Thöne-Jäpel, 1993, S. 139).

Hetherington (1972) meint, dass fast alle Kinder die Scheidung ihrer Eltern als schmerzvoll erleben, auch wenn eine solche bei destruktiven familiären Mustern die beste Lösung schien und den Kindern die Möglichkeit gab, sich besser zu entwickeln.

Es muss demnach zusammenfassend festgestellt werden, dass aus der Sicht der Kinder eine Scheidung die letztmögliche Lösung darstellt. Kinder sind wesentlich von ihrem unmittelbaren Lebensraum abhängig und auf stützende Systeme angewiesen und leiden daher viel stärker unter Veränderungen (Jaede, 1992, S. 110). Die Scheidung beendet die Welt des Kindes abrupt. Bei einer Scheidung verändern sich wie bei einem Tod fast alle Aspekte des Lebens. Die Scheidung bedeutet das Ende der Kernfamilie, und die meisten Kinder tragen an diesem Verlust schwer, auch wenn das Familienleben stark gestört war (Fassel, 1994, S. 85). Im Falle einer Scheidung werden die Wohnung, die Möbel, Besitztümer, Verwandte und Freunde aufgeteilt - die Nächsten werden in vielen Fällen in zwei Lager gespalten.

Kinder verlieren mit einer Scheidung etwas für sie fundamental Wichtiges: die Familie mit ihrem materiellen und emotionalen Rückhalt für ihre Entwicklung zu erwachsenen Menschen. Sie fühlen sich alleingelassen und haben grosse Angst vor der Gegenwart und Zukunft. Unsicherheit, Angst und die Sorge verlassen und allein dazustehen, entstehen. Die Kinder wissen, dass sie vollständig von den Erwachsenen abhängig sind und fürchten, ihr Lebensnerv könne getroffen werden, und dem ist oft so.

In einer Scheidung schieben sich auf einmal die Eltern als Akteure in den Mittelpunkt; es findet ein Bruch mit der allgemeinen Grundannahme statt, dass Kinder die Zukunft und einen übergeordneten Wert besonderer Bedeutung darstellen. Eltern setzen sich in einer Scheidung, zumindest zeitweise (insbesondere in der Phase vor und der ersten Phase nach einer Scheidung) über die Annahme hinweg, die Kinder als Schwächere und ihr Wohlergehen hätten an erster Stelle zu stehen. Die Eltern schieben ihre Interessen und Befindlichkeit neben die Interessen der Kinder oder in den Vordergrund. Deshalb soll hier auf das systemische Modell der Loyalitäten von Boszormenyi-Nagy & Spark (1981) hingewiesen werden. Die Autoren (1981, S. 8) sprechen von der Familie als einem Loyalitätssystem. Die wichtigsten Dimensionen der Familie drehen sich dementsprechend um die Begriffe von Verdienst, Verpflichtung und Loyalität, also um Verlässlichkeit und Verantwortungsgefühl. Loyalitätsbindungen gleichen unsichtbaren, starken Fasern, welche das Beziehungssystem Familie zusammenhalten. Um Loyalität als Systemkraft und nicht nur als Bereitschaft des Einzelnen begreifen zu können, wird die Existenz eines unsichtbaren Buchs der Loyalität und der Verdienste und Verluste vorgeschlagen. Das „*Buchführen*" (Boszormenyi-Nagy & Spark, 1981, S. 51) über Loyalitätsakte wird als Schlüsseldeterminante für Beziehungsstrukturen gesehen. Ein festgefahrener, unausgeglichener Kontenstand führt zu einer konflikthaften Situation. Boszormenyi-Nagy & Spark (1981) begründen die Bedeutung der Loyalität auf den biologischen, unkündbaren Verwandtschaftsbindungen. Die

Autoren (1981, S. 32) bezeichnen die Familie u.a. aufgrund dieser Unkündbarkeit der verwandtschaftlichen Bande als das konservativste aller Beziehungssysteme und führen als Beispiel dafür das Weiterleben des Vaters im Herzen der Kinder, auch nach einer Scheidung oder nach seinem Davonlaufen, an.

Wenn ein Elternteil die Familie verlassen hat, befürchten die Kinder auch ihren anderen Elternteil zu verlieren. Und in der Realität ist dies, bedingt durch die grosse Involviertheit des noch präsenten Elternteiles in die Scheidungsproblematik, auch tatsächlich der Fall. Wie bei einem Todesfall auch, verlieren die Kinder ein Stück weit und vorübergehend beide Elternteile. Die Kinder erleiden so einen doppelten Liebesverlust: zum einen verlieren sie den nichtsorgeberechtigten Elternteil und zum anderen verlieren sie die Zuwendung des absorbierten, betreuenden Elternteiles. In einer Rückschau berichteten die ehemaligen Scheidungskinder auch noch nach zehn Jahren, dass sie sich nach der Scheidung weniger beschützt, umsorgt und getröstet fühlten (Fthenakis et al., 1982, S. 126; Wallerstein & Blakeslee, 1989, S. 50). Die Kinder verlieren aber nicht nur für die gemeinsame Lebensplanung der Eltern an Gewicht, zu oft werden sie stattdessen zur Aufrechterhaltung der Spaltung in der Ehe benötigt. Über die Generationengrenzen hinweg bilden sich neue Paare: die Mutter mit dem Kind gegen den Vater oder der Vater mit dem Kind gegen die Mutter. Das Kind erhält neue Rollen: als Bündnispartner, Partner-, Elternersatz, als Tröster des depressiven Elternteils oder als Aufsichtsperson für die Geschwister. Vater und Mutter können nicht mehr beide gleichzeitig geliebt werden (Bauers, 1993).

Nicht wie beim Tod ist die Trennung kein von aussen auferlegtes Schicksal, sondern sie ist vom eigenen Willen, mindestens teilweise, abhängig und somit Anlass für das Kind, sich nach Gründen und Schuld zu fragen. In den verfügbaren Studien hat sich auch gezeigt, dass sich eine Trennung dann am nachteiligsten auswirkt, wenn der Vater die Familie aus eigener Initiative verlässt (Fthenakis et al., 1982, vgl. S. 56-57, 60 und 66).

Trennung und Scheidung markieren trotz des (im günstigen Fall) Weiterbestehens der Elternschaft für das Kind einen Bruch in den familialen Beziehungen (Stein-Hilbers, 1993, S. 107), darüber sollte nicht hinweggetäuscht werden, auch wenn die Unkündbarkeit der Elternbeziehung zu einem Credo geworden ist. Wenn ein Kind versucht, beiden Eltern nahe zu bleiben, obwohl deren Beziehung zueinander negativ ist, ist es in einen schwierig zu lösenden Loyalitätskonflikt verstrickt.

3.9 Die kurzfristigen Folgen der Scheidung und die Reaktionen der Kinder

Es ist zu unterscheiden zwischen den unmittelbaren Reaktionen der Kinder auf die Scheidung und den langfristigen Anpassungsschwierigkeiten. Weiter sollte auch unterschieden werden zwischen den akuten belastenden Situationen und den chronischen Stressoren einer Scheidung. Bauers (1993, S. 41) vertritt sogar die Meinung, dass nicht so sehr das Scheidungserlebnis verstörend auf die Kinder wirkt, als vielmehr der oft langwierige, zermürbende Ehekrieg, der vorausgeht. Auch Ballof (1993, S. 133) sieht den anhaltenden Streit und die Unvereinbarkeiten als oft grössere Belastungen für das Kind als die Scheidung selbst.

Im folgenden sollen die kurzfristigen Folgen und Einflüsse der Scheidung und die Reaktionen der Kinder beschrieben werden. Diese Folgen und Reaktionen beeinflussen sich wechselseitig immer wieder.

Die Folgen und die Umgebungsveränderungen

Die Umgebungsveränderungen, die sich durch eine Scheidung ergeben, bilden den äusseren Rahmen, um eine ganze Reihe von Reaktionen der Kinder auf diese neue Situation zu verstehen.

Die finanzielle Situation nach einer Scheidung verschlechtert sich meist dramatisch, da aus dem bisherigen Einkommen zwei Haushalte finanziert werden müssen, was oft ohne die Aufnahme einer Erwerbstätigkeit der Mutter nicht mehr möglich ist. Napp (1988, S. 21) stellte fest, dass knapp bei der Hälfte der Kinder nach der Scheidung ein Umzug in eine kleinere Wohnung notwendig war und neben dem Verlust eines Elternteils ein Schulwechsel, ein Verlust an Freunden, Nachbarn und der vertrauten Umgebung erfolgte. Der enge finanzielle Spielraum zwingt zu Einschränkungen in allen Lebensbereichen, dabei gehen oft weitere Kontakte im sozialen Umfeld verloren, Freizeitaktivitäten nehmen ab und die Beziehungen zwischen Elternteil und Kind werden belastet (Napp, 1988, S. 26). Die wirtschaftliche Situation vieler Alleinerziehender bedingt nach einer Scheidung für die Kinder oft auch ein hohes Mass an Fremdbetreuung (Jaede, 1992, S. 117). Napp (1988, S. 32ff) stellte fest, dass 40% der von ihr untersuchten Schulkinder zwischen zwei und fünf Stunden nach der Schule ohne Aufsicht sich selbst überlassen waren. Viele Kinder werden im Verlauf einer Scheidung krank oder verunfallen (Balscheit et al., 1987; Wallerstein & Blakeslee, 1989). Da das Kind überfordert ist, all das, was es beschäftigt, verbal auszudrücken, kann es nur körperlich mit verschiedenen Symptomen reagieren. Wallerstein & Blakeslee (1989) vermuten, dass die erhöhte Unfallhäufigkeit von Kindern nach einer Scheidung auch mit der geringeren Beaufsichtigung und der Verzweiflung der Kinder zu tun hat.

Weiter muss auch die Zahlungsmoral der Väter als schlecht eingestuft werden. Wallerstein & Blakeslee (1989, S. 169) schreiben, dass weniger als die Hälfte der Frauen in den USA den im Scheidungsurteil festgesetzten Betrag erhält („*ein Viertel der Frauen sieht keinen roten Heller*"). Es wird von einigen Forschern vermutet, dass die finanzielle Belastung und der sozioökonomische Abstieg nach einer Scheidung der entscheidende Faktor für die Gesamtproblematik der Scheidung überhaupt sei. Die Charakteristika und Probleme vaterloser Familien haben demnach weniger mit dem Faktor „vaterlos" als mit dem niedrigen sozio-ökonomischen Status zu tun. Andere Untersuchungen ergaben, dass der Schulerfolg eines Kindes in engerer Beziehung zur Einkommensgruppe der Eltern als zu den jeweiligen Familienverhältnissen steht. Viele Kinder erreichen aufgrund dieser Problematik nicht mehr den sozialen Status ihrer Eltern. Gemäss der amerikanischen Studie von Wallerstein & Blakeslee (1989) unterstützten nur ein Drittel der Väter die Kinder in ihrer Ausbildung. Offensichtlich nutzen die Väter die Möglichkeit sich finanzielle Opfer zu ersparen, die Eltern in intakten Familien bereitwillig erbringen. Der Vater sieht die Kinder weniger und scheint somit unter einem viel geringeren moralischen Druck zu stehen, gegen den eigenen Egoismus zu handeln (Duss von-Werdt, 1980; Fthenakis et al., 1982, S. 63, 104; Wallerstein & Blakeslee, 1989, S. 42, 191ff, 348).

Übereinstimmend wird von einem chaotischen Lebensstil nach der Scheidung berichtet (Fthenakis et al., 1980; Hetherington, 1979; Wallerstein & Blakeslee, 1989). Dieser chaotische Lebensstil ist gekennzeichnet durch unregelmässige Mahlzeiten, Bettgehenszeiten, Routinen und Sorge für die Kinder. Der Haushalt ist oft desorganisiert, Mahlzeiten werden unregelmässig, 'auf die Schnelle' eingenommen, Schlafenszeiten nicht eingehalten, die Kinder kommen zu spät zur Schule. Die Eltern sind durch die anfallenden Probleme physisch, psychisch und emotional überlastet und scheinen die Kinder in einer ersten Phase nach der Scheidung unzureichend zu versorgen oder zu vernachlässigen. Viele Kinder berichten von weniger Fürsorglichkeit und Liebe, und es scheint eine zumindest vorübergehende Distanz zwischen der Mutter und dem Kind einzutreten (Wallerstein & Blakeslee, 1989). Die Kommunikation innerhalb der Familie verschlechtert sich, und die Erziehung ist durch ein hohes Mass an Inkonsistenz gekennzeichnet, bis eine erneute Stabilisierung gefunden worden ist. Kinder, v.a. Mädchen, wollen es den Eltern recht machen und übernehmen bei der Neudefinition der Familie und der Haushaltsstrukturen oft die selbständige Verantwortung für ganze Bereiche und erreichen einen Grad an Selbständigkeit, der demjenigen von älteren Kindern entsprechen würde. Gleichaltrigen gegenüber besteht jedoch nicht dieselbe Selbständigkeit und das entsprechende Selbstvertrauen, sondern ein starkes Bedürfnis nach Zustimmung und Abhängigkeit und oft eine erhebliche Schüchternheit und Isolation. Die Scheidungskinder werden durch dieses Überengagement um eine unbeschwerte Kindheit gebracht und im Lösen ihrer eigenen Entwicklungsaufgaben behindert. In der Pubertät können sie dann nicht die für den Aufbau einer eigenen Identität notwendige Auflehnung entwickeln. Die Unterdrückung von Ärger und gesunder Aggression gehört daher zu den schwerwiegenden, langfristigen Folgen einer Scheidung. Angesichts dieser Situation fühlen sich Wallerstein & Blakeslee (1989) geneigt die Situation vieler Scheidungskinder zu vergleichen mit der Lage in Elendsvierteln oder in Kriegswirren, wo zwar ein Kind da ist, aber keine Eltern, weder im konkreten physischen noch im psychisch emotionellen Sinn. Viele Eltern bemühen sich jedoch in bewundernswerter Weise und schaffen es nach einer ersten Zeit der Verunsicherung ihren Kindern gute Eltern zu sein (Fthenakis et al., 1982; Schaub & Schaub-Harmsen, 1986; Wallerstein & Blakeslee, 1989).

Es vergehen in der Regel ein bis zwei Jahre, bis sich diese Schwierigkeiten gelegt und die Eltern und Kinder sich auf die neue Familiensituation eingestellt haben (Napp, 1988, S. 22).

Die Reaktionen als eine Vielzahl beeinflussender Faktoren
Bis zu einem gewissen Grad sind die Reaktionen der Kinder auf eine Scheidung generell beschreibbar in Abhängigkeit von den kognitiven und emotionalen Verarbeitungsmöglichkeiten und somit von der jeweiligen Altersstufe. Dennoch bewegen sich diese Reaktionen in einem breiten individuellen Spektrum. Neben dem Alter sind die Auswirkungen der Scheidung auf die Kinder und die Reaktionen der Kinder abhängig von einer Vielzahl von weiteren Faktoren wie dem Temperament, der Art der Scheidung und der Elternbeziehungen. Solche Aspekte der Persönlichkeit, des Temperamentes, der Beziehungsqualität u.ä.m. können diese Reaktionen der Kinder gewichten und verändern (Fthenakis et al., 1982). Bauers (1993, S. 40) gibt die folgende vollständigere Übersicht über das Scheidungserleben mitbeeinflussende Faktoren:

- Individuelle Faktoren wie neben dem Alter, der Entwicklungsstand, die Konstitution, die kognitive und soziale Kompetenz, die Art und der Umfang der Bewältigungsstrategien wie die Angsttoleranz oder die Unlustbewältigung.
- Die Qualität der Beziehung zu beiden Eltern vor und nach der Scheidung.
- Die Möglichkeiten der Eltern, die äussere und psychische Trennung zu bewältigen und zusammenzuwirken.
- Die sozio-ökonomische Situation der Restfamilie.

Das Alter
Die altersentsprechenden, häufigsten Reaktionen der Kinder auf die Scheidung sollen im folgenden dargelegt werden. Eine Aufstellung über diese Reaktionen der Kinder der verschiedenen Altersgruppen auf die Scheidung findet sich in aller Kürze in der mit Irene von Ballmoos verfassten, unveröffentlichten Lizentiatsarbeit (1994). Diese Aufstellung hat nach wie vor Gültigkeit und entspricht dem aktuellen Wissensstand, weshalb sie hier teilweise übernommen werden soll.

Den Beschreibungen der Reaktionen der Kinder sind die Entwicklungsvorgänge der entsprechenden Altersstufe beigefügt (Fthenakis et al., 1982; Dorsch, Häcker & Stapf, 1987; Schraml, 1972). Es ist dabei generell davon auszugehen, dass das Kind in seiner Entwicklung seine Konzepte zunehmend als komplexer, integrierter und abstrakter und abnehmend als egozentrisch und konkret verändert. Oft ist auch ein Regredieren der Kinder in frühere Altersstufen zu beobachten. Das Kind kehrt in Zeiten zurück, in denen es sich seiner Fähigkeiten sicherer war und in denen es von den Eltern mehr Zuwendung bekam.

Kinder im Vorschulalter sind vollständig von ihren Eltern abhängig und haben grosse Angst, allein gelassen zu werden. Die Fähigkeiten, Zeit, Ursache-Wirkungszusammenhänge und Entfernungen richtig einzuschätzen, sind noch nicht voll ausgebildet. Oft ziehen diese Kinder dann den Schluss, dass wie der Vater auch die Mutter aus ihrem Leben verschwinden werde u.ä. Ausserdem haben die Kinder dieser Altersgruppe noch weniger Möglichkeiten zur Verfügung, sich selbst zu trösten. Deshalb reagieren Kleinkinder häufig sehr heftig auf eine Scheidung.

Im Alter von 3 1/2 bis 5 Jahren reagieren die Kinder mit deutlich beobachtbaren Verhaltensänderungen wie Weinen, Trennungsängsten oder Trotz. Die betroffenen Kinder in diesem Alter zeigen gehäuft Agressionen und Angst vor Agressionen. Die Kinder unternehmen grosse Bemühungen zu verstehen, was passiert ist. Dieses Alter ist denn auch gekennzeichnet durch ein Überwiegen des Objektbezugs und eine realistische Haltung. Die Spielaktivitäten spiegeln die Hilflosigkeit, Trauer und Einsamkeit, oft auch Selbstanschuldigungen der Kinder wider. So glauben sie bspw. ihr reales oder eingebildetes ungezogenes Verhalten habe die Scheidung verursacht.

Im Alter zwischen 5 und 6 Jahren scheinen die Kinder die Scheidung schon einigermassen zu verstehen. Die Scheidung wird jedoch nach äusseren Ereignissen beurteilt und aufgrund der ich-zentrierten Sichtweise als Trennung des Vaters oder der Mutter von der eigenen Person erlebt. Es treten sehr unterschiedliche Reaktionsweisen auf: Ängste, mangelnde Konzentrationsfähigkeit oder Aggressionen.

Im Alter von 7 bis 8 Jahren reagieren die Kinder mit einer anhaltenden, grossen Traurigkeit auf eine Scheidung. Die Gefühle des Verlustes und der Zurückweisung stehen im Vordergrund. Das Kind kann sich dabei noch nicht vorstellen, dass der Entschluss zur Scheidung von beiden Elternteilen gefällt wurde. Es entwickelt dann Phantasien, dass ein Elternteil fortgeschickt wurde und die Angst entsteht, selbst fortgeschickt zu werden, wenn das Kind den Zorn des verbleibenden Elternteiles erregt. Die Scheidung und die Auflösung der Familie wird vom Kind in diesem Alter als Bedrohung der gesamten eigenen Existenz erlebt. Die Kinder haben Mühe, sich zu konzentrieren, und oft fallen die schulischen Leistungen stark ab.

Kinder von 9 bis 12 Jahren sind in erster Linie im Hinblick auf Stabilität von ihren Eltern abhängig. In diesem Alter erwerben die Kinder die kognitive Fähigkeit, sich selbst zu sehen wie andere sie sehen könnten. Häufig werden bei dieser Altersgruppe deshalb Schamgefühle und eine Beeinträchtigung des Selbstwertgefühls gefunden. Die Kinder versuchen jedoch, aktiv ihr Leben wieder zu ordnen und mit ihren Gefühlen der Angst, Ablehnung und Hilflosigkeit fertig zu werden und nach aussen hin gelassen zu wirken. Sie zeigen auch bewussten und intensiven Zorn. Oft verwickeln sich die Kinder dieses Alters in Loyalitätskonflikte und stehen zwischen den Eltern.

Bei den 13- bis 18-Jährigen zeigen sich nicht weniger starke Emotionen als Reaktion auf eine Scheidung als bei den jüngeren Kindern. Zu den Gefühlen der Trauer, des Zorns und der Scham kommt die Einsicht, dass die eigene Kindheit mit der Scheidung oft ein abruptes Ende nahm, und diese Jugendlichen äussern, um ihre Kindheit betrogen worden zu sein (Fthenakis et al., 1982; Wallerstein & Blakeslee, 1989). Entgegen den üblicherweise gemachten Annahmen reagieren Jugendliche gewöhnlich heftig auf eine Scheidung. Die Auflösung der Familie und des Haushalts ist für Jugendliche sehr problematisch, da sie ein starkes Bedürfnis nach einer stabilen Familienstruktur haben, in der sie lernen können, mit ihren sexuellen Impulsen, den Unsicherheiten der Berufswahl und den neuen Freiheiten des Erwachsenwerdens umzugehen.

In einer Untersuchung von Napp (1988, S. 41, N=150 Scheidungsfamilien) waren fast 2/3 der Kinder zum Zeitpunkt der Scheidung unter 6 Jahren alt.

Entgegen bisherigen Annahmen (Fthenakis et al., S. 57, 61 und 84-85; Hetherington, 1972) scheinen jedoch die jüngeren Kinder unter einer Scheidung weniger zu leiden. Sie werden weniger von einem emotionalen Rückzug der Mütter betroffen, die, wenn sie am Rande ihrer Kräfte als Alleinerziehende sind, den Rest an Aufmerksamkeit und Liebe, den sie noch aufbringen können, ihrem kleinsten Kind geben. Kinder ab dem Alter von 8

Jahren werden häufiger vernachlässigt (Wallerstein & Blakeslee, 1989, S. 213).

Der emotionale Bereich
Figdor (1991, in Bauers, 1993, S. 48) nimmt für das psychische Erleben der Kinder die Mitteilung der endgültigen Trennung als entscheidenden Zeitpunkt an. Es ist zu bedenken, dass Scheidungsreaktionen zunächst unsichtbare Vorgänge sind, die sich häufig in Trauerreaktionen und Gefühlen von Hilflosigkeit, Resignation und Schuld äussern und ebenso häufig übersehen werden (Bauers, 1994, S. 56). Als Reaktionen der Kinder auf eine Scheidung werden eine Vielzahl vorübergehender oder dauerhafter Auswirkungen festgehalten. Es wird von Müdigkeit, Desinteresse, Weglaufen, unspezifischer Angst oder anderen Anzeichen einer tiefen Traurigkeit und Depression berichtet. Bauers (1993, S. 40) bezeichnet als typische emotionale Reaktionen der Kinder auf die Scheidungssituation Angst vor Verlassenwerden, Wut, Trauer, Schuldgefühle, Störungen des Selbstwertgefühls, Loyalitätskonflikte und Misstrauen in die Verlässlichkeit menschlicher Beziehungen.

Kinder erleben Wertlosigkeit, den Verlust an Bedeutung, das Gefühl, gescheitert zu sein im Bemühen, die Eltern zu versöhnen, eigene Machtlosigkeit und Angst vor einer nicht überschaubaren, ungeschützten Zukunft (Bauers, 1993, S. 48). Hierbei ist jedoch zu berücksichtigen, dass die Art der Scheidung (s. oben) eine entscheidende Rolle spielt.

Die Kinder sind in der Scheidungssituation Statisten, was die Gefühle von Verlassenheit, Verlust und Schuld erklärt. Für die Kinder stellt die Scheidung der Eltern oft den Beginn eines Doppellebens dar, in zwei, oft negativ aufeinander bezogenen Teilfamilien. Die Verlustängste der Kinder in einer Scheidung haben aber auch ihre Berechtigung und reale Grundlage: neben dem Vater verschwinden oft weitere Bezugspersonen wie Grosseltern, Tanten, Onkel und Freunde aus ihrem Gesichtsfeld (Buskotte, 1991, S. 179). Die Beziehungsoptionen der Kinder werden durch diese Verkleinerung und häufige Isolation der Familie eingeschränkt. Kinder empfinden eine Scheidung zudem häufig als Ablehnung ihrer eigenen Person (Beelmann et al., 1991).

Oft werden die Kinder von Schuldgefühlen geplagt, sie hätten etwas falsch gemacht, den Vater vertrieben oder seien Grund zur Scheidung. Hinter diesen Schuldgefühlen steckt oft das Gefühl völliger Hilflosigkeit und Unbedeutsamkeit, das noch schwerer als die Schuldgefühle selbst zu ertragen ist. Die Kinder haben das Gefühl, keinen Einfluss auf ein Ereignis zu haben, das ihr Leben so entscheidend verändert. Sie fühlen sich einsam und erhalten tatsächlich kaum Unterstützung. Oft scheinen nicht einmal ihre Eltern ihnen beistehen zu können, zudem erschweren und verunmöglichen Loyalitätskonflikte zwischen den Elternteilen dies zusätzlich. Der zentrale intrapsychische Konflikt, mit dem das Scheidungskind kämpft, ist der Verlust der emotionalen und gar existentiellen Sicherheit (Bauers, 1993).

„Die wesentlichsten psychischen Folgen von schweren Ehekrisen und Scheidung bei Kindern liegen in der Entwicklung übermässiger Trennungsangst und führen zur Beeinträchtigung der Fähigkeit, reife, gefühlsmässige Bindungen einzugehen und aufrechtzuerhalten." (Bauers, 1993, S. 59)

Der Einfluss der Persönlichkeit des Kindes
Kinder antworten auf seelischen Schmerz unterschiedlich. Das kann vom zornigen Nichtanerkennen der Scheidung bis zu passiver, hilfloser Resignation gehen und hängt ab von der Angst, auch den anderen Elternteil zu verlieren, vom Ausmass der Schuld- und Schamgefühle und von den Möglichkeiten den depressiven Affekt abzuwehren. Die Persönlichkeitsvariablen bestimmen dabei, wie gross das Bedürfnis nach Stabilität, Stimulation und emotionaler Akzeptanz ist. Nur aus der Interaktion dieser Faktoren lässt sich die weitere Entwicklung des Kindes erklären (Hurrelmann, 1989, S. 35). Die Persönlichkeit des Kindes ist daher ein wichtiger Faktor bei der Verarbeitung der Situation einer Scheidung. Kinder, die bereits als Säuglinge als schwierig beschrieben wurden, scheinen auch mehr Mühe zu haben, eine Scheidung zu bewältigen. Diese sog. „schwierigen" Kinder reagieren auf Veränderungen und Stresssituationen verletzlicher und weniger anpassungsfähig. Weiter ziehen diese Kinder dann auch zusätzliche negative Sanktionen auf sich (Fthenakis et al., 1982; Hetherington, 1979; Wallerstein & Blakeslee, 1989).

Die Familiendynamik
Kinder scheinen ihren Eltern gegenüber eine übergrosse Loyalität entgegenzubringen und versuchen, elterliche Vakuums auszufüllen. Boszormenyi-Nagy & Spark (1981, S. 327) beschreiben als eine der eindrucksvollsten Erfahrungen in Familientherapien, dass bereits Kleinkinder aus unglücklichen Ehen sich zu erstaunlich taktvoller und rücksichtsvoller Hingabe veranlasst fühlten und sich bemühten, die Probleme ihrer Eltern zu verbergen, dem Unterlegenen zu helfen und zu trösten. Bei Problemen in der Ehe, z.B. zu grosser Nähe des Mannes zu seinen Eltern und entsprechend grösserer Distanz zu seiner Frau, wird dann häufig ein Kind oder ein anderes Familienmitglied hinzukommen, um eine Eskalation zu blockieren, beispielsweise indem ein Kind die Feindseligkeit oder Sorge der Eltern auf

sich selbst ablenkt. Dies ist ein Vorgang, den Familientherapeutinnen und Familientherapeuten oft beschreiben (Hoffman, 1987, S. 62).

Häufig ist zu sehen, dass in der Scheidungsfamilie in einer Rotation der Triade (Buchholz, 1990b) die Rollen der Ursprungstriade Vater-Mutter-Kind weitergegeben werden, sodass das Kind dann nach der Trennung beispielsweise die mütterliche Rolle dem Vater gegenüber, der trinkt, einnimmt und dieser die Rolle des Unerwachsenen. Die Rolle der verantwortungstragenden Person wird so nicht aufgegeben, wenn sie zumindestens vom Kind übernommen wird. Das Erleben, dass es in der eigenen Familie keine Sorge für andere gibt, ist sehr schwer zu ertragen. Auf der Ebene des Kindes kann es auch, wenn diese Verantwortungsübernahme eine Überforderung sein mag, einfacher sein, diese Überforderung zu tragen als in einem System ohne Verantwortungsübernahme und Umsorgtheit zu leben. Auf einer moralischen Ebene kann so der Standard, dass Verantwortung und Umsorgtheit notwendig sind und allen zustehen, aufrecht erhalten werden. Dies ist auch ein entscheidend entlastender Faktor im Selbsterleben: oft entsteht das Gefühl beim noch egozentrisch ausgerichteten Kind „ich werde nicht umsorgt, weil ich nicht in Ordnung bin". Durch eine Übernahme der vakanten Verantwortung kann diesem Gefühl der Entwertung entgegengetreten werden. Weiter ist auch von Bedeutung, dass in der Rolle des Verantwortungstragenden die eigene Hilflosigkeit im ganzen Scheidungsprozess gemindert und vermehrt wieder Kontrolle über das eigene Leben übernommen werden kann.

Kinder aus Scheidungsfamilien werden daher auch gezwungen, sich mit den Unzulänglichkeiten ihrer Eltern meist vor der Zeit auseinanderzusetzen. Die Kinder und Jugendlichen sind oft enttäuscht von ihren Eltern und schrauben ihre Erwartungen herunter. Ein Kind, das seine Eltern aufgrund ihrer Unfähigkeiten gar verachtet, wird aber oft mit der Vorstellung belastet, die Eltern rehabilitieren zu müssen (Boszormenyi-Nagy & Spark, 1981, S. 157). Die Kinder können nicht mehr mit ihren Gefühlen der Zuneigung und Ablehnung zwischen beiden Elternteilen frei und unbelastet pendeln.

Wenn das Kind der Koalitionspartner der Mutter war, wird es wohl enger an die Mutter gebunden; wenn es der Koalitionspartner des Vaters war, besteht die Gefahr, ausgestossen zu werden. In der Familientherapie werden eine Vielzahl solcher Triaden mit unterschiedlichen Mustern beschrieben (Buchholz, 1990 a/b; Hoffman, 1987, S. 147, 161).

Leider wird das Scheidungskind mit seinem Erleben in der Familie häufig alleingelassen, weil die Eltern in der Scheidungskrise ihre elterliche Kompetenz in der Überlastungssituation oft vorübergehend einbüssen oder regredieren. Auch Suess (1993) sieht die Kinder gerade in der Scheidungsphase sehr stark belastet und ohne Unterstützung, da die Eltern in ihren

Konflikten stark absorbiert sind. Nicht selten werden die Kinder von ihren Eltern gar ich-stützend gebraucht. Häufig reagieren die Kinder auch depressiv, was wenig wahrgenommen wird. Kinder entwickeln auch leicht Schuldgefühle, insbesondere dann, wenn ihnen Informationen über die Scheidungsgründe vorenthalten werden (Jaede, 1992, S. 109). Der Versuch der Eltern ihre Kinder in einer Scheidung zu schonen, indem ihnen Informationen vorenthalten werden, führt daher zu einem Vertrauensbruch und zu weiterreichenden Schwierigkeiten für die Kinder (Fassel, 1994, S. 101ff). Die Kinder sind verwirrt, sie fangen an, ihrer eigenen Wahrnehmung zu misstrauen und an der Realität zu zweifeln. Dieses Misstrauen zu sich selbst tragen sie weiter in ihr Erwachsenenleben. Oft auch macht sich das Kind, wenn es keine Informationen über die Scheidung erhält, in seiner Phantasie über die Realität weit hinausgehende Vorstellungen.

So wird die Tendenz des Scheidungskindes verständlich, seine Sorgen in der schwierigen Zeit der Scheidung bei sich zu behalten.

Der Einfluss auf die Leistungsebene

Von den meisten Autoren (Duss von-Werdt, 1980; Fthenakis et al., 1982; Hetherington, 1979; Schaub & Schaub-Harmsen, 1986; Wallerstein & Blakeslee, 1989) wurden negative Auswirkungen einer Scheidung auf die Schulleistungen und eine generelle Verunsicherung der Kinder in diesem Bereich festgestellt. Es sei in Erinnerung gerufen, dass durch den häufigen Wohnungswechsel bei Scheidungen sich noch zusätzlich belastende Lehrerwechsel ergeben. Von verschiedener Seite wurde auch das Problem des Underachievement bei Scheidungskindern aufgeworfen: Die Kinder erbringen nicht die Leistungen, die eigentlich ihrer Leistungsfähigkeit entsprechen würden. Es bestehen jedoch auch Studien, die bei Kindern ohne Vater eine überdurchschnittliche Leistungsfähigkeit feststellten (Fthenakis et al., 1982). Dabei wurden höhere verbale und verminderte mathematische Fähigkeiten gefunden.

In einer Göttinger Studie wurde die folgende Verteilung von manifesten Symptomatiken, die mit einer Scheidung in Zusammenhang gebracht wurden, gefunden: dissoziales Verhalten 30 %, Kontaktarmut 25 %, Schulstörungen und depressive Verstimmungen 20 %, psychosomatische Symptome 13.5 %, als Leitsymptomatik häufig kombiniert mit anderen Symptomen (Bauers, 1993, S. 40). Verschiedene Forscher stellten Verhaltensauffälligkeiten wie Ängstlichkeit, geringeres Selbstvertrauen oder psychosoziale Anpassungsprobleme bei Kindern fest, die ohne Vater aufwachsen (von Aster & Steinhausen, 1984; Fthenakis et al., 1982; Hetherington, 1979; Parish & Dostal, 1980; Parish & Wigle, 1985). Dabei müssen sekundäre Folgen der Vaterabwesenheit wie die Überlastung und fehlende Unterstützung der alleinerziehenden Mütter und die ökonomische Schlechterstellung in Betracht gezogen werden. Eine Vaterabwesenheit führt nicht automatisch zu Verhaltensauffälligkeiten (Fthenakis et al., 1982, S. 86, 151); es spielen eine Vielzahl weiterer Variablen eine Rolle.

Abschliessend ist zu sagen, dass in jedem Fall die erste Zeit der Trennung stark belastend ist, wohingegen sich das Befinden von Kinder aus Nachscheidungsfamilien verbessert zu haben scheint (Suess, 1993, S. 171). Insgesamt stellt Hurrelmann (1989, S. 28) fest, dass die grosse Mehrheit der Kinder, deren Eltern geschieden oder getrennt sind, unter grossem psychologischem und sozialem Stress leiden.

Schliesslich seien die Problembereiche erwähnt, die das Leben der Kinder nach der Scheidung bestimmen werden:
- Loyalitätskonflikte
- Überforderungen
- Gefühle, die Elternbeziehung retten zu müssen
- Schuldgefühle
- Phantasien, von den Eltern nicht geliebt zu werden
- Sorgen und Ängste für die Zukunft (Weber, 1991, S. 88ff).

3.10 Die langfristigen Folgen der Scheidung

Neu ist die Erkenntnis, dass die erste Zeit nach einer Scheidung noch nichts darüber aussagt, wie jemand später von diesem Lebenseinschnitt tangiert sein wird. Dass ein Familienmitglied die Scheidung gut oder schlecht zu verkraften scheint, bedeutet noch nicht, dass dies auch nach einigen Jahren noch so sein wird. Eine Scheidung wirkt vielmehr oft ein Leben lang nach. In der Studie von Wallerstein & Blakeslee (1989) konnte die Annahme, dass nach 15 Jahren vieles verarbeitet sei und die Scheidung nicht mehr die dominante Rolle im Leben der Familienmitglieder spiele, nicht im gewünschten Umfang bestätigt werden.

In jüngster Zeit sind mehrere Forschungen zu den langfristigen Auswirkungen von Scheidungen und der Frage entstanden, was aus den ehemaligen Scheidungskindern für Erwachsene geworden und welche ihre spezifischen Schwierigkeiten und Stärken sind. Zu den Autorinnen, die sich mit den langfristigen Effekten von Scheidung befasst haben, gehören Wallerstein & Blakeslee (1989), Fassel (1994) und Freund (1996). Es ist noch immer so, dass neueste Ergebnisse zum Thema Scheidung meist aus den USA stammen (s. auch Napp, 1988, S. 13). Fassel (1994) führte Interviews mit erwachsenen Scheidungskindern, um die konkreten Auswirkungen, die die Scheidung auf das erwachsene Leben der Betroffenen hat, zu untersuchen. Diese Ergebnisse der Studie von Fassel (1994) sollen detaillierter zur Darstellung gelangen.

Die Scheidung ist ein langfristiges Ereignis, das die Entwicklung der Persönlichkeit, der Beziehungen und sogar der Berufswahl beeinflussen kann, meint Fassel (1994, S. 72). Die Überlebenstaktiken der ehemaligen Scheidungskinder, die ihnen in der Kindheit geholfen haben, erweisen sich in ihren Erwachsenenbeziehungen dabei aber oft als inadäquat und können sich gar verheerend auswirken (Fassel, 1994, S. l3).

Die Auswirkungen einer Scheidung unterscheiden sich gemäss Fassel (l994) je nach Altersstufe, in der die Scheidung erlebt wurde.

Erwachsene Scheidungskinder, deren Eltern sich in den Vorschuljahren des Kindes scheiden liessen, berichteten davon, grosse Angst vor Intimität zu haben. Auch heute noch haben sie Angst, verlassen und zurückgewiesen zu werden. Diese Erwachsenen glauben häufig, keine Liebe zu verdienen, wenn sie nichts dafür tun. Es fehlt ihnen an Selbstwertgefühl und an Durchsetzungsvermögen. Die Verlassenheit dominiert (Fassel, 1994, S. 76, 84).

Erwachsene, die zum Zeitpunkt der Scheidung Schulkinder waren, erinnerten sich an Angst und Verwirrung bei der Scheidung. Als Erwachsene sehen auch sie Intimität als bedrohlich an und neigen zu strengen Urteilen über andere und zu Schwarzweissdenken. Viele geben an, sie seien sehr schnell erwachsen geworden und hätten ihre Kindheit verpasst (Fassel, 1994, S. 79).

Ehemalige Jugendliche erinnerten sich, dass sie bei der Scheidung ihrer Eltern zwischen Ärger und Betäubung hin- und herschwankten. Sie fühlten sich betrogen, da sie die Beziehung der Eltern als Misserfolg erlebten und ihre Rollenvorbilder für intakte Beziehungen verloren. Sie gaben an, sich für ihre Eltern zu schämen und arbeiten heute hart, um den Zusammenhalt ihrer eigenen Ehe und Familie zu gewährleisten (Fassel, 1994, 81ff).

Alle drei Gruppen haben eine Abneigung gegen Konflikte und versuchen, diese zu vermeiden. Sie haben Angst vor Nähe und zweifeln an ihrer Fähigkeit zu dauerhaften Beziehungen. Sie versuchen stark fürsorglich zu sein und sind aber auch voller Hoffnung, ihr Leben anders zu leben und aus der Vergangenheit lernen zu können (Fassel, 1994, S. 84; Wallerstein & Blakeslee, l989).

Eine Scheidung hat oft gravierendere Auswirkungen als der Tod eines Elternteils. Bei einer Scheidung werden die verinnerlichten Beziehungsbilder und Orientierungsmodelle durch die Konflikte und Triangulierungsversuche der Eltern in Frage gestellt:

> „Es wird manchen Scheidungskindern nicht nur ein Elternteil als realer Interaktionspartner genommen, sondern sogar das von ihm aufgebaute kognitive Modell, an dem sich die Entwicklung des Selbst ausrichtet." (Suess, 1993, S. 171).

Die Kinder verlieren durch eine Scheidung das Gegenüber ihrer Eltern als Paar, das sie idealisieren, bekämpfen oder mit dem sie sich identifizieren können. Damit wird auch der Prozess ihrer eigenen inneren Bilder von Partnerschaft tangiert (Krabbe, 1992, S. 132).

Infolge des Scheidungserlebnisses entwickeln viele erwachsene Scheidungskinder eine Reihe typischer Wesenszüge, die es ihnen schwermachen, ihre Beziehungen, Ehen und eigenen Familien befriedigend zu gestalten (Fassel, 1994, S. 105). Diese typischen Wesenszüge erwachsener Scheidungskinder sollen im folgenden mit den Bedingungen ihrer Entstehung beschrieben werden:

Viele erwachsene Scheidungskinder sind aufgrund ihrer Erfahrungen Experten geworden im Übernehmen von Verantwortung anderen gegenüber. In der Scheidung waren die Eltern mit ihren eigenen Bedürfnissen beschäftigt. Sie widmen den Kindern oft weniger Zeit und Aufmerksamkeit und sind emotionell mit sich selbst beschäftigt (Wallerstein & Blakeslee, 1989). Scheidungskinder werden in dieser Situation schnell erwachsen und übernehmen Verantwortung in einem Mass, das ihre Fähigkeiten übersteigt (Fassel, 1994, S. 108; Wallerstein & Blakeslee, 1989). Diese Kinder verlieren ihre Verspieltheit, und das Leben ist für sie eine ernste Angelegenheit geworden. Viele Scheidungskinder glauben auch, schuld an den Eheschwierigkeiten zu sein: wenn sie braver gewesen wären, sich nur genügend geändert hätten, wenn sie nicht da oder unsichtbar wären, meinen sie, hätten sie die Scheidung verhindern können:

> „Wenn ich wirklich 'genug' getan hätte, hätten meine Eltern mich auch 'genügend geliebt', um dafür zu sorgen, dass ich glücklich bin" (Fassel, 1994, S. 111).

Wenn ein Prozess wie im Fall einer Scheidung oder bei häuslicher Gewalt länger andauert, sind diese internalen Attribuierungen und Schuldzuschreibungen an sich selbst häufig zu finden, häufiger als beispielsweise bei Opfern von Vergewaltigungen (Herrmann, 1988, S. 98). Die Ursache für diese Schuldzuschreibungen sich selbst gegenüber wird auch darin gesehen, dass das Gefühl der Kontrolle über das eigene Leben damit wiederhergestellt werden kann (Herrmann, 1988, S. 97 und s. Kap. 3.9/Der emotionale Bereich). Auch die Versuche, Verantwortung zu übernehmen, können als Bedürfnis, Kontrolle zu behalten, verstanden werden (Fassel, 1994, S. 113). Kinder nehmen in den Spaltungsprozessen einer Trennung zur Abwehr von Konflikten und von Trauer weiter oft Helfer-Positionen ein und halten als Erwachsene an diesen fest, da diese aufzugeben Verlassenheit und Selbstwertverlust bedeuten würde (Bauers, 1994, S. 50). Diese grosse Konzentration auf die Bedürfnisse anderer führt bei Scheidungskindern dazu, dass sie kein Gefühl für sich selbst und ihre eigenen Bedürfnisse entwickeln konnten.

Eigentlich aber sind Kinder zu klein, um kontinuierlich Verantwortung für andere zu übernehmen. Sie haben genug damit zu tun, für sich zu sorgen, und auch dabei brauchen sie die Hilfe der Erwachsenen. Scheidungskinder wurden deshalb nicht selten in elementaren Bedürfnissen frustriert.

In der Zeit des totalen Chaos während der Scheidung (Wallerstein & Blakeslee, 1989) entwickeln viele Scheidungskinder eine generelle Angst vor Veränderungen. Die Kinder versuchen alles richtig zu machen, werden leistungsorientiert mit unter Umständen sehr guten Leistungen in der Schule. Als Erwachsene werden sie nicht selten zu Perfektionisten. Andere suchen in Sekten oder anderen Gruppen Strukturen und Halt, um der familiären Verwirrung eine Ende zu bereiten. Sie suchen oft Beziehungen zu bedürftigen Menschen und verbringen Jahre ihres Lebens damit, diesen zu helfen und diese zu kontrollieren. Wenn sie kontrollieren, müssen sie ihre Angst vor einer erneuten Trennung und ihre eigenen Gefühle nicht wahrnehmen (Fassel, 1994, S. 113ff).

Einige Kinder haben während der Scheidung eskalierende Formen des Umgangs mit Konflikten erlebt und zogen dabei den Schluss, dass Konflikte mit Ärger und Gewalt verbunden sein müssen oder die einzige Form darstellen, um zu erreichen, was man will. Grenzen aller Art wurden überschritten. Diese Menschen entwickeln ein seismographisches Sensorium für die Stimmungen anderer und nehmen diese schon wahr, bevor die anderen sich ihrer Gefühle bewusst sind. Sie bemühen sich ständig, anderen zu gefallen, um zu vermeiden, dass deren Ärger sie trifft und sie sich nicht wehren können. Oft werden sie extrem rücksichtsvoll, überangepasst und haben Angst vor Konflikten.

„Konflikte sind für erwachsene Scheidungskinder deswegen mit soviel Schrecken verbunden, weil die Menschen, denen die Kinder ihre Sicherheit anvertrauen, die Kontrolle über ihren Ärger verloren. Die Eltern konnten nicht einmal sich selbst behüten und schützen. Wie sollten sie da ihren Kindern Sicherheit vermitteln können?" (Fassel, 1994, S. 122)

Vielen fällt es als Erwachsene schwer, ihren Unmut oder Ärger zum Ausdruck zu bringen oder für ihre Bedürfnisse und ihre Rechte einzustehen. Beim Auftreten von Konflikten haben erwachsene Scheidungskinder auch sehr rasch das Gefühl, ihre eigene Beziehung sei grundlegend in Frage gestellt, und es gehe gleich um die Frage der Trennung. In den Familien, in denen erlebt wurde, dass nach einem Streit bei der Versöhnung Nähe erlebbar war, wird Streit in die eigene Beziehung weitergetragen als Möglichkeit, sich nahe zu kommen.

Kinder geraten in Scheidungen oft in Koalition mit einem Elternteil, werden zu Botenträgern, indem sie die Kommunikation zwischen den Eltern herstellen oder werden angehalten, einem Elternteil nachzuspionieren. Manche Kinder geben einem Elternteil schuld, um die Scheidung begreifen zu können und um dem Elternteil, der schwächer scheint oder dem Unrecht geschieht, zu helfen. Kinder in solchen Loyalitätskonflikten sind sehr unglücklich, da sie auf die Zuneigung beider Elternteile angewiesen sind (Wallerstein & Blakeslee, 1989; Balscheit et al., 1987). Da Scheidungskinder einen starken Wunsch haben, sich zugehörig zu fühlen, kommen sie als Erwachsene in ihrem Alltag, ihrer Arbeit und ihren Beziehungen immer wieder dazu, Stellung zu beziehen und sich in Konflikte hineinziehen zu lassen. Sie ergreifen zu schnell Partei. Weil sie nicht zu ihren Bedürfnissen stehen, wissen die Personen in ihrer Umgebung und sie selbst oft nicht, wer sie wirklich sind.

Während der Scheidung fühlten sich die Kinder körperlich und emotional alleingelassen und waren es oft tatsächlich auch. Die Kinder bekamen seltener neue Kleidung, die Mahlzeiten waren unregelmässig und sie waren häufig sich selbst überlassen (Fassel, 1994, S. 133; Wallerstein & Blakeslee, 1989). Sie suchten bei anderen Menschen Zuwendung und einige wurden in dieser Situation auch gefährdet und missbraucht. Die Kinder entnehmen daraus, nichts wert zu sein, entbehrlich zu sein. Sie glauben, man habe sie als Kind verlassen, weil sie es nicht verdienten, geliebt zu werden. Auch heute noch fühlen sie sich als Erwachsene alleingelassen. Um anderen gefällig zu sein, Beziehungen kontrollieren und ihre Partner verlassen zu können, bevor diese sich von ihnen trennen, wenden sich erwachsene Scheidungskinder von sich selbst ab. Das heisst, erwachsene Scheidungskinder konzentrieren sich nicht auf ihre eigenen Gefühle, Wahrnehmungen und Bedürfnisse (Fassel, 1994, S. 139ff). Viele erwachsene Scheidungskinder haben später auch damit zu kämpfen, dass sie ihrer eigenen Wahrnehmung nicht trauen:

> „Sie führen ihr Misstrauen auf die Zeit zurück, in der sie gespürt haben, dass ihre Eltern in Schwierigkeiten waren, den Kindern aber sagten, sie hätten unrecht oder seien verrückt." (Fassel, 1994, S. 34, 35) und „Wo sie [die erwachsenen Scheidungskinder] einst als Kinder von ihren Betreuern verlassen wurden, werden sie jetzt als Erwachsene sich selbst untreu." (Fassel, 1994, S. 140).

In Scheidungsfamilien wurden Grenzen oft verwischt oder existierten manchmal überhaupt nicht (Fassel, 1994; Minuchin, 1983). Erwachsene Scheidungskinder haben in ihrem späteren Leben häufig Schwierigkeiten, persönliche Grenzen zu setzen und andere in ihre Schranken zu verweisen. Am Arbeitsplatz lassen sich erwachsene Scheidungskinder ausnutzen aus

Angst, abgelehnt zu werden. Feindseligkeit scheint ihnen normal und sie finden sich damit ab. Sie versuchen noch immer sich *„besonders gut, liebevoll, freundlich, klug, höflich, vertrauenswürdig und klaglos zu verhalten"*, um keine Fehler zu machen (Fassel, 1994, S. 144). Oft auch haben sie Mühe zu unterscheiden, ob ihnen jemand freundschaftlich gesinnt oder ihnen gegenüber negativ eingestellt ist. Sie verhalten sich extrem: entweder gehen sie total in anderen auf oder errichten dicke Mauern und grenzen sich strikte ab. Diese Schwierigkeiten führen auch dazu, dass erwachsene Scheidungskinder nicht viel Selbstachtung haben und nicht selten in depressive Zustände geraten.

Scheidungskinder hatten einen starken Eindruck ihrer eigenen Hilflosigkeit, als sie erlebten, dass sie das Auseinanderbrechen ihrer Familie nicht verhindern konnten. Personen, die Unkontrollierbarkeit erlebt haben, weisen ein erhöhtes Risiko auf, ihre Hilflosigkeitserfahrungen auf andere Lebensbereiche zu übertragen (Brunstein, 1988, S. 115). Als Erwachsene manifestiert sich diese Hilflosigkeit vielfach. Sie wissen oft nicht, wie sie in den unterschiedlichsten Situationen reagieren sollen. Sie schauen bei Ereignissen oft untätig zu, und es fehlt ihnen an kommunikativen und sozialen Fähigkeiten (Fassel, 1994, S. 146). Wenn der sorgeberechtigte Elternteil arbeitete, war zudem auch wenig Zeit, auf die kommunikativen und sozialen Bedürfnisse der Kinder einzugehen. Sie sind generell verunsichert, ob das, was sie tun und wie sie sich verhalten das Richtige ist. Sie werden schüchtern und sind von der Angst geplagt, etwas falsch zu machen. Oft haben sie erlebt, dass es die beste Möglichkeit war in einer Scheidungssituaion zu überleben, indem sie sich klein machten und zusahen.

Durch die Scheidung haben die damaligen Kinder ihr Zuhause, so wie sie es kannten, auf oft unbegreifliche Weise verloren. Die ökonomische Versorgung und Sicherheit und der Lebensstandard sanken durch die Scheidung in den meisten Fällen rapide ab. Viele der Scheidungskinder erlebten, dass ihre Väter auch ihren finanziellen Verpflichtungen nicht nachkamen oder ihre Ausbildungen nicht bezahlten (Wallerstein & Blakeslee, 1989). Als Erwachsene investieren sie dann oft sehr viel und manchmal zuviel in ihr eigenes Zuhause oder haben grosse Angst, dieses zu verlieren. Erwachsene Scheidungskinder haben ein extremes Bedürfnis nach einem Zuhause und ökonomischer Sicherheit. Andere können sich nicht niederlassen und verhalten sich als Erwachsene wie die Kinder von damals, die einen Ort nach dem anderen verlassen mussten.

„Es ist offensichtlich, dass die Probleme von erwachsenen Scheidungskindern nicht immer innerer oder psychischer Natur sind, sondern sich auch ganz materiell äussern. Viele Betroffene mussten schon in sehr jungen Jahren Veränderungen der ökonomischen Situation der Familie erleben. Diese Erfahrunge wirken sich

auch heute noch nachhaltig auf sie aus. Wo und wie erwachsene Scheidungskinder leben, ob sie etwas kaufen oder mieten, ob sie einen Garten haben, welchen Beruf sie ergreifen, was sie als ihr Zuhause und wen sie als ihre Familie betrachten - das alles sind Fragen, die ihr Leben begleiten." (Fassel, 1994, S. 156)

Die meisten Kinder werden immer noch ihren Müttern zugesprochen, auch wenn das gemeinsame Sorgerecht oder Väter, die das Sorgerecht haben, üblicher werden. Dies hat zur Folge, dass Scheidungskinder ihre Väter und oft auch Männer generell, wenn es sich um einen Frauenhaushalt handelte, wenig kennen. Die Mehrzahl erwachsener Scheidungskinder fühlt sich gemäss Fassel (1994, S. 157) ihren Vätern entfremdet. Meist werden die Mütter in der Scheidungssituation von ihren Kindern auch mehr kritisiert als die Väter, da die Mütter es sind, die im Alltag mit seinen Versagungen bestehen müssen. Die Väter werden im Gegenzug oft stark idealisiert. Erwachsene Scheidungskinder haben dann oft Mühe, Autoritätspersonen losgelöst von ihren Elternbeziehungen zu sehen. Sie erwarten von Autoritäten Dinge, die sie sich von ihren Eltern gewünscht und nie bekommen haben: Akzeptanz, Liebe und Unterstützung. Oft arbeiten Menschen mit einer solchen Vergangenheit sehr hart, um diese Unterstützung von Autoritäten zu erhalten. Oder aber sie überhäufen Autoritäten mit Vorwürfen oder beschuldigen sie. Diese Verwirrung, Autoritätspersonen zu idealisieren oder zu deidealisieren, kann sich auch auf andere Erwachsene übertragen. Es fällt erwachsenen Scheidungskindern so schwer, Menschen realistisch als die zu sehen, die sie wirklich sind. Manchmal haben die Eltern nicht zum Wohl ihrer Kinder gehandelt, sondern aus ihren eigenen Verletzungen heraus. Um sich dies nicht eingestehen zu müssen, werden die Eltern oft entschuldigt.

„Erwachsene Scheidungskinder haben keine klare Vorstellung davon, wie normale Familien, Beziehungen und Nähe aussehen... Sie haben ihre Gestörtheit so lange als ihre einzige Realität definiert, dass sie sie als Massstab für sämtliche Abläufe in Beziehungen benutzen." (Fassel, 1994, S. 165)

Die Tendenz vieler Scheidungsfamilien, ihre Probleme zu verstecken, führt zu Isolation und zum Glauben, sämtliche anderen Familien seien ohne Schwierigkeiten. Praktisch kein anderer Lebensbereich ist für erwachsene Scheidungskinder so problematisch wie derjenige der Beziehungen (Fassel, 1994, S. 167). Erwachsene Scheidungskinder haben sehr unrealistische Erwartungen an ihre Beziehungen und Ehen. Sie wissen nicht, wie eine gesunde Beziehung aussieht, wie man mit Konflikten umgehen und trotz diesen weiter zusammenleben kann. Sie nehmen die Probleme und Überlebensstrategien ihrer Ursprungsfamilie in ihre eigene Familie und versuchen, alles richtig zu machen, sich möglichst ohne Bedürfnisse zu zeigen und sich zu verstecken. Das typische Schwarzweiss-Denken von erwachsenen Scheidungskindern äussert sich auch in der Einstellung gegenüber Beziehungen: entweder herrscht die Haltung vor „wenn es mir nicht passt, gehe ich halt eben" oder „bevor ich mich binde, muss ich total sicher sein". Erwachsene Scheidungskinder stürzen sich demnach oft in neue, wechselnde Beziehungen und versuchen es dort besser zu machen, bevor sie sich ihrem eigenen Schmerz und ihren eigenen Verletzungen nach der Scheidung ihrer Eltern zuwenden. Boszormenyi-Nagy & Spark (1981, S. 53) gehen denn auch davon aus, dass die Kinder aus zerbrochenen oder schwer gestörten Familien in ihren eigenen Ehen kaum dauerhafte emotionale Verpflichtungen eingehen.

Trotz all dieser beschriebenen Schwierigkeiten erwachsener Scheidungskinder, beinhaltet die Scheidungssituation auch ein positives Potential. Wallerstein & Blakeslee (1989, S. 53) beschreiben, dass sie überrascht waren," *... wie viele Kinder aus geschiedenen Ehen sich durch Offenheit, Aufrichtigkeit, Sanftmut und Freundlichkeit auszeichnen, Eigenschaften, die ungewöhnlich sind, wenn man bedenkt, was sie durchgemacht haben."*

Die von den Autorinnen Befragten hatten intensiv und sachlich über die Scheidung ihrer Eltern nachgedacht und versuchten eine Verbindung herzustellen zwischen dieser Erfahrung und ihrem heutigen Leben. Die damaligen „*Kinder sind zwar wütend auf die Versäumnisse und Fehler ihrer Eltern und urteilen oft sehr hart, aber sie haben auch Verständnis für den Kummer der Eltern."* (Wallerstein & Blakeslee, 1989, S. 52). Gefühle der Trauer sind ihnen aber auch zehn Jahre nach der Scheidung noch sehr präsent.

Einige der oben von Fassel (1994) dargestellten Langzeit-Folgen bestätigen auch Wallerstein & Blakeslee (1989). Die ehemaligen Scheidungskinder nehmen als Erwachsene moralische Kategorien wie Gut oder Böse, Richtig oder Falsch sehr wichtig, und es bedeutet ihnen viel zu versuchen, die Trennungserfahrung ihren eigenen Kindern zu ersparen. Kinder aus geschiedenen Ehen haben ein starkes Mitgefühl mit ihren Leidensgenossen und eine starke Gruppenidentität und die Selbsteinschätzung, dass die Erfahrung der Scheidung ihre jetzigen und zukünftigen Beziehungen stark beeinflusst und beeinflussen wird, auch wenn sie längst der Kindheit entwachsen sein werden. Viele der ehemaligen Scheidungskinder haben aus der Scheidungssituation wichtige Erfahrungen mitgenommen und haben hohe ethische Werte, die sie in ihr eigenes Leben zu tragen versuchen.

3.11 Die Scheidung und die Jugendlichen
Verschiedene Autoren (Suess, 1993, S. 170; Hurrelmann, 1989, S. 29, 37; Wallerstein & Blakeslee, 1989; Freund, 1996) weisen darauf hin, dass das Jugendalter als kritische Zeitspanne für eine Scheidung gesehen werden muss. Auch Fassel (1994) meint, die Scheidung sei am schwersten für Jugendliche zu verkraften, da diese in einer Zeit der Identitätsfindung und des sexuellen Reifeprozesses ohne Rollenvorbilder aufwachsen müssen, was mit starken Verlassenheitsgefühlen einhergehen kann. Vor allem das Fehlen von Sicherheit und Halt durch die Familienstruktur wirkt sich nach einer Scheidung in der Adoleszenz problematisch aus. Diese Struktur ermöglicht im Normalfall ein Hin- und Hergehen zwischen Unabhängigkeit und der alten, bekannten Sicherheit. Eine besondere Bedrohung kann im Scheidungsfall die Gefährdung der Inzestschranke darstellen (Bauers, 1993, S. 51).

Jugendliche reagieren auf eine Scheidung mit emotionalem Rückzug in die Regression oder einem beschleunigten Entwicklungsverlauf mit pseudo-erwachsenem Verhalten. Oft entsteht rund um die Ablösung eine „Ausbruchsschuld", eine Schuld, sich ablösen zu wollen und den Eltern in ihrer Ehekrise nicht zur Verfügung zu stehen.

3.12 Die Scheidung und die Mädchen
Mädchen können sich im Gegensatz zu Jungen (die von der Mutter häufig als Repräsentanten des gehassten Partners gesehen werden) eher mit dem Leid der Mutter oder ihrem Hass auf den Vater identifizieren und können die Bedürfnisse der Mutter daher eher befriedigen und auf Übereinstimmung hoffen (Bauers, 1994, S. 47). In den familiendynamischen Spaltungsprozessen besteht häufig ein Triangulierungsverbot, d.h. ein Verbot, zu Dritten eine positive Bindung aufzunehmen. Die Beziehung zu Dritten wird als Verrat erlebt, und bei Scheidungskindern ergeben sich die häufig anzutreffenden Loyalitätskonflikte. Beim Vorhandensein von Geschwistern laufen die Spaltungen auch häufig durch die Geschwisterbeziehungen: während das eine Kind von einem Elternteil an sich gezogen wird, wird das andere Kind ausgestossen. Es ergeben sich demnach starke Kräfte der Anziehung und Ausstossung. Dem stark an die Mutter gebundenen Mädchen fehlt in der Folge die Autonomie und der Vater als die Abgrenzung zur Mutter Bestätigender und Unterstützender. Das ausgestossene Mädchen aber hat mit einem Selbstwertverlust und einer negativen Besetzung der Mutter sowie der Weiblichkeit überhaupt zu kämpfen. Häufig versuchen Mädchen die Scham und den Verlust der Eltern als Vorbild und ihre Nichterfüllung des Bedürfnisses nach sozialer Kompetenz und Anerkennung

durch Konzentration auf den Leistungsbereich kompensatorisch abzuwehren (Bauers, 1994, S. 57).

Die Autoren sind sich einig, dass sich die Mutter-Kind-Interaktionen durch eine Scheidung verändern; in welcher Hinsicht ist dagegen, v.a. im Falle der Mädchen, umstritten. Fthenakis et al. (1982) berichten davon, dass die Mädchen nach einem Vaterverlust von der Mutter vermehrte Zuwendung erhalten. Wallerstein & Blakeslee (1989), Beelmann & Schmidt-Denter (1991) und Benard & Schlaffer (1992) hingegen stellten aufgrund der Überlastung und emotionalen Absorbiertheit der Mutter in der Scheidungssituation eher eine Verschlechterung der Mutter-Kind-Interaktionen fest, wobei diese Veränderungen vom Alter der Kinder abhängig sind. Die Mutter ist auch die für die negativen Emotionen des Kindes primär verfügbare Person, und die Wut über den Zusammenbruch der Familie oder die Schuld für das Fortgehen des Vaters wird an sie adressiert. Eindeutig scheint jedoch, dass die Kinder, die eine vergleichsweise nahe und positive Beziehung zur Mutter hatten, sich besser entwickelten (Wallerstein & Blakeslee, 1989).

Durch die Langzeitstudie von Wallerstein & Blakeslee (1989) wurde die Ansicht überholt, dass Knaben stärker als Mädchen nachteilige Folgen nach einem Vaterverlust zu gewärtigen haben. Mädchen geraten zwar weniger in Gefahr, in der labilen Familienhomöostase als Ersatzpartner zu fungieren, doch bei den Mädchen wird als Langzeitfolge, oft erst in der Zeit der Adoleszenz oder des jungen Erwachsenenalters, eine depressive Problematik sichtbar, die sie in dieser sensiblen Zeit der Berufs- und Partnerwahl stark beeinträchtigt. Es zeigen sich Schwierigkeiten bei der Partnerwahl, eine ambivalente Einstellung zur Partnerschaft und häufige Beziehungsabbrüche (Bauers, 1994, S. 47). Viele Mädchen hatten sich angepasst und die Gefühle der Scheidung verdrängt. Die Mädchen waren häufig unauffällig; erst bei näherem Hinsehen zeigen sich verzögerte Effekte in Bezug auf die Scheidungsfolgen. Belastend auf die Situation der Scheidungsmädchen wirkt sich auch aus, dass sie in der Familie ausgeprägter als Knaben ein Ausmass an Aufgaben übernehmen, das sie emotional und altersmässig überfordert. Ob Mädchen vorsichtiger behandelt und vor Streit mehr beschützt werden, ist zudem fraglich (Fthenakis, 1982, S. 63, 127, 133ff; Hetherington, 1979; Wallerstein & Blakeslee, 1989, S. 92, 222ff).

Bei den Knaben scheint die Hauptproblematik anders zu liegen: oft geraten die Knaben in eine Ersatzpartner-Situation gegenüber der Mutter (die Hälfte der untersuchten Knaben schliefen im Bett der Mutter [Fthenakis et al., 1982, S. 85]; Haller-Meichelböck, 1986, S. 195).

Der Vater-Tochter-Beziehung attestieren Fthenakis et al. (1982) eine höhere Stabilität als der Vater-Sohn-Beziehung. Hetherington (1979) stellte hingegen fest, dass abhängig vom Geschlecht des Kindes die Väter mit grösserer Wahrscheinlichkeit häufigeren Kontakt zu ihren Söhnen als zu ihren Töchtern aufrechterhielten. Dennoch gilt in erster Linie, dass die Fürsorglichkeit der Väter nach der Scheidung generell abnimmt und eine emotionale Distanzierung eintritt. Dazu trägt vermutlich bei, dass der Kinderbesuch die mit der Trennung verbundenen Gefühle der Verletzung, Wut und Schuld neu belebt und von den Vätern zu vermeiden gesucht wird. Auch hier gilt, dass die Prognosen günstiger sind, wenn das Mädchen zum Zeitpunkt der Trennung jünger als 8 Jahre alt war (Fthenakis et al., 1982; Wallerstein & Blakeslee, 1989).

Mädchen aus geschiedenen Familien zeigten eine starke Suche nach der Nähe und Aufmerksamkeit von Männern oder männlichen Jugendlichen (Hetherington, 1972). Sie liessen sich früher als Jugendliche verwitweter Mütter oder vollständiger Familien auf heterosexuelle Kontakte ein und zeigten Verhaltensweisen, die mit Offenheit und Responsivität assoziiert sind. Andererseits kann eine Vaterabwesenheit die heterosexuelle Entwicklung in die Richtung beeinflussen, dass es zu einer Ablehnung der Rolle als Frau und Mutter oder zu Schwierigkeiten kommt, befriedigende sexuelle Beziehungen einzugehen. Oft auch fühlen sich diese jungen Frauen zu älteren Männern hingezogen, die die Vater- und gleichzeitig die umsorgende Mutterrolle spielen. Wallerstein & Blakeslee (1989, S. 98) meinen: *„Sie suchen physische Nähe wie kleine Kinder, die auf Papas Schoss klettern, und vielleicht machen sie diese Erfahrung zum ersten Mal in ihrem Leben".* Weiter spiegelt ihre Partnerwahl oft ein niedriges Selbstwertgefühl: Vargon, Lynn & Barton (1976) haben gefunden, dass erwachsene Frauen aus Familien ohne Vater ihren idealen, späteren Ehemann als vom Vater verschieden beschrieben.

Diese oben geschilderten Erkenntnisse decken sich in weiten Teilen mit den Berichten der von der Verfasserin befragten, jungen Frauen. So konnte bestätigt werden, dass eine nahe, positive Mutterbeziehung mit einer gelungenen Bewältigung einhergeht. Ebenso wurde vom Fehlen eines elterlichen Vorbildes und von Schwierigkeiten in den aktuellen Liebesbeziehungen der jungen Frauen berichtet. Detailliertere Hinweise dazu sind in Kapitel 8, Diskussion, zu finden.

4. TRAUMATISIERUNG UND SCHEIDUNG

Bevor zu den Fragen nach der Bewältigung generell und der Bewältigung von Scheidungserfahrungen und -folgen übergegangen wird, soll nun als Verbindungsglied ein Vergleich zum Thema der Traumatisierung und deren Bewältigung eingefügt werden.

Wenn die Scheidung in ihren Auswirkungen, wie oben ausführlich beschrieben wurde, eingeordnet wird, wird aus der Sicht der Kinder eine Nähe zu Erfahrungen traumatischen Charakters sichtbar. Traumata werden definiert als unvorhersehbare Ereignisse überwältigenden Charakters.

Die Charakterisierungen des Traumas als einem Ereignis, das nicht verhindert und kontrolliert werden kann, treffen auf die Scheidungssituation aus der Sicht des Kindes zu. Meist jedoch trifft die Plötzlichkeit und Unvorhersehbarkeit des Ereignisses bei einer Scheidung nicht in dem Mass zu wie bei einem Trauma, ausser bei Scheidungen, in denen ein Elternteil verschwindet - hier kommt es also auf die Art der Scheidung an.

Janoff-Bulman (1992) geht in ihrer Untersuchung über Traumata und deren Bewältigung davon aus, dass die Problematik von Traumata vor allem darin liegt, dass grundlegende Annahmen über die Welt und über die eigene Person erschüttert werden. Der Titel ihres Buches lautet denn auch *„Shattered Assumptions"* - erschütterte Annahmen. Diese grundlegenden Annahmen sind, dass die Welt uns generell gut gesinnt ist, dass unser Leben Sinn macht und wertvoll ist. Eine Traumatisierung ist demnach in einem gewissen Sinn auch als eine Desillusionierung zu fassen:

> „... Wohlwollen in der Welt, Sinn und Selbstwert sind gerade diejenigen Annahmen, die so ernsthaft durch eine Traumatisierung erschüttert werden." *Und*
> „... der Effekt von Traumata ist eine gewisse Desillusionierung."[2]

Eine Bewältigung ist gemäss der Autorin dadurch zu erreichen, dass diese durch das Trauma erschütterten Annahmen wieder neu aufgebaut werden. Janoff-Bulman (1992) beschreibt aus ihrer spezifischen Sicht heraus die folgenden drei hauptsächlich benutzten Strategien der Bewältigung bei Überlebenden von Traumata. Eine erste Strategie basiert auf dem Vergleich mit anderen und auf der Frage, wie ein ähnliches Ereignis auf andere

---

[2] *"... benevolence in the world, meaning, and self-worth - the very assumptions that were so seriously challenged by the victimization." (Janoff-Bulman, 1992, p. 117) and "... the legacy of traumatic life events is some degree of disillusionment." (Janoff-Bulman, 1992, p. 171)*

gewirkt haben könnte. Zweitens werden Interpretationen über die eigene Rolle bei der Traumatisierung und die Frage der eigenen Schuld aufgeworfen. Mittels einer dritten Strategie wird versucht, das traumatische Ereignis in den Dimensionen von Absicht und Wohlwollen neu zu bewerten, um darin Sinn finden zu können. Die Überlebenden suchen und sehen Zeichen von Wohlwollen, Sinn und Selbstwert gerade in dem Ereignis, das sie so herausgefordert und genau diese Werte in Frage gestellt hat.[3]

Im Bewältigungsprozess, in dem das Trauma auch immer wieder durchlebt wird, findet eine Auseinandersetzung mit den verschiedenen Aspekten und möglichen Bedeutungen des Ereignisses statt. Indem Interpretationen des Traumas gesucht werden, die auf Wohlwollen, auf „gelernte Lektionen" und auf Lebenserfahrungen hinzielen, erfahren die Überlebenden Wohlwollen statt Boshaftigkeit, Sinn statt Zufälligkeit und Selbstwert statt Selbsterniedrigung.[4]

Janoff-Bulman (1992) spezifiziert, dass bei der Suche nach einer positiven Deutung des traumatischen Ereignisses zwei Arten der Bedeutungsfindung bestehen. Eine erste Interpretation deutet die Traumatisierung als notwendige, zu lernende „Lektion". Eine zweite Möglichkeit der Bedeutungsfindung liegt darin, im Trauma einen möglichen Nutzen für andere zu entdecken. Beide Interpretationen erlauben dem Opfer der Traumatisierung, eine Antwort auf die Frage zu finden „wieso geschah dies?". Die Traumatisierung kann neu bewertet werden, wenn sie nicht für nichts geschah, wenn sie einen Zweck erfüllt hat.[5]

---

[3] *"There are three major strategies used by survivors. One involves appraisals based on comparisons with others; more specifically, survivors compare their experiences with the real or imagined outcomes of others, particularly other victims. A second strategy entails interpretations of one's own role in the victimization and involves instances of self-blame. A third process focuses on reevaluations of the traumatic experience in terms of benefits and purpose, reflecting attempts at "meaning-making" by survivors. By engaging in one or more of these reappraisal processes, survivors ultimately facilitate the assimilation of their victimization. Survivors' reappraisals locate and create evicence of benevolence, meaning, and self-worth in the very events that first challenged and shattered these illusions." (Janoff-Bulman, 1992, S. 118)*

[4] *"By engaging in interpretations and evaluations that focus on benefits and lessons learned, survivors emphasize benevolence over malevolence, meaningfulness over randomness, and self-worth over self-abasement." (Janoff-Bulman, 1992, S. 133)*

[5] *„Although there may be numerous possibilities for positive interpretations of traumatic events, two types of interpretations are particularly common. The first involves evaluations of the victimization in terms of important lessons learned... The*

Janoff-Bulman (1992, S. 138) weist diesem Effekt der Sinnfindung eine äusserst wichtige Bedeutung zu.

Wenn Antonovsky (1979 in Dlugosch, 1994 a, S. 103) als zentrale Bestandteile seines salutogenetischen Modells die Verstehbarkeit (comprehensibility), die Bewältigbarkeit (manageability) und die emotionale Bedeutung (meaningfulness) eines Ereignisses angibt, so sind die Parallelen zu den bedeutungsvollen Grundannahmen des Menschen von Janoff-Bulman (1992) offensichtlich. Der Kohärenzsinn von Antonovsky (1979 in Dlugosch, 1994 a, S. 103) schliesslich entspricht dem oben auch beschriebenen Gefühl des Individuums, dass die Umwelt vorhersagbar ist und die Dinge sich sinnvoll entwickeln werden. Hurrelmann (1988, S. 61) sieht denn auch als bedeutende Schwierigkeit bei der Belastung durch die elterliche Trennung, dass ein plötzlicher, abrupter Bruch in der Erwartbarkeit und Regularität des Lebens auftritt.

Wenn die Opfer einer Traumatisierung schliesslich den Grund ihres Unglücks kennen und wissen, dass sie diesen Grund beeinflussen können, oder dass dieser Grund in ihnen liegt, können sie dafür sorgen, dass diese Erfahrung sich nicht wiederholt. Sie haben dann das generelle Gefühl der Kontrolle wiedererlangt. Diese Erklärung mag auch der Grund dafür sein, dass Kinder so oft und so schnell bereit sind, die Schuld für das Misslingen der Ehe ihrer Eltern auf sich zu nehmen. Viel schwerer als die Schuld auf sich zu nehmen, würde es wiegen, sich selbst einzugestehen, dass man völlig machtlos ist in dem, was mit einem geschieht.[6]

Wörtlich wiedergeben werden soll der folgende Prozess der Sinnfindung eines jungen Mannes, nachdem er Opfer eines Verkehrsunfalles geworden war:

> *„In all diesen Jahren hat mich ein junger Mann, der in einem schweren Autounfall gelähmt wurde, besonders berührt. Im Laufe unserer Unterhaltung hat er*

---

second entails understanding the traumatic experience in terms of its longterm benefits for others. This involves turning the victimization into a personally altruistic act. Both categories of interpretation provide a response to the question "For what end?" and thereby enable some survivors, ultimately, to make sense of their powerful, painful experience. It didn't happen for nothing; it served some purpose." (Janoff-Bulman, 1992, S. 135)

[6] *"Believing that they know the cause and that the cause is in themselves, these victims can plan for their experience to be a lesson that will not be repeated. Such planning can be useful in reordering the fragmented self because it allows the victim to feel that he or she has regained control." (Bard & Sangrey, 1979, in Janoff-Bulman, 1992, S. 128)*

mir erzählt, dass er glaube, dass sein Unglück deshalb geschah, weil Gott vermutlich seine Beine für jemanden anderen benötigte. Hier war ein Mensch, der versuchte zu verstehen, was geschah und seine Antwort umfasste eine altruistische Interpretation seines Erlebnisses. Das Ausmass, in dem seine Erklärung für jemanden anderen Sinn macht, ist irrelevant. Einem Ereignis Sinn zu geben ist ein sehr persönliches Bemühen und ein sehr machtvoller Bewältigungsakt nach einem Ereignis, in dem man Opfer wurde (Übersetzung durch d. Verf.)." (Janoff-Bulman, 1992, S. 138)[7]

Es gibt Ereignisse, die leichter oder schwieriger als positiv und sinnvoll zu interpretieren sind als andere. Und es gibt ohne Zweifel Personen, die mehr als andere in der Lage sind, in einem Ereignis eine positive, sinngebende Bedeutung zu finden. Diejenigen, die dazu in der Lage sind, befinden sich in einer besseren Verfassung. Ihre Grundannahmen gleichen ihren früheren Illusionen, ihre Sicht ihrer selbst und der Welt ist weniger bedrohlich, positiver geworden.[8]

Opfer einer Traumatisierung sind auch daran interessiert zu wissen, wie andere reagieren, und ob sie selbst ihre Situation gut bewältigen. Opfer von Vergewaltigungen, Krebskranke und nach Unfällen Gelähmte sprachen bei Janoff-Bulman (1992, S. 122) alle davon, wie glücklich sie sind, dass ihre Situation nicht schlimmer herausgekommen ist. Jede und jeder von ihnen, auch nach dem Erleben von noch so schlimmen Unglücksfällen, hatte sich noch schlimmere Ereignisse vorgestellt und konnte so eine Basis für eine eigene Einschätzung schaffen.

---

[7] *"Over the years I have remained particularly touched by a sensitive young man who had been paralyzed in a serious car accident. In the course of our conversation, he told me that he believed his misfortune happened because God probably needed his legs for someone else. Here was an individual trying to understand what happened to him, and his response involved an altruistic interpretation of his experience. The extent to which his belief "makes sense" to someone else is essentially irrelevant. Meaning-making is a very personal endeavor and a very powerful coping process after victimization." (Janoff-Bulman, 1992, S. 138)*

[8] *„There are some events that are more difficult to reinterpret as positive, meaningful, or reflective of self-worth than others, and no doubt there are some people who are more capable of reappraising events in a positive, meaning-making way. Those who are able to use these strategies over time are better off for them. Their assumptions will ultimately be closer to their earlier illusions; their views of themselves and their world will become less threatening, more positive, and more supportive of personal optimism in one's ongoing interactions in the world."* (Janoff-Bulman, 1992, S. 140)

Im Bewältigungsprozess braucht es gemäss Janoff-Bulman (1992) für die folgenden zwei Bedürfnisse und Aufgaben Platz und Ausgleich: Kognitiv gesehen ist es für den Überlebenden notwendig, der traumatischen Erfahrung zu begegnen, diesem Ereignis ins Auge zu sehen, es neu zu bewerten und durchzuarbeiten. Emotional gesehen kann das Ereignis aber zu schmerzvoll sein und der Überlebende muss eine erneute Konfrontation vermeiden, um sich vor den überwältigenden, negativen Affekten zu schützen. In diesem Prozess ist es notwendig, offen für das Mögliche und Notwendige zu sein und zu sehen, dass ein traumatisierendes Ereignis nur in handhabbaren Dosen verarbeitbar ist. Der Bewältigungsprozess wird ganz konkret auch durch kleine Handlungen selbst, bei der Arbeit, bei Besorgungen erleichtert, wenn die ehemaligen Opfer erleben, dass wenigstens Teile ihrer Welt nicht böse oder sinnlos sind, und dass Schwäche nicht ihre generelle Charakteristik ist (Janoff-Bulman, 1992, S. 143).[9]

Inwieweit und wie schnell eine Bewältigung gelingen kann, hängt gemäss Janoff-Bulman (1992) auch davon ab, wie die betroffene Person Erregung und schmerzvolle Emotionen ertragen, wie kreativ sie das Ereignis durcharbeiten und neu bewerten kann und ob nahe, umsorgende Bezugspersonen Unterstützung leisten.[10]

Am Schluss muss doch die Annahme und Feststellung stehenbleiben, dass man in einem derartig überwältigenden Ereignis und dessen Bewältigung auch seine eigenen Stärken kennenlernt und es einen charakterbildenden Aspekt von Leiden gibt (Janoff-Bulman, 1992, S. 137).

Viele der Autorinnen (Wallerstein & Blakeslee, 1989; Fassel, 1994), die sich mit den Langzeitfolgen von Scheidungen befasst und Erwachsene untersucht haben, die als Kinder eine Scheidung erlebten, berichten erstaunt darüber, wie kompetent und liebenswürdig (Wallerstein & Blakeslee, 1989) diese Erwachsenen, die als Kinder einen oft traumatischen Verlust erlitten hatten, ihnen begegnet sind. Es stellt sich daher die Frage, wie diese Scheidungskinder ihre Situation offenbar erfolgreich bewältigt haben oder trotz

---

[9] *"Cognitively, the survivor needs to approach the traumatic experience - to confront, reappraise, and rework it. Emotionally, the experience can be too painful; survivors need to avoid it, to protect themselves from the overwhelming negative affects." (Janoff-Bulman, 1992, S. 163)*

[10] *"Three factors are likely to be of particular insignificance in the recovery process: (1) the victim's ability to tolerate arousal and distressing emotions; (2) the victim's ability to creatively rework and reappraise the powerful new "date"; and (3) the support of close, caring others." (Janoff-Bulman, 1992, S. 172)*

dieser Schwierigkeiten zu den kompetenten, liebenswürdigen Erwachsenen mit hohen moralischen Werten geworden sind.

5. DIE BEWÄLTIGUNG

5.1 Einleitung

Im folgenden wird das Thema der Bewältigung von verschiedensten Seiten her beschrieben. Das Hauptgewicht soll dabei auf den verschiedenen Modellvorstellungen der Wirkungsweise und der Inhalte von Bewältigung liegen. Die Erkenntnisse der Bewältigungsforschung und des neuen Ansatzes der Salutogenese sollen auf ihre Aussagekraft hin für die Bewältigung einer Scheidung dargestellt werden. Wenn die Bewältigung von Scheidung interessiert, scheint es sinnvoll, über den psychischen Bereich hinaus beim mit der Psyche eng verbundenen somatischen Gebiet Anleihen zu machen. Dass Psyche und Soma eng verbunden sind, zeigen beispielsweise erhöhte Cortisol-Ausschüttungen, die durch die psychischen Situationen der Handlungsunfähigkeit und Hilflosigkeit ausgelöst werden. Die Erkenntnisse der Bewältigung von Krankheit und der Gesundheitsforschung oder Salutogenese können bei der Bewältigung von psychischen Situationen wie derjenigen einer Scheidung wertvolle Impulse geben. Es wird daher im folgenden auch von Krankheit und Gesundheit gesprochen. Gesundheit und die Bewältigung von Scheidung wird dabei in gewisser Weise analog zu sehen sein.

Eine detailliertere Übersicht über die neueren Erklärungsmodelle zu Gesundheit und Krankheit aus medizinischer, soziologischer und psychologischer Sicht gibt Seiffge-Krenke (1995, S. 9ff).

Zu Beginn soll noch einmal daran erinnert werden, dass nicht Anforderungen überhaupt zum Verschwinden gebracht werden müssten, sondern dass es darum geht, an den Bewältigungsmöglichkeiten zu arbeiten, und dies soll im folgenden Kapitel geschehen.

„Der beste Prädiktor für psychische Gesundheit schien nicht das Fehlen von Symptomen oder Problemen in irgendeinem Lebensabschnitt zu sein, sondern die Kompetenz, mit der altersspezifische Anforderungen aus dem Arbeitsbereich oder aus dem sozialen Bereich bewältigt werden konnten." (Wetzel, 1981; zit. bei Seiffge-Krenke, 1984, S. 361)

5.2 Die Geschichte der Bewältigungsforschung

Wenn die Anfänge der Psychologie betrachtet werden, so wird evident, dass Bewältigung oder der neue Begriff Coping schon damals, in der

Freud'schen psychoanalytischen Konzeption, von Bedeutung war. Bewältigung wurde zunächst dem psychoanalytischen Konzept der Abwehrmechanismen (A. Freud, 1980) gegenübergestellt, wobei unter Abwehrmechanismen verzerrt wahrgenommene Situationen oder situationsunangemessene Deutungen zu verstehen sind. Gemäss Anna Freud (1980) behindern gewisse Mechanismen wie die Verdrängung, Verschiebung oder Projektion eine Adaption und dienen der Abwehr, während reifere Mechanismen des psychischen Apparates wie die Sublimierung, der Altruismus oder Humor eine gelingende Auseinandersetzung ermöglichen. Misslingt der Bewältigungsprozess, so tritt Abwehr im psychoanalytischen Sinn in Kraft. Die produktive Lösung der Bewältigung wird der Abwehr jedoch vorgezogen, und es kommt erst zur Abwehr, wenn die situativen Anforderungen zu hoch sind oder die personenspezifischen Ressourcen nicht ausreichen. Die Art der Verarbeitung ist also von externen und internen Faktoren abhängig (vgl. Olbrich, 1984, S. 19). Wenn im psychoanalytischen Konzept der Bewältigung die Abwehr nun gegenübergestellt wird und diese als minderwertig angesehen wird sowie differenzierende Merkmale ausser der Realitätsangemessenheit fehlen, so ergeben sich damit Schwierigkeiten bezüglich der Wertung und Differenzierung dieser Begriffe (Trautmann-Sponsel, 1988 a, S. 19).

Auf der anderen Seite entstand in den 30-er Jahren die Stress- und Belastungsforschung. Aufgrund von Tierexperimenten wurde eine biologische Stresstheorie formuliert, die in die Psychologie und das in den 50-er Jahren vorherrschende behavioristische S-R-Modell einging. Dieses Konzept einer reaktionsbezogenen Stressdefinition wurde später um situationsbezogene Daten erweitert. Heute haben sich sog. relationale Stressdefinitionen durchgesetzt, die die Bewertung der Anforderungssituation durch die betroffene Person als wesentlichen Teil berücksichtigen. Weder die Reiz- noch die Umweltseite wird dabei als ursächlich gesehen (z.B. im Modell von Lazarus): Belastung konstituiert sich durch die Interaktion zwischen Person und Umwelt (Faltermaier, 1988, S. 48ff).

Die Forschung zu Bewältigung und Coping begann als Teilbereich der Stresstheorie. Bis 1966, dem Erscheinen von „*Psychological stress and the coping process*" von Lazarus, waren kaum Arbeiten zum Thema Coping in den Literaturlisten auszumachen. Nach 1966 nahmen diese Arbeiten zu Coping sprunghaft zu.

Zunächst wurde im Copingkonzept die Verarbeitung von so unterschiedlichen Einflüssen wie Misserfolg, Lärm oder chronischer Krankheiten untersucht (Lazarus, 1978). In den neueren Forschungsarbeiten lässt sich eine Verlagerung von der Untersuchung schädigender Reize zu herausfordernden, mild belastenden Stimuli feststellen (‚*everyday hassles*' nach

Lazarus, 1982 in Olbrich, 1984, S. 362). In jüngerer Zeit wurde Coping auch zur Erklärung von therapeutischen Prozessen herangezogen.

Die Gesundheitspsychologie entstand als weiteres neues Gebiet der Psychologie, dessen Entwicklung in den 80er Jahren in den USA begann und heute auch hier Fuss gefasst hat. Die Publikation deutschsprachiger Beiträge beginnt in den 80-er Jahren (Schwenkmezger & Schmidt, 1994, S. 2). Die Ideen der Gesundheitspsychologie gehen aber viel weiter zurück. Schon 1923 stellte Grotjahn fest, dass die sozialen Verhältnisse Träger von Krankheitsbedingungen sind oder Krankheitsursachen vermitteln, aber auch den Krankheitsverlauf beeinflussen (Borgers & Steinkamp, 1994, S. 134). Die Besiegung der Tuberkulose durch eine Verbesserung der Lebens- und Hygienebedingungen gilt dafür als Musterbeispiel in der Gesundheitspsychologie. Die Gesundheitspsychologie räumt auf mit der Idee einer eindimensionalen, kausalen Krankheitsverursachung und einem ebensolchen Krankheitsverlauf:

> *„Mehr als ein Jahrhundert hat in der westlichen Gesellschaft die angreifende Mikrobe symbolisch uneingeschränkt geherrscht als prototypische Krankheitsursache. Gemäss unserer kulturellen Tradition neigten wir dazu, Krankheit vor allem als Zustand zu sehen: Eine biochemische Störung, die dem Individuum geschieht durch bakteriologische Kräfte, fast gänzlich ausserhalb der Persönlichkeit und Sozialbeziehungen der menschlich Handelnden, die durch sie infiziert werden."* (Borgers & Steinkamp, 1994, S. 134, zit. nach Parsons und Fox, 1952)

Das lineare, kausale Modell, das in der Virologie entwickelt wurde, kann viele der heute zur Frage stehenden Phänomene nicht adäquat erklären (Hurrelmann, 1989, S. 78). Es sind neue Modelle gefragt, die nun nicht ausschliesslich die Abwesenheit von Krankheit registrieren, sondern in Gesundheit einen positiven Zustand sehen. Nicht zuletzt wird die Kostenexplosion im Gesundheitswesen, die die kurative Medizin auf Dauer schwer finanzierbar macht, diese Entwicklung weiter vorantreiben.

Es scheint deshalb auch angemessen in der Krankheits- und Gesundheitsforschung von einem Paradigmenwechsel von der Erforschung von Krankheit hin zur Erforschung von Gesundheit zu sprechen.

5.3 Begriffsklärungen
Zunächst soll der Begriff der Bewältigung oder des Coping, die in dieser Arbeit analog gebraucht werden, geklärt werden:

Von Rodin (1980, in Seiffge-Krenke, 1984, S. 364) wird Coping als Verhalten bezeichnet, das Personen vor problematischen Erfahrungen schützt.

In der psychoanalytischen Konzeption wird Coping von Kroeber (1963) und Haan (1963, vgl. Olbrich, 1984, S. 15) dem psychoanalytischen Konzept der Abwehr gegenübergestellt als: all die „rationalen, logischen, produktiven, weisen, kultivierten, liebevollen, verspielten und zärtlichen Aspekte menschlicher Ich-Aktion".

Lazarus definiert Bewältigung als sich ständig verändernde, kognitive und verhaltensmässige Bemühungen einer Person, sich mit spezifischen externen und/oder internen Anforderungen auseinanderzusetzen (vgl. Trautmann-Sponsel, 1988 a, S. 15).

Auch White (1974) konzeptualisiert Coping unter den Begriff der Adaption. Pearlin und Schooler (1978) sehen die Krisen- und Konfliktbewältigung im Zentrum. Bewältigung wird weiter als Geschehen der Problemlösung und Anpassung und der Selbstregulation von negativen emotionalen Zuständen gesehen (z.B. Hautzinger, 1986, in Bailer, 1989, S. 63).

Bewältigung bezeichnet auch eine Veränderung der Person-Umwelt-Passung, entweder durch eine Veränderung der Anforderungen oder Unterstützungsmöglichkeiten oder durch eine Veränderung der Motive und Fähigkeiten der Person. Unter Meisterung wird eine Veränderung der faktischen Umstände verstanden; eine Veränderung der Person wird als Anpassung bezeichnet (vgl. Trautmann-Sponsel, 1988 a, S. 19).

Pearlin und Schooler (1978; vgl. Seiffge-Krenke, 1984) sehen in den Bewältigungsstrategien des Coping eine Schutzfunktion, die folgendes zum Inhalt hat: 1. die Eliminierung oder Modifikation von Bedingungen, 2. die erhöhte Wahrnehmungskontrolle der Situation und 3. die Kontrolle der gefühlsmässigen Konsequenzen.

Coping findet in einer Situation der Ambiguität statt und zieht eine individuelle Aktivierung nach sich, die auf eine adaptive oder produktive Lösung hinzielt, wie Olbrich (1984, S. 33) feststellt.

Bewältigung ist verbunden mit einer Stress-Reduktion und kommt in Anforderungssituationen zum Zug, in denen das Verhältnis zwischen den gestellten Anforderungen und den vorhandenen Ressourcen nicht gleichgewichtig ist (Dittmann, 1984, S. 236).

Von Thomae (1980; vgl. Olbrich, 1984, S. 35) wird Coping als ein kurz andauernder Persönlichkeitsprozess gesehen, der, als Ausweitung in den Lebenslauf gesehen, zur Feststellung führen kann, dass Entwicklung verfestigtes Coping sei. Coping kann neben aktuellen Anpassungen daher auch entwicklungspsychologische Prozesse erklären helfen.

Der Begriff Bewältigung bezieht sich weiter auf die Auseinandersetzung mit schwerwiegenderen Problemen; die anderen Anpassungen würden als Daseinstechniken bezeichnet (Trautmann-Sponsel, 1988 a, S. 22ff).

Zu unterscheiden sind einzelne, konkrete Bewältigungsakte, während Bewältigungsformen eine Zusammenfassung solcher Bewältigungsakte aufgrund von Ähnlichkeiten darstellen. Das Zusammenwirken verschiedener Bewältigungsformen wird als Bewältigungsmuster bezeichnet. Die Koordination verschiedener Bewältigungsakte, -formen oder -muster führen schliesslich zu Bewältigungsstrategien (vgl. Trautmann-Sponsel, 1988 a, S. 17). Es können Coping-Möglichkeiten, eine Coping-Bereitschaft und -Motivation, Coping-Fähigkeiten und Coping Ressourcen unterschieden werden (Krämer, 1991; nach Prystav, 1981, S. 192). Schliesslich ist aber zu unterscheiden zwischen dem Bewältigungsverhalten und den Reaktionen auf Belastungen.

In der Umgangssprache wird Coping als Ausdruck für die erfolgreiche Bewältigung von schwierigen Situationen verwendet.

Allen Definitionen des Begriffs ist gemeinsam, dass eine Anpassung an Anforderungen gemeint ist, *"... die mit habitualisierten (d.h. gewohnten) Verhaltensprogrammen der Person nicht oder nicht mehr erfüllt werden können."* (Olbrich, 1984, S. 2).

Trotz vieler Arbeiten zu Coping ist die Definition des Begriffs noch unscharf und die vorhandenen Modellbildungen und Operationalisierungen sind uneinheitlich und noch unbefriedigend, wie Olbrich (1984, S. 32) meint.

Bewältigung scheint aber ein entscheidender Prozess zu sein. Nicht ein belastendes Ereignis allein erklärt, warum ein Individuum gesund bleibt oder somatische, psychische oder soziale Funktionsstörungen entwickelt. Die Art des Umgangs mit dem Ereignis, seine Bewältigung, das Coping letztlich vermag zu einem grossen Teil das jeweilige Verhaltensresultat zu erklären (Olbrich, 1984).

5.4 Von der Bewältigung hin zur Gesundheit

Die WHO-Definition von 1946 beschreibt Gesundheit als Zustand des völligen körperlichen, seelischen und sozialen Wohlbefindens und nicht mehr nur als Zustand des Freiseins von Krankheit.

Diese Neuformulierung von Gesundheit löst diese damit aus der alleinigen medizinischen und professionellen Verantwortung, indem das subjektive Wohlbefinden neu als mitbestimmend eingeschätzt wird. Gesundheit wird so nicht länger als passiv erlebter Zustand, sondern als Ergebnis der Herstellung und Erhaltung der sozialen, psychischen und körperlichen Balance gesehen. Weiter ist Gesundheit so Teil der individuellen lebensgeschichtlichen Entwicklung, als Prozess der flexiblen Bewältigung von externen und internen Anforderungen (Hurrelmann, 1989, S. 5).

Gesundheit ist dementsprechend objektiver und subjektiver Zustand des Wohlbefindens und nun auch eng mit individuellen und kollektiven Wertvorstellungen verbunden (Hurrelmann, 1988, S. 17).

Antonovsky (1979; in Schwenkmezger, 1994, S. 57), der Begründer des salutogenetischen Ansatzes, schlägt ein Kontinuum vor, in dem Gesundheit und Krankheit die beiden Endpunkte bilden. Die salutogenetische Sicht versucht den pathogenetischen Ansatz zu ergänzen und stellt die Frage ins Zentrum, warum sich die meisten Individuen trotz vielfältigster Belastungen dennoch in guter physischer und psychischer Gesundheit befinden, und wie diese Gesundheit erhalten werden kann. Im Zentrum steht dabei der Kohärenzsinn, der das Ausmass des umfassenden und überdauernden Vertrauens darstellt, dass das eigene Leben sinnvoll, bewältigbar und lohnend ist. Die sog. Bewältigungsressourcen der Verstehbarkeit, Handhabbarkeit und Bedeutsamkeit sind Komponenten dieses Kohärenzsinnes. Stressoren werden in diesem Modell als elementare Teile des Lebens gesehen, die nicht notwendigerweise pathogen wirken müssen.

Neu soll also nicht die Frage im Zentrum stehen, was krank macht, sondern was, auch unter schwierigen Lebensbedingungen, gesund erhält. Wie die Medizin hat auch die Psychologie nach den schädigenden Einflüssen und Ursachen gefragt und gesucht. Diese Fragestellung soll einem neuen Denken Platz machen und die Pathogenese durch eine Salutogenese ersetzen und ergänzen.

„... *Gesundheit steht für ein positives Konzept, das in gleicher Weise die Bedeutung sozialer und individueller Ressourcen für die Gesundheit betont...*" *(Hornung & Gutscher, 1994, S. 65)*

Konkret beinhaltet die Gesundheitspsychologie die Auseinandersetzung mit Gesundheit und Krankheit, mit Prävention und Behandlung. Es wird versucht, die psychologischen Faktoren zu erforschen, die einen Einfluss auf Gesundheit und Krankheit haben (Teses & Schedlowski, 1994).

Gesundheit umfasst dabei nicht nur einen individuellen Aspekt, sondern impliziert auch eine Berücksichtigung der sozialen, ökologischen und materiellen Bedingungen. Ein Fehlen von Belastungen bedeutet dabei noch nicht Wohlbefinden.

Gesundheit wird auch gesehen als hohe Anpassungsfähigkeit des Menschen an verschiedene Belastungen körperlicher, psychischer und sozialer Art und hängt von der gesamten Lebensweise des Individuums ab (Hurrelmann, 1988, S. 126). Wenn Krankheit oder Auffälligkeit im Schema von gelingender oder misslingender Anpassung gesehen wird, muss auch Auffälligkeit oder Krankheit nicht mehr pathologisiert werden, sondern kann als fehlgeleiteter oder inakzeptabler Versuch der Anpassung, als Problemlösung verstanden werden (Hurrelmann, 1988, S. 145). Krankheit wird somit auch nicht mehr nur als Störung der Leistungsfähigkeit eines Individuums gesehen (Parsons, 1967, in Hurrelmann, 1988, S. 147). Dies führt auch zu einem neuen Bild der Person, die in die Prozesse von Bewältigung involviert ist.

Dass der Anspruch, das Gewicht auf die Gesundheit zu legen, aber nur teilweise eingehalten werden kann, legt nahe anzunehmen, dass im Sinne der Dialogik (Herzka, 1992 a) der Bereich der Krankheit und dessen Aussagen für die Erhaltung von Gesundheit von grundlegender Bedeutung und nicht zu verzichtender Bestandteil sein muss.

„Für die Dialogik ist von zentraler Bedeutung, dass zwischen den beiden gleichzeitig gültigen Bereichen ein Widerspruch besteht und bestehen bleibt und im Zwischen ein Vorgang stattfindet, der nicht aufzuheben oder aufzulösen, sondern auszuhalten, zu regulieren und fruchtbar zu machen ist. Dabei ist in Anbetracht des Widerspruches einerseits und des gemeinsamen Ganzen andererseits die kontinuierliche Anerkennung und Wertschätzung der Andersartigkeit des jeweils anderen erforderlich." (Herzka, 1992 a, S. 41)

5.5 Kritische Bemerkungen

Trotz ihrer überzeugenden Inhalte müssen die Darlegungen zur Gesundheitsforschung dennoch mit Bedacht betrachtet werden und einige kritische Anmerkungen sollen erwähnt werden.

Die neue Ausrichtung der WHO und die Forderungen der Salutogenese sind nicht nur komplex und schwierig zu fassen, sondern bleiben auch ein wohl unerreichbarer Idealzustand.

Schwenkmezger (1994, S. 47) meint, dass die Theorienbildung über die Zusammenhänge zwischen Gesundheit bzw. Krankheit und Persönlichkeit zudem noch sehr in den Anfängen ist. Psychologische Faktoren wie Stress oder ein fehlendes soziales Netzwerk werden immer noch als Faktoren im ätiologischen Sinne wie Bakterien oder Viren als für die Entstehung einer Krankheit ursächlich betrachtet. So ist es auch in der Gesundheitspsychologie schwierig, davon wegzukommen, die Krankheit und nicht Gesundheitsmodelle im Vordergrund zu sehen. Die heutigen Erkenntnisse wurden auch auf dem Boden von spezifischen Krankheiten gewonnen.

„Diese paradigmatische Neuorientierung [auf eine salutogenetische Sichtweise hin, Anm. d. Verf.] ist auf der deklamatorischen Ebene weitgehend vollzogen, kaum jedoch in der konkreten Forschungs- und Interventionspraxis." (Hornung & Gutscher, 1994, S. 83)

Hornung & Gutscher (1994) schlagen vor, nicht von einer potentiellen gesundheitlichen Gefährdung auszugehen, die durch Verhaltensmodifikationen abgewendet werden soll, sondern von einem stringenten salutogenetischen Ansatz, der positive Inhalte meint, wie beispielsweise die Lust an der Funktion des Körpers, an der Bewegung und am Leben überhaupt.

5.6 Die Inhalte von Bewältigungsprozessen

Im folgenden werden die Inhalte von Bewältigungsprozessen Beschreibung finden. Dazu soll über die zu bewältigenden Belastungen zunächst Klarheit geschaffen werden.

Eine erste wichtige Voraussetzung für eine zu bewältigende Schwierigkeit ist deren Neuheit, was bedeutet, dass keine direkt anwendbaren Operatorenketten bereits vorhanden sind (Stäudel & Weber, 1988, S. 65). Nach Lazarus (vgl. Bailer, 1989, S. 13) entsteht Stress aber erst dann, wenn eine Person einen Reiz als bedrohlich wahrnimmt. Die Belastungen können unterteilt werden in kritische Lebensereignisse und chronische Belastungen, die jedoch schwer abzugrenzen sind und neuestens auch in alltägliche, frustrierende kleine Ereignisse. Seiffge-Krenke (1994 a, S. 72) unterscheidet weiter zwischen normativen und nicht-normativen Stressoren, kritischen Lebensereignissen und alltäglichen Belastungen und der Chronizität eines Stressors. Als Beispiel eines nicht normativen, chronischen Stressors wird die Scheidung der Eltern angeführt. Anstehende Entwicklungsaufgaben als normative Stressoren beinhalten eine voraussehbare Folge von altersentsprechenden Herausforderungen, die zu bewältigen sind, seltenere, teilweise unvorhersehbare Ereignisse beeinflussen die Lebenslage meist in kritischer Weise. Hurrelmann (1989, S. 98) sieht solche kritischen Lebensereignisse, chronische Rollenspannungen und biographische Übergänge als Stressoren.

Bailer (1989, S. 7) schliesslich unterscheidet zwischen
- den erlebten Belastungen,
- dem Umgang mit diesen Belastungen,
- den personalen und sozialen Bewältigungsressourcen,
- der Intensität der rollenbezogenen Stressreaktionen und den allgemeinen psychischen Beeinträchtigungen.

Es gibt neuere Hinweise, dass eher Alltagsbelastungen als kritische Lebensereignisse das Wohlbefinden beeinträchtigen. Sicher können diese zwei Belastungsarten jedoch nicht unabhängig voneinander betrachtet werden. So führt das kritische Lebensereignis Scheidung beispielsweise zu einer finanziellen Einengung, was wiederum eine Reihe von Alltagsbelastungen wahrscheinlicher macht. Unter diesen Alltagsbelastungen oder daily hazzles sind kleine Ärgernisse zu verstehen, wie etwas zu verlieren oder unangenehme Arbeiten erledigen zu müssen. Natürlich bestehen zu den

Alltagsbelastungen Gegenstücke, die kleinen, schönen Dinge im Leben, die sog. uplifts.

Ob Belastungen aber überhaupt als solche wahrgenommen und bewältigt werden, hängt von der jeweiligen subjektiven Bedeutung ab. Dies zeigt sich dann, wenn zwischen objektiv feststellbaren Belastungen und ihrer subjektiven Verarbeitung erhebliche Diskrepanzen bestehen (Hurrelmann, 1988, S. 102). Stress wird dementsprechend im transaktionalen Stresskonzept einerseits als ein Reiz und andererseits als eine Reaktion in wechselseitiger Beziehung zueinander definiert (Bailer, 1989, S. 13). Wird auf Lärm nämlich mit Belustigung reagiert, ist dieser Lärm dann offensichtlich kein Stressor.

Ein Ereignis, das als stressreich bewertet wird, kann weiter untersucht werden nach Aspekten von Schädigung oder Verlust, von Bedrohung oder von Herausforderung (Lazarus & Folkman, 1984 in Weber, 1994, S. 193). Eine solche Aufteilung beinhaltet neben einer kognitiven Wertung auch den Zeitaspekt: von der Schädigung als bereits Geschehenem, der Bedrohung, die ansteht, und der Herausforderung, in der die Möglichkeit zu Wachstum wahrgenommen wird.

Stressoren potenzieren sich, sodass ihre Auswirkungen mehr als die Summation der Effekte einzelner Stressoren ausmachen (Seiffge-Krenke, 1994 a, S. 74ff). Ein Zusammenhang zwischen einer solchen Kumulation von belastenden Lebensereignissen und psychischer und körperlicher Auffälligkeit und Krankheit wurde in vielen Untersuchungen erbracht (Hurrelmann, 1988, S. 90).

Wie auch Eysenck postulieren viele Autorinnen und Autoren ein mulitfaktoriell-synergetisches Krankheitsrisiko, bei dem erst das komplizierte Zusammenwirken einer Vielzahl genetischer, ökologischer und personenspezifischer Faktoren für Belastungen und die Entstehung einer Krankheit verantwortlich sind (vgl. Schwenkmezger, 1994, S. 52).

Es ist von weiterer, nicht zu unterschätzender Bedeutung zu berücksichtigen, dass für die Bewältigung von menschlichen Konflikten andere Bewältigungsmuster als für die Bewältigung von Leistungsanforderungen notwendig sind.

5.7 Modellvorstellungen des Bewältigungsprozesses

Dem Thema der Bewältigung oder des Coping wurde schon vor der Kreiierung eines eigenen Begriffs und Gebietes Beachtung geschenkt und dessen Prozesse zu verstehen versucht. In der psychoanalytischen Sicht kommt dem Ich diese koordinierende, bewältigende Funktion zu, wie oben (Kap. 5.2) gezeigt wurde. In der kognitionspsychologischen Konzeption stellt die kognitive Repräsentation und Bewertung die Ebene dar, auf der die Integration oder Bewältigung stattfindet. Hier sollen die Modellvorstellungen über Bewältigungs- oder Copingprozesse in aller Kürze vorgestellt werden. Ein detaillierterer Überblick über die verschiedenen Modelle findet sich bei Dlugosch (1994 a). Die im folgenden aufgeführten Modellvorstellungen sind auch als sich ergänzend zu betrachten. Bei dieser Darstellung stehen intrapsychische (bspw. Abwehrmechanismen, Hoffnung, Glaube) neben aktionalen und expressiven (bspw. Ausdruck oder Vermeidung von Gefühlen) Bewältigungsformen (Bailer, 1989, S. 28).

Olbrich (1984, S. 16) formuliert sehr generell, dass der Copingprozess mit der Wahrnehmung einer Anforderungssituation beginnt und dann kognitive, wertbezogene, soziale und motivationale Programme in der Folge ausgelöst werden.

Lazarus (1978) widmete sich in erster Linie dem kognitiven, informationsverarbeitenden Aspekt des Copinggeschehens. Coping gilt bei ihm als ein Verhalten zur Lösung von Problemen.

Lazarus (1974; vgl. Olbrich, 1984, S. 23; Bailer, 1989, S. 13) unterscheidet im eigentlichen Copingprozess drei Teile. Ein *„primary appraisal"* umschreibt einen kognitiven Prozess von affektiven Bewertungen. Der *„secondary appraisal"* kann als Hochrechnung von Ziel und notwendigem Einsatz von Ressourcen vorgestellt werden. In einem *„tertiary appraisal"* werden diese Einschätzungen noch einmal aufgerechnet. Konkret kann der Bewältigungsprozess nach Lazarus (in Schröder & Schmitt, 1988, S. 155) im primary appraisal als die Frage *„Am I okay or in trouble?"*, im secondary appraisal als *„What can be done about the situation?"* verstanden werden und im *„reappraisal"* erfolgt eine Neueinschätzung der möglicherweise veränderten Situation. So wird bei Lazarus die Situationsspezifität der Problembewältigung zentral, während im Vergleich dazu Haan (1977) als Psychoanalytikerin den Trait-Ansatz (an Persönlichkeitszügen orientiert) vertritt (Olbrich, 1984, S. 363/2). Die Theorie von Lazarus hat insofern den Vorzug, dass sie die Situationsbezüge und den episodischen Verarbeitungsprozess nicht vernachlässigt.

Lazarus (vgl. Brüderl, Halsig & Schröder, 1988, S. 34; Bailer, 1989, S. 13) beschreibt vier Formen der Bewältigung, die problemlösend wie emotionsregulierend wirken:
- Die Informationssuche hilft die Situation und Wahl der Bewältigungsstrategien adäquat einzuschätzen.
- Direkte Aktionen ermöglichen den Stress durch Veränderungen der Umwelt oder der eigenen Person in den Griff zu bekommen.
- Die Aktionshemmung meint die Unterdrückung von Handlungsimpulsen, die sozial sanktioniert werden.

- Intrapsychische Prozesse, die emotionsregulierende Funktionen haben, wie bspw. die klassischen Abwehrmechanismen und Distanzierung, können schliesslich zum Einsatz kommen.

Bailer (1989, S. 64ff) führt diesen Ansatz weiter aus und exemplifiziert ihn. In der logischen Analyse kann folgendes Platz finden: eine Lösungssuche (ich überlege eine Lösung), eine Neudefinition (ich versuche mehr die positiven Seiten meiner Situation zu sehen), eine kognitive Vermeidung (ich versuche mein Problem zu ignorieren), eine Informationssuche (ich informiere mich), eine alternative Belohnung (ich kaufe mir etwas Schönes), eine aktive Handlung (ich unternehme aktiv etwas in bezug auf das Problem), eine Affektkontrolle (ich halte meine Gefühle unter Kontrolle), Resignation (ich sehe ein, dass ich nichts ändern kann) oder eine emotionale Entladung (ich reagiere ärgerlich und wütend).

Den kognitiven Bewältigungsversuchen kommt auch gemäss Seiffge-Krenke (1994 a, S. 156) eine besondere Wichtigkeit zu. Coping kann denn auch als Entscheidungsprozess mit dem folgenden möglichen Muster aufgefasst werden:
- einer Antizipation von Handlungskonsequenzen im Sinne von: wenn ..., dann...,
- einer Bewertung dieser Konsequenzen gemäss den Interessen an diesen, den gestellten Anforderungen und dem Zutrauen zur Bewältigung und
- einer Handlungsbereitschaft, d.h. der Bereitschaft, Nachteile in Kauf zu nehmen (Bender-Szymanski, 1984, S. 216).

Notwendige Schritte im Copingprozess sind dementsprechend eine Situationsanalyse, eine Zielformulierung, eine Handlungsplanung, eine Kosten-Nutzen Evaluation, eine Suche nach alternativen Strategien und Zielen und eine Reflexion von übergeordneten Bedürfnissen und Motiven.

Ein anderes Modell, das Anforderungs-Ressourcen-Modell von Becker (1992), stellt die Wechselwirkungen zwischen internen und externen Anforderungen und den Ressourcen einer Person in eine mathematisch erfassbare Beziehung. Gesundheit oder Krankheit sieht Becker dann als Ausdruck der positiven oder negativen Bilanz einer Person, die wahrgenommenen Anforderungen mit Hilfe von Ressourcen zu bewältigen (Dlugosch, 1994 a, S. 103). Bewältigung wäre dann ein kognitives Abwägen von Vor- und Nachteilen.

Da manche Menschen auf eine Belastung mit einer Erkrankung reagieren, andere hingegen nicht und da die gleiche Belastung bei verschiedenen Individuen zu unterschiedlichen Krankheiten oder aber unterschiedliche Belastungen zur gleichen Krankheit führen können, müssen diese Konzepte, die eine mathematische Beziehung zwischen Ressourcen und Belastung sehen, mit einem Fragezeichen versehen werden. Sie können nur grobe Aussagen machen und vernachlässigen vieles.

Unabhängig vom jeweiligen theoretischen Hintergrund kann in zahlreichen weiteren Modellvorstellungen zur Bewältigung eine Dichotomisierung in zwei Pole festgestellt werden, z.b. einen eher aktiven, problemlösenden Pol und einen eher passiven, emotionsregulierenden Pol (Schroeder, 1988, S. 110). Es ist dabei klar, dass diese Formen kaum rein vorkommen und natürlich auch Situationsspezifität besitzen.

So können Anforderungen wie bei jeder anderen Auseinandersetzung mit der Umwelt durch Assimilation oder Akkomodation, d.h. indem ich mich der Umwelt anpasse oder sie mir passend mache, aufgenommen werden (Piaget, 1981). Beide haben sich in einem Gleichgewichtsverhältnis auszubalancieren. Würde die Assimilation überwiegen, wäre das Individuum schon bald ohne Kontakt zur Aussenrealität, überwöge die Akkomodation, würden die Kontinuität und die Grenzen des Individuums in Frage gestellt.

So meint auch Trautmann-Sponsel (1988 a, S. 20), dass Bewältigung eher auf die Veränderung der belastenden Umgebungsbedingungen gerichtet sein oder auf die Regulation der Emotion zielen kann.

Auch Lazarus schlägt im transaktionalen Stressmodell zwei grundlegend unterschiedliche Bewältigungsfunktionen vor. Entweder geschieht Bewältigung durch die Regulierung der Emotionen = palliatives Coping. Dieses richtet sich dementsprechend auf das Selbst. Oder das Coping kann instrumentell, auf die Veränderung der gestörten Interaktion zwischen Individuum und sozialer Umwelt gerichtet sein = instrumentelles Coping. Bewältigung kann also entweder mittels Affektregulation oder instrumentell geschehen. In kontrollierbaren Situationen wird überwiegend instrumentell reagiert.

Eine Unterscheidung in zwei Pole gemäss dem Trait-Ansatz und in Anlehnung an Haan (1977) in Coper und Defender findet sich bei Döbert & Nunner-Winkler (1984). Defender zeigen stark negative und stark positive Züge, Coper weisen ein eher ausgewogeneres Bild auf und nehmen häufiger eine Beobachterposition ein. Unter einem defensiven Bild wäre weiter ein repetitives, unflexibles, automatisches, rigides und stereotypisiertes Muster zu verstehen.

Auch Moriarty und Toussieng (1976, in Seiffge-Krenke, 1990, S. 56 und in Thomae, 1984, S. 90ff) unterteilten die in ihrer Untersuchung gefundenen Coping-Stile in zwei Hauptgruppen, die *„sensors"*, als aktivere Bewältiger und die *„censors"* als Bewältiger mit höherem Vermeidungsverhalten. Die Censors benutzen die Copingstile des *„gehorsamen Traditionalismus"* und des *„ideologischen Konservativismus"*, bei den Sensors finden sich die Stile der *„vorsichtigen Veränderung"* und der *„leiden-*

schaftlichen Erneuerung". Mädchen waren hauptsächlich in der Gruppe der sensors anzutreffen und waren die effektiveren Coper.

Die grundsätzliche Tendenz der Vermeidung, Repression, oder der verstärkten Aufmerksamkeit, Sensitization (Kohlmann, 1990, S. 33) bezeichnet eine analoge Unterteilung, wobei Sensitization-Repression das Persönlichkeitsmerkmal bezeichnet und Vigilanz-Ablenkung das entsprechende Verhalten beschreibt (Schröder & Schmitt, 1988, S. 171).

Für Antonovsky (1979) ist Gesundheit die dynamische Interaktion zwischen belastenden und entlastenden oder unterstützenden Faktoren. Gesundheit ist demnach die veränderliche Balance und das Ergebnis der Auseinandersetzung mit Belastungen.

Erwähnung soll hier auch das sozialepidemiologisch-ökologische Modell gesundheitsbeeinflussender Faktoren von Trojan und Hildebrandt (1989; in Dlugosch, 1994 a, S. 103) finden. Gemäss diesem Modell ist das gesundheitliche Befinden vorwiegend auf den Einfluss externer soziokultureller, ökonomischer und ökologischer Faktoren zurückzuführen. Grosser Stellenwert nimmt dementsprechend die Unterstützung durch das soziale Netzwerk ein.

Es wird nun in der Belastungsforschung nicht mehr von Ursachen, sondern von Risikofaktoren ausgegangen. Ein kumuliertes Zusammenwirken verschiedener Risikofaktoren ist dann Ausgangspunkt für pathologische Wirkungen (Hurrelmann, 1988, S. 50). Dieses Erklärungsmodell ist nicht mehr kausal, sondern probabilistisch, also wahrscheinlichkeitstheoretisch. Dies trägt der Tatsache Rechnung, dass in diesen hochkomplexen Systemen, mit denen wir es in der Belastungsforschung zu tun haben, immer neue Faktoren entlastend und belastend intervenieren können und auch keine genauen Prognosen möglich sind. Wenn nun anstatt Gründe für eine bestimmte Belastung zu suchen von Risikofaktoren ausgegangen wird, wird berücksichtigt, dass selten eine einzige, zutreffende Erklärung für einen Umstand gefunden werden kann.

„Von einfachen Ursache-Wirkungszusammenhängen kann also bei Vorliegen von Risikofaktoren in keinem Fall ausgegangen werden. Einzelne Faktoren entfalten ihre Wirkung oft nur in Beziehung zu bestimmten anderen und ihre Wirkung kann durch personale Dispositionen als vermittelnde (Moderator-) Variablen erheblich verändert werden. Die soziale Umgebung des Kindes kann beim Vorliegen von Risikofaktoren ausgleichend oder verstärkend wirken. Insgesamt ist die Bedeutsamkeit der Wirkung von Risikofaktoren nur in prozesshafter Analyse zu erfassen." (Hurrelmann, 1988, S. 60)

Thomae (vgl. Olbrich, 1984, S. 29) bringt Coping mit verschiedenen Daseinstechniken in Verbindung. Diese können Leistungstechniken, Anpassungstechniken, defensive Techniken, evasive oder exgressive Techniken sein, die ein Herausgehen aus dem Spannungsfeld meinen und aggressive Verhaltensweisen, die das Brechen des Widerstandes mit Gewalt beinhalten.

Eine besondere Bedeutung, wenn nicht gar eine Schlüsselrolle für die Effizienz von Bewältigung, weist Hurrelmann (1988, S. 103) der antizipierten Bewältigung zu, da sie es gestattet, aktiv die Anforderungssituation zu gestalten.

Schulz und Schönpflug (1981) betrachten Coping als eine Funktion in der biokybernetischen Regulation, wobei bei diesen Autoren das systemische Denken auf das Copinggeschehen Anwendung fand.

Zwischen den einzelnen Forschern bestehen deutliche Auffassungsunterschiede, die zu den beschriebenen, unterschiedlichen Modellbildungen des Bewältigungsgeschehens führten. Die Einordnung und Gewichtung des Copingprozesses muss so auch den verschiedenen psychologischen Grundhaltungen zugeordnet werden.

Zum Schluss sollen aus diesen Darstellungen einige allgemeine Ableitungen über den Charakter von Bewältigungsprozessen zusammengefasst werden:

Der Copingprozess muss als multikausales Geschehen verstanden werden, beeinflusst von Personen- und situationsspezifischen Merkmalen und deren Wechselwirkungen. Bewältigung ist demnach als Prozess aufzufassen und nicht als einfache, unidirektional wirkende Reaktion auf ein Ereignis (Olbrich, 1984, S. 26). Als Prozess ist Bewältigung daher zeitlich nicht stabil. Es besteht eine Bewältigungs-Lerngeschichte, die wiederum die Bewältigung beeinflusst (vgl. Bailer, 1989, S. 70). Bewältigung manifestiert sich weiter auch auf verschiedenen Ebenen des Verhaltens, die miteinander interagieren. Aspekte von Bewältigungsverhalten können in einer Situation so gemeinsam auftreten, sich abwechseln, fördern oder behindern (Schröder & Schmitt, 1988, S. 158). Der Bewältigungsprozess beinhaltet auch sich wandelnde Ansprüche und Bedürfnisse.

Eine ausführliche Beschreibung der verschiedenen Erfassungsmöglichkeiten von Coping findet sich in Halsig (1988 b, S. 173ff).

Hier wurden nun die bestehenden Konzepte der Bewältigung auf dem Niveau von Theorien beschrieben. Auf der anderen Seite finden sich in der populärwissenschaftlichen Literatur Ratschläge, was zu tun sei, auf dem Niveau des Alltagsgebrauchs. Eine Vermittlung dieser zwei Ebenen fehlt noch weitgehend.

Ein Verdienst der Bewältigungsforschung besteht dennoch darin, auf die Vielfalt von Bewältigungsstrategien hingewiesen zu haben, die weit über die in der psychoanalytischen Literatur beschriebenen Abwehrmechanismen hinausreichen, die dazu eher negativ besetzt sind (Peters, 1988 b, S.

33). Es ist auch fraglich, ob voneinander unabhängige Coping-Strategien überhaupt bestehen.

Es geht hier nun weiter darum zu zeigen, wie Bewältigung geschehen kann, indem Ressourcen genutzt werden. Nach dieser obigen Darstellung der möglichen Funktionsweisen von Bewältigung, sollen nun die „Zutaten", in diesem Fall die zur Bewältigung notwendigen Ressourcen, beschrieben werden.

5.8 Ressourcen

Die Gesundheitsbeeinträchtigung durch Belastungen wird auch gesehen als Prozess, der über Handlungsprogramme, Stress, Krankheitsvorstadien bis hin zur Krankheit führt und durch intervenierende Variablen, Ressourcen, gefördert oder gebremst werden kann (Hurrelmann, 1988, S. 128).

Der Begriff Bewältigungsressource bezeichnet die grundsätzlichen Möglichkeiten und Fähigkeiten, die einer Person zur Verfügung stehen, um mit Belastungen umzugehen (Trautmann-Sponsel, 1988 b, S. 107). Bewältigungsressourcen meinen somit Personen- und Umweltfaktoren, die die Bewältigung beeinflussen.

Hornung und Gutscher (1994, S. 74) unterteilen Ressourcen in physikalische, materielle, biologische, ökologische, soziale, institutionelle und kulturelle Mittel. Konkret können Status, Informationen, Liebe, Geld und Dienstleistungen Ressourcen sein. Letztlich kann wohl fast alles zur Ressource werden. Am meisten interessiert hier, was unter psychosozialen Ressourcen verstanden wird. Als psychosoziale Ressourcen werden Liebe, Vertrauen, Anerkennung, Macht und Formen der emotionellen Unterstützung beispielhaft aufgezählt (Hornung, 1994, S. 75).

Es soll aber gewarnt werden, psychologische Ressourcen oder Faktoren im ätiologischen Sinne analog dem medizinischen Modell als verursachend von Gesundheit oder Krankheit zu sehen (Myrtek, 1993, in Schwenkmezger, 1994, S. 47).

Es muss auch festgestellt werden, dass die Konzentration darauf, was denn konkret die Ressourcen sein könnten, zwar hilfreich ist, jedoch noch keine Anleitung zur Bewältigung darstellen kann, denn Ressource kann eben nahezu alles sein, von der Ablenkung über Aktivitäten bis zum Sammeln von Fussballbildern, über das Musikhören bis zur Anwesenheit eines Freundes.

Pearlin und Schooler (1978; vgl. Seiffge-Krenke, 1984, S. 363) differenzieren zwischen *„social resources"* (Freunde und Bekannte), *„psychological resources"* (Persönlichkeitscharakteristiken und Fertigkeiten als Disposition) und *„mastery"* (das reale Verhalten in einer Situation). Hurrelmann (1988, S. 93; 1989, S. 57) unterscheidet zwischen persönlichen und sozialen Ressourcen, welche sich jedoch gegenseitig beeinflussen. Diese Unterteilung soll auch hier für die nun folgende Beschreibung der Ressourcen benutzt werden:

Personale Ressourcen
Personale Ressourcen meinen die in der Persönlichkeitsgeschichte erworbenen Bewältigungsstrategien (Hurrelmann, 1988, S. 156). Ressourcen können entweder im Bereich der Person, als Trait oder im Verhaltensbereich als Bewältigungsstil, festgestellt werden. Es soll im folgenden auf die bedeutenden, einzelnen Traits und Stile für die Bewältigung eingegangen werden.

Auf der Traitebene wurden als Ressourcen Persönlichkeitsvariablen wie Hardiness (Widerstandsfähigkeit), Invulnerabilität, Optimismus, ein positives Selbstkonzept und Religiosität identifiziert (Seiffge-Krenke, 1994 b, S. 39). Weiter gehören dazu: Selbstwirksamkeit, Kohärenzsinn und Kontrollüberzeugung. Zum Bewältigungsstil zählen Ressourcen der Person wie Problemlösefertigkeiten, Einstellungen, materielle Ressourcen, aber auch soziale Unterstützung.

Vor dem Auftreten von Belastungen werden als Ausgangslage eine bestimmte individuelle Vulnerabilität und Schutzfaktoren, im Sinne von persönlichen Ressourcen für die Aufrechterhaltung von Wohlbefinden angenommen. Diese können nach dem Eintreten einer Belastung den Verlauf entsprechend günstig bzw. ungünstig beeinflussen. Schwenkmezger (1994) bezeichnet die Komplexe Neurotizismus, Angst, Depression, Ärger, Feindseligkeit und Aggressivität als Faktoren der Vulnerabilität. Optimismus, Kompetenz, Kontrollerwartungen, Widerstandfähigkeit und Kohärenzsinn sowie soziale Unterstützung hingegen werden als Schutz- und Bewältigungsdispositionen angenommen.

Das Konzept der Selbstwirksamkeit geht auf Bandura (1977, 1979, 1982, 1986) zurück. Dabei wird angenommen, dass das Vertrauen in die eigenen Fähigkeiten eine grundlegende Basis der Bewältigung darstellt. Bandura unterscheidet die subjektiv wahrgenommene Wirksamkeit eines Verhaltens (Verhaltenswirksamkeit) und das Vertrauen eines Individuums in seine Fähigkeiten, ein Verhalten selbst ausführen zu können (Selbstwirksamkeit) (Schwenkmezger, 1994, S. 55; Hornung & Gutscher, 1994, S. 78).

Der Begriff Hardiness stammt von Kobasa (1979; vgl. Hornung & Gutscher, 1994, S. 78; Schwenkmezger, 1994, S. 56) und meint die Widerstandsfähigkeit eines Menschen gegenüber Belastungen. Hardiness besteht aus den Komponenten Kontrolle, Engagement und Herausforderung. Unter Kontrolle wird das Gefühl eines Individuums verstanden, auftretende Ereignisse kontrollieren zu können. Engagement bedeutet, angesichts von Belastungen eine starke emotionale Aktivität zu entwickeln, und dass man sich verantwortlich fühlt, Einfluss zu nehmen. Unter Herausforderung wird schliesslich die Tendenz verstanden, Veränderungen primär als positiv zu erleben und nicht als Bedrohungen zu interpretieren.

Der Begriff der Kontrollüberzeugung (Locus of control) ist mit Rotter (1966, 1975; vgl. Hornung & Gutscher, 1994, S. 78) verbunden und bedeutet, die kognitive Entscheidung zu treffen, ein Ereignis entweder als Konsequenz des eigenen Verhaltens und interner Faktoren oder aber als Folge nicht kontrollierbarer, externer Faktoren zu sehen. In neuen oder uneindeutigen Situationen sowie in Belastungssituationen spielt die Kontrollüberzeugung eine grosse Rolle für das Verhalten (Mayring, 1988 a, S. 139). Die Kontrollüberzeugung stellt auch den Umweltbezug und die Antizipation her. Eine hohe interne Kontrollüberzeugung wird als protektiver Faktor gegenüber Belastungen gesehen (Mayring, 1988 a, S. 146). Auch Prozessen kollektiver Kontrolle bspw. in Selbsthilfegruppen kommt eine grosse Bedeutung für die Bewältigung zu (Mayring, 1988 a, S. 148). Krämer (1991) differenziert die Wertung der Kontrollüberzeugung und warnt, den Bereich der Externalität in jedem Fall mit Machtlosigkeit zu assoziieren. Externalität kann auch den Glauben an ein Schicksal beinhalten, das Glück bringen, und es mit einem gutmeinen kann.

Kausalattributionen sind für die Bewältigung von grosser Bedeutung, da sie Erklärung, Vorhersage und Kontrolle von Verhalten ermöglichen (Herrmann, 1988, S. 89). Es können, neben internalen und externalen, weiter stabile und instabile, spezifische und globale Attribuierungen vorgenommen werden (Herrmann, 1988, S. 97). Analog zum Attributionsmodell der Depression wird auch für andere unerwünschte Lebensereignisse davon ausgegangen, dass die Art der Kausalattributionen die Ausprägung von Reaktionen wie bspw. von Hilflosigkeit beeinflusst (Herrmann, 1988, S. 92). Abhängig von situativen Veränderungen oder neuen Informationen kann zu einem Zeitpunkt eine internale, zu einem anderen Zeitpunkt eine externale Erklärung vorgenommen werden, und es kann aber durchaus auch sein, dass beide Ursachenerklärungen koexistieren (Herrmann, 1988, S. 100ff).

Zuversicht oder Optimismus bezeichnet eine positive, auch Misserfolge überdauernde Lebenseinstellung. Als funktionaler Optimismus wäre eine leichte Überschätzung der eigenen Handlungsmöglichkeiten zu betrachten. Ein defensiver Optimismus aber würde ein leichtfertiges nicht-sehen-Wollen von Gefahren meinen (Hornung & Gutscher, 1994, S. 78).

Kohärenzsinn ist ein zentraler Bestandteil des Salutogenetischen Modells von Antonovsky (1979, 1987). Kohärenzsinn bezeichnet eine globale Orientierung, die das Ausmass ausdrückt, in dem eine Person ein überdauerndes Gefühl von Vertrauen hat, dass die eigenen Lebensumstände vorhersagbar sind, und dass eine hohe Wahrscheinlichkeit besteht, dass die

Dinge sich so gut als möglich und angenommen werden kann, entwickeln.[11]

Kohärenzsinn fasst im weitesten Sinn Bewältigungsressourcen wie Verstehbarkeit, Handhabbarkeit und Bedeutsamkeit zusammen, was zu diesem globalen, überdauerndem Vertrauen führt. Die Umwelt scheint vorhersag- und erklärbar, die Anforderungen scheinen bewältigbar und als Herausforderungen, die die Anstrengungen lohnen. Kohärenzsinn zu haben, bedeutet also, die Welt zu verstehen (Comprehensability), sie beeinflussen zu können (Manageability) und das eigene Handeln als sinnhaft zu erleben (Meaningfullness). Dies kommt als Fähigkeit des Menschen zum tragen, dem eigenen Leben auch in existentiell bedrohlichen, oft hoffnungslos erscheinenden Situationen Sinn abringen zu können (Bettelheim, 1960).

Diese oben beschriebenen Traits von Bewältigung können sich weiter in Bewältigungsstilen, z.b. einem vigilanten gegenüber einem kognitiv vermeidenden Bewältigungsstil ausdrücken (Schwenkmezger, 1994, S. 53), ähnlich, wie dies im Konzept der sensors versus censors vorgeschlagen wird (s. Kap. 5.7).

Bei dieser Zusammenstellung kann festgestellt werden, dass als Faktoren der für die Bewältigung wichtigen Ressourcen die Bereiche von Kontrolle, Zuversicht, Verstehbarkeit und Sinn immer wieder im Zentrum stehen.

Soziale Ressourcen
Unter sozialen Ressourcen wird das zur Verfügung stehende Potential an materiellen, finanziellen, informationellen, instrumentellen, emotionalen, kulturellen und sozialen Unterstützungen durch die Umwelt verstanden (Hurrelmann, 1988, S. 156).

Soziale Ressourcen werden in die zwei grossen Gebiete soziale Unterstützung (die zur Verfügung gestellten Ressourcen) und soziales Netzwerk (die Anzahl Personen) aufgeteilt. An anderen Stellen wird das soziale Netzwerk als ein Teil der sozialen Unterstützung aufgefasst. Soziale Unterstützung kann auch differenziert werden in die Teile soziale Integration, soziales Netzwerk und Beziehungsqualitäten. Während die soziale Integration die blosse Anzahl der Kontakte zu Personen meint, bewertet das soziale Netzwerk die Reziprozität und Beziehungsqualitäten, also letztlich

---

11 „... *a global orientation that expresses the extent to which one has a pervasive, enduring though dynamic feeling of confidence that ones internal and external environments are predictable and that there is a high probability that things will work out as well as can reasonably be expected"* (Antonovsky, 1979, S. 10, in Hornung & Gutscher, 1994, S. 78).

deren Eigenschaften. In allen Fällen aber ist mit dem sozialen Netzwerk der Personen betreffende Teil der sozialen Unterstützung gemeint, und dies soll auch für die folgenden Ausführungen zur sozialen Unterstützung und zum sozialen Netzwerk gelten.

Soziale Unterstützung nun wird generell verstanden als Quelle von Ressourcen, die in Notlagen von anderen zur Verfügung gestellt werden. In verschiedenen Definitionen (vgl. Kolip, 1993, S. 62 ff) wird soziale Unterstützung als Informationen für das Individuum bezeichnet, sich 1. geliebt und umsorgt, 2. wertgeschätzt und geachtet zu fühlen und 3. einem Netzwerk mit gegenseitigen Verpflichtungen anzugehören. Bedeutsam für die Unterstützung sind also Zuneigung, Wertschätzung, Zugehörigkeit, Identiät und Sicherheit. Bedürfnisse werden dementsprechend durch sozioemotionale (Zuneigung) oder instrumentelle Hilfen (Informationen) erfüllt. Besondere Wichtigkeit kommt dabei der emotionalen Unterstützung zu (Kolip, 1993, S. 65). Cobb (1976, in Schröder & Schmitt, 1988, S. 152) versteht ganz ähnlich unter sozialer Unterstützung Informationen, die einer Person vermitteln, dass sie umsorgt und geliebt wird, dass ihr Anerkennung und Wertschätzung entgegengebracht wird und sie Teil eines Netzwerkes von Kommunikation und gegenseitigen Verpflichtungen ist. In einer anderen Unterteilung steht soziale Unterstützung mit einem emotionalen, informativen und sozialen Teil (Zusammensein) neben instrumenteller Unterstützung (finanziell). Eine andere Klassifizierung von sozialer Unterstützung unterscheidet zwischen emotionaler und instumenteller Unterstützung und Unterstützung durch Informationen und Selbstbewertung, d.h. durch Informationen, die es erlauben, sich und das eigene Verhalten besser einzuschätzen (Schröder & Schmitt, 1988, S. 153).

Das soziale Netzwerk als die sozialen Beziehungen, in die ein Individuum eingebunden ist, wird unterteilt nach Merkmalen wie Umfang, Dichte, Kontexten oder Zielen:
- nach der Grösse, wieviele Personen es umfasst,
- nach der Dichte, dem Umfang der existenten und möglichen Verbindungen,
- nach der Frequenz, der Anzahl Kontakte pro Zeiteinheit,
- nach der Intensität, die der Bedeutung dieser Beziehung für die Person entspricht,
- nach der Dauer, die diese Beziehung schon hat,
- nach der Richtung dieser Beziehung, ob sie einseitig oder reziprok ist,
- nach dem Inhalt und Umfang der diskutierten Themen,
- und nach der Variation, die die Kombination von verschiedenen sozialen Kontakten bezeichnet. (Hurrelmann, 1989, S. 71).

Das Netzwerk der Beziehungen kann durch die verschiedenen Intimitätsgrade unterschieden werden (Hurrelmann, 1989, S. 70ff): Sehr vertraute Beziehungen, die immer zur Verfügung stehen, nahe Beziehungen und lose Beziehungen. Es kann aber sein, dass entfernte Beziehungen eine ganz besondere Wichtigkeit haben, auch wenn nicht viel Kontakt besteht. Zu berücksichtigen ist, dass sich all diese Beziehungen immer im Fluss, in Veränderung befinden.

Es sollen nun Mechanismen der sozialen Unterstützung und des sozialen Netzwerkes dargestellt werden. Kolip (1993, S. 48) merkt hierzu jedoch kritisch an, dass beim Konzept der Ressourcen noch kaum eine theoretische Grundlage besteht: Ressourcen werden aufgezählt, ihre Wirkmechanismen und ihr Ineinandergreifen aber sind wenig erforscht.

Es wird ein Haupteffekt des sozialen Netzwerkes postuliert, der dem sozialen Netzwerk per se einen positiven Einfluss zuspricht und ein Puffer-Effekt, bei dem das soziale Netzwerk nur beim Auftreten kritischer Lebensereignisse oder chronischer Stressoren abmildernd wirkt (Kolip, 1993, S. 57 ff). Weiter kann soziale Unterstützung das Auftreten von belastenden Situationen vermindern, da weniger Kompetenzdefizite vorhanden sind. Neben dem Puffereffekt kann auch ein Toleranzeffekt das Ertragen von Belastungen erleichtern.

Es ist wichtig zu unterscheiden zwischen erhaltener, wahrgenomener und erwarteter Unterstützung (Schwenkmezger, 1994, S. 57). Für das Zustandekommen von sozialer Unterstützung sind Moderatorvariablen wie bspw. die Selbstenhüllung notwendig. Fehlen Signale, dass etwas benötigt wird, so kann der Helfer nicht zur Hilfe veranlasst werden; oder, wenn diese Signale zu aufdringlich sind, von der Hilfe abgeschreckt werden. Für das Zulassen von Hilfe ist vor allem das Selbstwerterleben entscheidend. Hilfe kann nicht angenommen werden, wenn sie das Selbstwertgefühl bedroht. Die Reziprozitätsnorm bedeutet eine weitere Barriere für die Annahme von Hilfe, indem Personen oft nur in dem Masse Hilfe annehmen, wie sie diese auch zurückzugeben im Stande sind. Wird soziale Unterstützung nicht benutzt und besteht eine Tendenz, andere nicht zu belästigen, werden biologische Signale von Müdigkeit oder Schmerz wie auch psychologische Signale von Traurigkeit oder Furcht unterdrückt. So kann das Unterdrücken negativer Emotionen auch bedeutungsvolle biologische und psychologische Bedürfnisse verdecken. Dies kann chronifizieren und auf biologischer Seite zu Veränderungen der neuroendokrinen und immunologischen Faktoren, insbesondere zu einer iummunsuppressiven Wirkung führen und deshalb auch krankheitsverursachend wirken. Oft kommt auch eine Diagnoseverschleppung hinzu (Schwenkmezger, 1994, S. 50). Es konnte gefunden werden, dass soziale Isolation auch ohne grosse Stressoren mit schlechterer Gesundheit einhergeht. Psychosoziale Ressourcen wie Liebe, Vertrauen,

Anerkennung, Macht oder emotionale Unterstützung beruhen daher auf sozialer Interaktion, und ihre Nutzung setzt auf der Seite des Individuums Handlungskompetenzen voraus (Hornung & Gutscher, 1994, S. 80). Das soziale Netzwerk hat jedoch auch seinen Preis und kann auch als Stressor wirken. Soziale Netzwerke können dann belastend sein, wenn Abhängigkeit entsteht oder ein Selbstbild als Versager gefördert wird. Trotzdem überwiegen die positiven Auswirkungen in Richtung einer verminderten Wahrscheinlichkeit körperlicher und psychischer Krankheiten. Das soziale Netzwerk wird oft als soziales Immunsystem bezeichnet, in Analogie zum biologischen Immunsystem (Hurrelmann, 1989, S. 69).

Auch Geschlecht, Alter, Generation, Schicht, Religion und ethnische Zugehörigkeit bestimmen neben klassischen Dimensionen wie Geld, Macht, Prestige und Wissen die Teilhabe an Ressourcen. Es konnte festgestellt werden, dass die soziale Unterstützung in höheren Gesellschaftsschichten durch Verwandte, Freunde, Mitgliedschaften, aber auch durch die Partner zunehmen (Borgers & Steinkamp, 1994, S. 141).

Interessant ist eine Konzeptualisierung von Thoits (1986; in Bailer, 1989, S. 38; Kolip, 1993, S. 70) wonach soziale Unterstützung als aktive Teilnahme anderer Personen an den Bewältigungsversuchen der betroffenen Person wirkt. Soziale Unterstützung kann dementsprechend als *„Coping Assistance"*, als die aktive Teilnahme anderer am individuellen Bewältigungsprozess verstanden werden.

Die oben beschriebenen Ressourcen und Faktoren können in ihrer Wirkung nicht für sich genommen und gewichtet werden; ihre Interdependenzen müssen berücksichtigt werden. So gibt es Faktoren, die kompensatorisch wirken können; bspw. wurde festgestellt, dass es nur dann zu einer Krankheit kam, wenn keine Kontrollmöglichkeit bestand, das Fehlen von sozialer Unterstützung allein genügte nicht (Schwenkmezger, 1994). So muss die individuumzentrierte Sichtweise verlassen werden, die die Umwelt als eine Art passives Ressourcenreservoir sieht, das mehr oder weniger gut ausgestattet ist. Wenn weiter die Umwelt ihrerseits als aktives Element eingeführt wird, das auch initiieren und beanspruchen kann, wird klar, dass das Individuum auch Forderungen und Belastungen der Umwelt ausgesetzt wird, denn andere Individuen sind ebenfalls daran, ihre Ressourcensituation zu schützen und aufzubauen (Hornung & Gutscher, 1994, S. 82). Eine integrative Verknüpfung des Ressourcen- mit dem Belastungskonzept ist daher notwendig, weil damit moderierende und kompensierende Bedingungen miteinbezogen werden.

Neben dem informell organisierten und personenabhängig, individuell aufgebauten Netzwerk kann Hilfe von zwei weiteren Hilfesektoren kommen: einem formalen, organisierten Hilfesektor, der alle staatlichen und privaten Hilfeangebote umfasst und einem nichtprofessionellen Hilfesektor, der alle unterstützenden Massnahmen in freiwilligen Organisationen beinhaltet.[12] Weiter ist die Stabilität der sozialen Unterstützung abhängig von ihrer Verteilung auf viele Träger dieser Hilfeleistungen (Thoits, 1983; in Hurrelmann, 1988, S. 111).

Weitere Möglichkeiten und Quellen der Bewältigung sind intellektuelle Beschäftigungen oder Freizeitaktivitäten, die bspw. in der Krankheitsbewältigung eine grosse Bedeutung haben, da sie Entspannung und Ausgleich zu Belastungen bieten und damit ressourcenfördernd sind (Seiffge-Krenke, 1994 a, S. 166).

Es gilt zum Schluss auch die Umwelt-Ressourcen nicht zu vergessen wie die physikalischen Ressourcen, die Grundvoraussetzungen des Lebens wie Luft und Wasser beinhalten, die biologischen Ressourcen wie organische Rohstoffe, die technischen Ressourcen wie Werkzeuge und Technologien oder die ökonomischen Ressourcen wie Geld - auch wenn sie uns in diesem Teil der Erde nahezu selbstverständlich geworden sind.

5.9 Äussere Bedingungen von Bewältigung

Wichtige Voraussetzungen und die Grundlage überhaupt für Gesundheit und Bewältigung im Sinne der WHO sind Frieden, Ernährung, Einkommen, angemessene Wohnbedingungen, Bildung, sorgfältige Nutzung vorhandener Naturressourcen, ein stabiles Ökosystem, soziale Gerechtigkeit und Chancengleichheit (vgl. Hornung & Gutscher, 1994, S. 74).

Antonovsky (1987; Hurrelmann, 1989, S. 113) führt weiter aus, dass um einen Zustand physischen, psychischen und sozialen Wohlbefindes zu erreichen, die Menschen fähig sein müssen, ihre Bedürfnisse zu befriedigen, ihre Hoffnungen und Ziele zu verwirklichen und ihre Umgebung in einer produktiven Art zu beeinflussen.[13]

Eine Vielzahl von Autoren hält fest, dass die Lebenserwartung und das Krankheitsrisiko, und man darf wohl folgern, auch die Bewältigung von Belastungen, dramatisch von Faktoren der sozialen Schicht, wie dem Bildungsniveau, dem Einkommen und dem Beruf abhängt (Borgers & Steinkamp, 1994, S. 135). Individuelle Bewältigung ist daher eng verbunden mit

---

12 „... which incorporates all nonfunded supportive measures in primary groups and voluntary organizations." (Hurrelmann, 1989, S. 110)

13 „In order to achieve a state of physical, psychological, and social well-being, people must be able to satisfy their needs, to perceive and to realize their hopes and aspirations, and to cope with and influence their environment in a productive manner (Antonovsky, 1987)." (Hurrelmann, 1989, S. 113)

den Strukturen der Umgebung einer Person und so auch mit den Strukturen von Macht und Ungleichheit in der Gesellschaft. Hurrelmann (1989, S. 100) meint, dass Störungen und Krankheit als soziale Phänomene betrachtet werden müssen, die an gewissen Individuen sichtbar werden. So werden Schwierigkeiten von der sozialen Ebene auf die psychische und physische Ebene übertragen. Diese können Ausdruck einer Flucht vor einem unlösbaren Konflikt und vor übermässigem Stress sein, beides Dinge, die letztlich auf sozio-strukturelle Bedingungen zurückverfolgt werden können. [14]

Bewältigung ist so kein stabiles Persönlichkeitsmerkmal, kein Trait, der unabhängig von konkreten sozialen Situationen existieren würde. Vielmehr ist Bewältigung ein Verhalten, das sozial gelernt ist und zudem durch kulturelle Faktoren mitbeeinflusst wird (Hurrelmann, 1989, S. 63). Sozial und materiell benachteiligte Familien haben auch weniger effektive Strategien und Formen der Bewältigung von Belastungen, da sie auch über weniger Ressourcen verfügen (Hurrelmann, 1988, S. 72, 1989, S. 42). Es konnte aber auch eine Tendenz der unteren Schichten festgestellt werden, bei der Bewältigung mit acting out oder Verleugnung zu reagieren. Dies wird auch von Döbert (1984, S. 271) festgestellt und mit den geringeren Einflussmöglichkeiten und Ressourcen der unteren Schichten erklärt. Bailer (1989, S. 21, 98, 149) zählt zu den Personen benachteiligter soziodemographischer Gruppen Unterschichtsangehörige, Frauen, arme und alte Menschen, insbesondere Personen mit niedriger Schuldbildung und niedrigem Einkommen. Auch er stimmt mit den anderen Autoren überein, dass diese Menschen benachteiligt sind, indem sie mehr unerwünschte Lebensereignisse erfahren, über weniger Ressourcen (niedriger Selbstwert, geringe Kontrollüberzeugung) verfügen und weniger effektive Bewältigungsstrategien (bzw. mehr Verleugnung und Vermeidung) benutzen.

Die zeitgeschichtlichen, gesellschaftlichen Bedingungen von Bewältigung sind ebenfalls bedeutende, nicht zu vergessende Randbedingungen für Bewältigungsprozesse. Die modernen Industriegesellschaften entwickeln sich in ihren Strukturprinzipien auf eine Entstrukturierung und Individualisierung hin. Trotzdem bleibt aber auch eine gesellschaftsspezifische Prägung und Bindung bestehen. So sind die sozialen Strukturen der heutigen, modernen Gesellschaften äusserst vielfältig, und das Individuum gehört

---

[14] *„Disorder and illness must be regarded as societal phenomena that become visible in particular individuals: they "symptomize" themselves. Thus problems are transposed from the societal level to the psychological and physical levels. They can be an expression of escape from an insolvable conflict and excessive stress, both of which can ultimately be traced back to social-structural conditions."* (Hurrelmann, 1989, S. 113)

vielen verschiedenartig strukturierten sozialen Systemen zum gleichen Zeitpunkt an. Jedes Individuum bewegt sich demnach in einer vielfältigen, hochkomplexen, individuell einzigartigen sozialen Struktur (Hurrelmann, 1988, S. 13). Dies verlangt eine immer komplexere Bewältigung. Diese Individualisierung und Entstrukturalisierung bedeutet auch, dass die Biographie der Menschen aus vorgegebenen Fixierungen gelöst und als Aufgabe des einzelnen ausgelegt wird. Dies bringt auch individuelle Verantwortlichkeitszuschreibungen für beispielsweise den Entscheid zu einer Scheidung oder für Arbeitslosigkeit mit sich. Der gesellschaftlich vermittelte Charakter, den diese Ereignisse auch haben, wird dabei nicht mehr als solcher wahrgenommen (Fassel, 1994; Hurrelmann, 1988, S. 81).

Wenn sich Interventionen zur Bewältigung ausschliesslich auf das individuelle Verhalten konzentrieren, können sie, wenn sie die soziale Ausgangslage nicht berücksichtigen, ineffektiv sein oder allenfalls eine Symptomverschiebung verursachen (Hurrelmann, 1988, S. 179). Auch Pearlin (1987; in Hurrelmann, 1988, S. 151) warnt, dass bestimmte Stressoren nur durch kollektive Handlungen beeinflussbar sind und ein Versuch der Stärkung der individuellen Bewältigung in einer solchen Situation oft zu Misserfolgserlebnissen oder gar zur Demoralisierung führt.

Abschliessend sollen vier Punkte, die Grotjahn bereits 1923 zur Abhängigkeit von Krankheit und Gesundheit von sozialen Faktoren formuliert hat, erwähnt werden:

„1. Die sozialen Verhältnisse schaffen oder begünstigen die Krankheitsanlage. 2. Die sozialen Verhältnisse sind die Träger der Krankheitsbedingungen. 3. Die sozialen Verhältnisse vermitteln die Krankheitsursachen. 4. Die sozialen Verhältnisse beeinflussen den Krankheitsverlauf." (Grotjahn in Borgers & Steinkamp, 1994, S. 134)

5.10 Personale Bedingungen von Bewältigung

Manche Menschen reagieren auf eine Belastung mit einer Erkrankung, andere nicht. Die gleiche Belastung kann bei verschiedenen Individuen zu unterschiedlichen Krankheiten führen, oder aber unterschiedliche Belastungen können zur gleichen Krankheit führen. Biographische Ereignisse können daher nicht wie Viren als schädliche Agens per se wirken und gesehen werden, sondern personale Faktoren spielen eine bedeutende Rolle für die Bewältigung (Borgers, 1994, S. 144).

Von den basalen Bedingungen, die zur Bewältigung notwendig sind, soll hier abgesehen werden. Zu diesen basalen Voraussetzungen von Bewältigung zählen eine angemessene Wahrnehmung der Situation, der eigenen Möglichkeiten, der Ziele, der Rückmeldungen und das Vorhandensein von Handlungsfertigkeiten zum Erreichen der Ziele (Hurrelmann, 1988, S. 94ff, 156). Gerade die Fähigkeiten im sozialen Verhalten, insbesondere Fähigkeiten der Interaktion und Kommunikation, sind wichtige Voraussetzungen zu effektiver Bewältigung (Hurrelmann, 1989, S. 57).

Nach diesen generellen Bedingungen sollen weitere, personenbezogene die Bewältigung beeinflussende Faktoren aufgeführt werden:

Die Bewältigung und die Art der Schutzfaktoren hängt auch vom Alter ab (Seiffge-Krenke, 1994 b, S. 32). Jedes Alter offenbart andere Möglichkeiten und stellt andere Herausforderungen. Konflikte entstehen gemäss Coleman (1984, S. 66; Seiffge-Krenke, 1984, S. 379) auch dann, wenn im Entwicklungsablauf ein Übermass an Herausforderungen zusammenkommt und Schwierigkeiten nicht mehr nacheinander bewältigbar sind. Thomae (vgl. Olbrich, 1984, S. 37, s. vorangehendes Kap.) hat gefunden, dass das Erleben und die Reaktionen auf Belastungen deutlicher von Faktoren der politischen, wirtschaftlichen und sozialen Situation beeinflusst werden als etwa vom Alter oder von einer Entwicklungsphase. Die sozialen Determinanten, zu denken ist bspw. an die Jugendarbeitslosigkeit, dürfen bei der Erforschung von Bewältigungsprozessen daher nicht vernachlässigt werden.

Auch Deutungsmuster beeinflussen die Auswirkungen von kritischen Ereignissen. Ob ein solches Ereignis als Schicksal, als Böswilligkeit von anderen oder als Ansporn gesehen wird, stellt eine bedeutende Bedingung und Ausgangslage von Bewältigung dar. Deutungsmuster sind daher als wichtige Determinante zu berücksichtigen.

Verhaltensplanung und produktive Anpassung werden auch vom Selbstbild und Selbstkonzept mitbeeinflusst. Offer (in Olbrich, 1984, S. 38) unterscheidet dabei die folgenden fünf Bereiche: ein psychologisches Selbst, ein soziales Selbst, ein sexuelles Selbst, ein Familien-Selbst und ein problembewältigendes Selbst.

Eine bedeutende Rolle bei der Bewältigung spielt auch die Überzeugung von der eigenen Effektivität, die darüber entscheidet, ob man in einen negativen Zirkel gerät, in dem negative Erwartungen und Befürchtungen die Erreichung eines gewünschten Ziels behindern (Olbrich, 1984, S. 26). Zu beantworten bleibt, wie es kommt, dass gewisse Menschen früher aufgeben als andere, und wo Quellen in diesem interaktiven Prozess von Bewältigung zu finden sind, die dabei unterstützend wirken können.

Lerner (1984) weist als weitere bedeutende Determinante von Bewältigung auf die sog. Passung hin. Lerner (1984, 1978 in Olbrich, 1984, S. 37) meint, dass jede Person auch differentielle Reaktionen auf sich und ihr Verhalten hervorruft. Eine sog. Passung wird dann zu einer wesentlichen Voraussetzung adaptiver Entwicklung. Physische Merkmale eines Kindes bspw. können wichtige psychosoziale Implikationen beinhalten. So wurde gezeigt (Lerner, 1984, S. 81 ff), dass bspw. hübsche Kinder mehr Erfolg haben. Die Kinder können aber auch selbst als Verursacher ihrer eigenen Entwicklung wirken, indem sie Stereotypen von Aussehen übernehmen oder sich diesen widersetzen. Es geht bei der Passung aber nicht nur um diese Stereotype des Aussehens; offensichtlich gibt es andere Dimensionen, die noch differenziertere Mitteilungen weitergeben und eine andere Person zum Austausch geneigt machen können. Auch individuelle Temperamentsunterschiede spielen für die Passung in verschiedenen Situationen und Anforderungen eine Rolle. Die Passung darf jedoch nicht als ein Arsenal an feststehenden Merkmalen verstanden werden, sie ist vielmehr ein interaktives und prozesshaftes Geschehen und zeigt:

> „..., dass angepasstes Verhalten weder direkt aus der Besonderheit der kindlichen Charakteristika herzuleiten ist, noch allein aus der Art der Anforderungen der Umgebung, in der das Kind steht. Es ist vielmehr so, dass sich adaptives Verhalten in der jeweiligen Umgebung einstellt, wenn die individuellen Merkmale eines Kindes die dort gestellten spezifischen Anforderungen erfüllen. Jene Kinder, deren Charakteristika den meisten Umgebungen entsprechen, in denen sie leben, werden unterstützende oder positive Rückmeldungen von ihren jeweiligen Umgebungen erfahren, und sie werden bei Passung eine ‚gelingende' Entwicklung zeigen..." (Lerner, 1984, S. 77)

Eine grosse Rolle spielt weiter der Kontext, in dem die interessierende Bewältigung zu erfolgen hat. Es ist 1. festzustellen, ob man überhaupt Einfluss auf das betreffende Ereignis nehmen kann und 2. ist bedeutsam, ob das Ereignis schon stattgefunden hat oder erst stattfinden wird. Im ersten Fall kann erfolgreiche Bewältigung möglicherweise in einer Verdrängung bestehen, wobei die gleiche Haltung im zweiten Fall voraussichtlich als missglückte Bewältigung zu bewerten wäre. Die Wahl einer Bewältigungsstrategie hängt daher sehr von den Situationsumständen ab: Die Bewältigung jeglicher grösseren Bedrohung oder Herausforderung verlangt üblicherweise ein Amalgam von vielen verschieden Bewältigungshandlungen, die über die Zeit und in verschiedenen Kontexten erfolgen.[15]

Lerner und Coleman (vgl. Seiffge-Krenke, 1984, S. 379; Seiffge-Krenke, 1994 b, S. 36) vertreten die These, dass erst die Häufung von Problemen zum Ausfall adäquater Bewältigungsmechanismen führt. Bei erhöhter

---

15 „Coping with any major threat or challenge usually involves an amalgam of many diverse coping acts performed over time and in multiple contexts." (Roskies und Lazarus, 1980, zit. nach Seiffge-Krenke, 1984, S. 383)

emotionaler Belastung treten Flucht, Vermeidung, Resignation und Aggression auch eher auf, wie Stäudel & Weber (1988, S. 74) meinen.

Die Aussagen zum Bewältigungsgeschehen wurden auf der Basis von Daten der westlichen Kultur gemacht. In anderen Kulturen tragen Bedingungen von Bewältigung wie beispielsweise die Einbettung in die Gemeinschaft oder die Bedeutung der Individualität eine andere Gewichtung und Wertung. Auch Herzka (1992 b, S. 201) weist darauf hin, dass Gesundheit und ihre Förderung in Relation zur jeweiligen Kultur und historischen Epoche stehen.

Bewältigung ist von einer weiteren Vielzahl von Bedingungen und Einflüssen abhängig:
- Mit einer Wandlung der Person, wenn bspw. kognitive oder emotionale Fähigkeiten wachsen, steigt in der Folge auch das Bewältigungspotential.
- Verändert sich die Umwelt, so verändern sich mit ihr die gestellten Anforderungen.
- Wechselwirkungen zwischen Person und Umwelt ergeben sich, wenn neue Anforderungen zur Entwicklung neuer Strategien, Fertigkeiten und Motive führen, was wiederum zu einer Veränderung der Umwelt und zu anderen Ausgangsbedingungen weiteren Handelns führt. (Dittmann, 1984, S. 228)

Bewältigung hängt weiter ab vom Geschlecht, der Struktur der Familie und weiteren Faktoren mehr.

Es kann demnach bei misslingender Bewältigung an den notwendigen Ressourcen, an der Kompetenz zur Bewältigung fehlen oder aber diese Ressourcen und Kompetenz werden nicht richtig eingesetzt (Hurrelmann, 1989, S. 63).

5.11 Bewältigung und Jugendalter

Das Jugendalter ist eine Übergangsphase, in der der Jugendliche generell Bewältigungsleistungen erbringen und neue Perspektiven für sich und seine Umgebung gewinnen muss (Hurrelmann, 1989, S. 40). Olbrich (1984; in Jackson & Bosma, 1990 a, S. 1) meint, das Jugendalter könne als eine Phase der Bewältigung oder der produktiven Adaption gesehen werden. Jackson & Bosma (1990, S. 217 b) schreiben in bezug auf dieses neue Verständnis der Jugendzeit, dass der Fokus eher auf der Bewältigung denn auf die Krise gerichtet ist („*The focus is on coping rather than on crisis.*"). Dies bedeutet, dass die Veränderungen in der Jugendzeit nicht nur auf ihre aufbrechende oder krisenhafte Natur hin betrachtet werden sollten, sondern dass die Bewältigungsleistungen, die von den jugendlichen Personen verlangt werden, mehr Beachtung erhalten sollten. Das klassische Konzept der

Identitätskrise findet denn auch in der Empirie ausser bei der Minderheit von Jugendlichen, die sich an Beratungsstellen wendet, nicht die erwartete Bestätigung. Es besteht so eine Kluft zwischen den herrschenden theoretischen Vorstellungen und den empirischen Befunden. Das Bild einzelner Jugendlicher mit offensichtlichen Schwierigkeiten scheint zu unrecht auf alle Jugendlichen verallgemeinert zu werden.

Die für das Jugendalter typischen, raschen körperlichen, psychischen und sozialen Veränderungen erhöhen aber die Vulnerabilität der Jugendlichen gegenüber zusätzlichen Belastungen, sodass ein kritisches Lebensereignis die Bewältigungsmöglichkeiten überfordern und zu Entwicklungsbehinderungen führen kann. Gemäss Hurrelmann (1988, S. 70) treten Störungen und ernsthafte Krisen im Jugendalter auch dann auf, wenn Veränderungen in verschiedenen Bereichen nicht in einer berechenbaren Abfolge auftreten, sondern gehäuft zu einem bestimmten Zeitpunkt. Seiffge-Krenke (1984, S. 375) untersuchte stark belastete Jugendliche. Diese klagten am meisten über ihre Abhängigkeit von den Eltern, Meinungsverschiedenheiten, den Mangel an Entscheidungsfreiheit und die Intoleranz von Alterskollegen.

Neben schlechten Beziehungen zu ihren Eltern scheinen problembelastete Jugendliche ein instabiles, verletzliches Selbst zu haben. Sie weisen im FPI in den Skalen Nervosität, Depressivität, Gehemmtheit und emotionale Labilität erhöhte Werte auf (Seiffge-Krenke, 1984, S. 376). Bei Bewältigungsversuchen umgehen sie konflikthafte Situationen, indem sie sich nichts anmerken lassen und so tun, als ob alles in Ordnung sei. Sie weisen eine resignative Haltung auf und nehmen an, dass Lösungsversuche ohnehin ohne Erfolg bleiben werden. Besonders bei Problemen mit den Eltern zeigen sie auch ein ausagierendes Verhalten. Die Möglichkeit, Probleme mit Hilfe von Drogen oder Alkohol zu vergessen, wird in Betracht gezogen, während Jugendliche mit niedriger Problembelastung das strikt ablehnen. Misslungene Verarbeitungsstrategien haben dabei deutlich den Charakter von Abwehrmechanismen im Sinne von Anna Freud (1980) und von coping und defending (Haan, 1977), wobei die Konfliktmeidung, Verdrängung und das Ausagieren an die Stelle erfolgreicher Problembewältigung treten (Seiffge-Krenke, 1984, S. 379). Die Untersuchungsergebnisse dazu sind jedoch nicht einheitlich; so zeigen sehr belastete Jugendliche trotz geringer Unterstützung durch andere auch eine hohe Bewältigungsbereitschaft, indem sie das belastende Problem häufiger gedanklich durchspielen und eher nach Informationen in Fachbüchern suchen. Sie zeigen nicht nur ein ausweichendes Verhalten, sondern auch vermehrte, kognitive Anstrengungen und verfügen letztlich auch über eine erhöhte Selbstreflexion (Seiffge-Krenke, dito).

Seiffge-Krenke (1994 a, S. 154) fand weiter eine auffallende Tendenz kranker Jugendlicher, eine ungewöhnlich niedrige Zahl an Alltagsbelastungen anzugeben, während gesunde Jugendliche relativ offen über Alltagsprobleme und -ärgernisse berichteten. Bei Jugendlichen, die so normal wie möglich sein wollen, ergibt sich das Problem, eine Störung überhaupt wahrzunehmen. Jugendliche haben weiter auch Mühe Hilfe anzunehmen, um ihre Autonomie, um die sie ringen, nicht zu gefährden.

In bezug auf die Bewältigung wurde gefunden, dass die Jugendlichen grösstenteils Verhaltensweisen heranziehen, die Westbrook (1979; vgl. Seiffge-Krenke, 1984, S. 369) zu den sog. aktiven Bewältigungsstrategien, der Dimension Aktion/Konfrontation zuordnet: das direkte Benennen eines Problems, die gezielte Informationssuche, das gedankliche Durchspielen von Lösungsmöglichkeiten sowie die Klärung der Probleme mit den Betroffenen zählen zu den insgesamt bevorzugten Verarbeitungsweisen. Mit steigendem Alter wird jedoch auch bei anderen Trost und Zuwendung gesucht. Es kann jedoch festgestellt werden, dass der grösste Teil der Jugendlichen durchaus in der Lage ist, die Anforderungen dieses Entwicklungsabschnitts aktiv zu meistern, *"vor allem dann, wenn dem Jugendlichen soziale Unterstützung zuteil wird."* (Seiffge-Krenke, 1984, S. 363)

Wird der Einfluss des Alters in einer Altersspanne von 15 bis 19 Jahren untersucht, so fällt um 17 Jahre ein Belastungshöhepunkt auf. 17-jährige Jugendliche haben ein negativer getöntes Selbstkonzept, eine fast durchgängig höhere Problembelastung und sie beschreiben sich als depressiver, gehemmter und stärker irritierbar. Die 17-Jährigen, die sich am belastetsten erleben, ziehen sich zurück und stellen sich dem Problem erst, wenn sie damit unausweichlich konfrontiert werden (Seiffge-Krenke, 1984, S. 369 ff).

Generationenunterschiede zwischen Jugendlichen der 80-er oder bspw. der 70-er Jahre scheinen weiter von Bedeutung zu sein. Grosse Unterschiede finden sich vor allem in bezug auf das Selbstwertgefühl zwischen Jugendlichen der 60-er, 70-er und 80-er Jahre (Offer, 1984, S. 129). Dies veranlasst Thomae (1984, S. 92) zur zusammenfassenden Feststellung: *"Entscheidender als die Lebensphase ist die politische und soziale Gesamtsituation zur Zeit der Jugend und danach."*

Wichtig ist zu berücksichtigen, dass die Entwicklung der Jugendlichen und Belastungen interagieren. Durch eine Belastung oder Krankheit wird nicht nur die Bewältigung altersspezifischer Entwicklungsaufgaben verzögert, behindert oder unmöglich gemacht, sondern es entstehen auch zusätzliche Probleme in Verbindung mit der spezifischen Entwicklungsdynamik dieser Altersgruppe. Durch eine Belastung wie durch Krankheit oder eine Scheidung wird so die Ablösung von den Erwachsenen zu den Peers hin erschwert (Seiffge-Krenke, 1994 a, S. 150ff). Jugendliche benötigen, um ihre Entwicklungsaufgaben, u.a. die Ablösung, zu erfüllen, Kohäsion und Sicherheit. Seiffge-Krenke (1994 b, S. 40) hat denn auch gefunden, dass vor allem Kohäsion und Konfliktarmut im Familienklima die Effekte von Belastungen bei Jugendlichen abschwächen.

Die Feststellung, dass die Art des Umgangs mit Schwierigkeiten wichtiger als deren Schweregrad ist, ist auch auf Jugendliche anwendbar. Roskies und Lazarus (1980; vgl. Seiffge-Krenke, 1984) fanden, dass die Bewältigungsart auch bei Jugendlichen bedeutsamer als die Häufigkeit und der Schweregrad der Herausforderungen war. Newman (1979; in Jackson & Bosma, 1990 a) sieht gemäss Resultaten von Langzeitstudien die Adoleszenz zudem als bedeutsam für die Konsolidierung des Bewältigungsstils.

5.12 Bewältigung und Weiblichkeit

In nahezu allen Untersuchungen ergab sich, dass Alterseffekten deutlich weniger Gewicht zukommt als Unterschieden, die mit dem Geschlecht von Jugendlichen zusammenhängen (Seiffge-Krenke, 1984, S. 374; Hörmann & Brunke, 1985, S. 119). Geschlechtsdifferenzen spielen in bezug auf die Gefühle über Körper, Sexualität, berufliche Ansprüche, Bindungen und Moral demnach eine bedeutende Rolle. Dieser Ansicht widersprechen jedoch andere Autoren wie Schaie (1965) und Oerter (1985, S. 3).

Flaake und King (1995) weisen darauf hin, dass die für Mädchen vorhandenen Möglichkeiten der Lebensgestaltung wesentlich abhängig sind von den für sie existierenden beruflichen Chancen, und dass in diesem Bereich Mädchen trotz höherer Qualifikationen schlechter abschneiden als Jungen. Psychisch besteht für das Mädchen zudem das Problem, dass die dafür notwendige Aktivität und der Ehrgeiz symbolisch an den Vater geknüpft sind und über väterliche Identifizierungen erworben wurden. So kann weibliche Aktivität und Erfolg als vom Mann gestohlen erfahren werden. Benjamin (1990) beschreibt das Dilemma der erfolgreichen Tochter mit der Frage, wie sie ihrem Vater ähnlich und dennoch Frau sein könne. Spezifisch für die Mädchen ist zudem der Erwerb von Fähigkeiten in der nichterwerbstätigen Haus- und Erziehungsarbeit oder im Umgang mit dem Konsumangebot - Aufgaben, die nicht klar definiert und im Schul- oder Berufsangebot nicht zu finden sind. Weiter muss dieser spezifisch weibliche Aufgabenbereich mit beruflichen Vorstellungen und Aufgaben vereinbart werden können. Die Unvereinbarkeit von Beruf und Familie wirft dabei schon in dieses Alter ihre Schatten.

Der Beginn des Jugendalters scheint für Mädchen eine kritische Zeit zu sein. Mehrere Autoren (u.a. Gilligan, 1995, S. 45) weisen darauf hin, dass Mädchen häufiger als Jungen psychische Probleme haben oder stärker unter Stress stehen. In dieser Zeit der neuen Anforderungen und häufig wechselnden Identifikationen kann die Beziehung zu einer Freundin ein Gefühl von Sicherheit und Rückhalt und von geteilten Schwierigkeiten vermitteln. Betrachtet man die Theorien und Modelle des Jugendalters, so wird generell die Bedeutung der Ablösung und die Erringung von Autonomie betont. Die Betrachtungen zur weiblichen Entwicklung im Jugendalter haben jedoch ergeben, dass gerade der Umgang mit Beziehungen und Bindungen für das Mädchen im Mittelpunkt des Interesses steht und Bausteine der Identitätsentwicklung bildet. Stern (1995) wurde in ihren Befragungen von jugendlichen Frauen denn auch mit einer anderen Sicht von Unabhängigkeit konfrontiert, die eher meint, gegenseitige Abhängigkeit zu akzeptieren und Bindungen nicht zerstören zu wollen, ohne aber von diesen zerrissen zu werden oder sich nicht mehr unterscheiden zu dürfen. Ablösung im Sinne dieser jugendlichen Mädchen bedeutet also nicht die Lösung von Bindungen, sondern die Fähigkeit, auf den anderen neu einzugehen und Verbundenheit auf einer neuen, qualitativ anderen Ebene herzustellen. Unabhängigkeit und der Wunsch nach einer fortdauernden positiven Beziehung müssen integriert werden (Peters, 1988 b, S. 35). Die Mädchen sind in der Adoleszenz also nicht mit der Loslösung aus Beziehungen beschäftigt, sondern anstelle des Zwangs die Mutter zu verlassen, sind *„Schritte in Richtung auf ein selbstverantwortetes eigenes Leben ... in einem Kampf um Anerkennung mit der Mutter eingebettet, dessen Ziel nicht die Loslösung, sondern die Wiederherstellung von Vertrautheit und Nähe auf neuem Niveau ist."* (Hagemann-White, 1995, S. 77). Diese Feststellung deckt sich mit derjenigen Marcias (1993), dass sich eine starke Identität bei Mädchen auch dann bildet, wenn keine Auseinandersetzung mit der Herkunftsfamilie stattgefunden hat. Im Gegensatz dazu stellt bei jungen Männern diese Auseinandersetzung und Loslösung die Voraussetzung für Identität und Ich-Stärke dar. Andere Autoren wie Nieder & Pezaro (1985) und Dreher & Dreher (1985, S. 63ff) sehen dies jedoch anders. Identität wird beim Mädchen folglich im Verlaufe eines Prozesses hergestellt, in dem eigene innere Normen in den Beziehungen und Bindungen an andere erarbeitet werden. Wie das Durchbrechen von familiären Banden für Jungen als Zeichen für künftige Ich-Stärke zu werten ist, so begründet sich die Ich-Stärke von Mädchen in der Qualität ihrer Beziehungen zu anderen Personen (Steiner-Adair, 1995). Steiner-Adair (1995) schreibt über die weibliche Adoleszenz und magersüchtige junge Frauen:

> *„Diese jungen Frauen verkünden, manche von ihnen unter Opferung des eigenen Lebens, möglicherweise auch die kritische Vision von der Verarmung einer Kultur, die glaubt, auf zwischenmenschliche Beziehungen verzichten zu können. In unserer Gesellschaft herrscht ein Mythos von Autonomie, der die Abhängigkeit der Menschen voneinander leugnet."* (S. 250)

Es stellt sich für die Mädchen in bezug auf die Frage der Bindungen jedoch auch ein spezifisch weibliches Problem; soll das Mädchen auf andere eingehen, fürsorglich sein und sich selbst ausschliessen oder soll es egoistisch sein und für sich schauen (Gilligan, 1995, S. 44). Gilligan (1995, S. 46) fragt, ob Mädchen, die nicht nur verletzlicher auf die Korruption von Bindungen und von Liebe auch ausserhalb der Familie reagieren und empfänglicher für Vertrauensbruch und Gewalt in der Welt sind, zu Beginn des Jugendalters, wenn diese Probleme bemerkt werden, nicht in eine Krisensituation geraten. Dies könnte umso mehr auch darum der Fall sein, weil sie weniger als Jungen das Selbstvertrauen und den gesellschaftlichen Zuspruch erhalten, sich an der Veränderung dieser Welt auch im Grossen zu beteiligen.

Jugendliche Mädchen charakterisieren sich in Untersuchungen als verletzlicher, kränkbarer und instabiler und zeichnen eine insgesamt ausgeprägt depressive Stimmungslage von sich (Seiffge-Krenke, 1984, S. 371). Mädchen zeigen insgesamt ein höheres Beschwerdeniveau und denken im Gegensatz zu den Jungen mehr über diese Beschwerden nach, als sich abzulenken (Seiffge-Krenke, 1994 a, S. 71). Sie verfügen somit über ein negativer getöntes Selbstkonzept. Diese Geschlechtsunterschiede entsprechen den Ergebnissen von Offer (1984). Auch dort schätzten sich die Mädchen als depressiver, einsamer und mit ihrer körperlichen Entwicklung unzufriedener ein. Weibliche Jugendliche schämen sich häufiger als ihre Alterskollegen ihres Körpers und fühlen sich unattraktiv und hässlich (Offer, 1984, S. 115). Auch Dreher und Dreher (1985, S. 64) fanden, dass die Bereiche „Werte" und „Körper" von Mädchen als signifikant bedeutsamer eingeschätzt werden. Ein weiterer geschlechtsspezifischer Befund ist das geringe Vertrauen der Mädchen in die eigene Leistung (Fend, 1991, S. 98). Jugendliche Mädchen schreiben sich jedoch ein grösseres Engagement in ihren Beziehungen zu Gleichaltrigen zu und sie zeigen sich mitfühlend und hilfsbereit, fühlen sich aber dennoch unsicher im Umgang mit anderen und suchen bereitwillig die Schuld bei sich. Diese grössere soziale Orientierung der Mädchen macht sich auch in höheren Werten der Reflexion über sich selbst und andere bemerkbar (Seiffge-Krenke, 1984, S. 371; Offer, 1984, S. 118). Mädchen besprechen sich doppelt so häufig über Probleme mit anderen und suchen Trost und Zuwendung bei Personen, denen es ähnlich geht. Weibliche Jugendliche bejahen insgesamt soziale Werte mehr als Jungen. Neben anderen hat Martin (1977) bei Mädchen gefunden, dass sie auch zu einem offeneren Ausdruck von Affekten neigen. Sie sprechen Probleme eher als männliche Jugendlichen direkt an und spielen verschiedene Lösungsmöglichkeiten in Gedanken durch. Jungen machen sich weniger Sorgen, denn ihrer Erfahrung nach gehen die Dinge meist gut aus. Mädchen haben eher eine pessimistische Haltung: sie neigen dazu, das Schlimmste zu erwarten, sind sich bewusst, dass es praktisch immer Probleme geben wird und verhalten sich nachgiebiger als Jungen. Stewart (1978) sieht bei weiblichen Jugendlichen eine Tendenz zu fatalistischer Problemsicht und negativ gefärbten Selbstcharakterisierungen (Seiffge-Krenke, 1984, S. 383 ff). Trotzdem kann aber ein wachsendes Selbstbewusstsein bei Mädchen festgestellt werden; so sind Mädchen im schulischen Kontext protestbereiter als Jungen und sind politisch interessierter (Fend, 1991, S. 102). Ewert (1984, S. 182) macht die Themen der Vereinnahmung beziehungsweise der Ausstossung, der Bewertung von Leistung und der depressiven Verstimmung als bezeichnend für die weiblichen Jugendlichen aus. Für Mädchen sind eine soziale Isolierung und Rückzug, für Jungen eher eine mangelnde Affektkontrolle und Selbstbeherrschung ein Indiz dafür, dass die Betreffende oder der Betreffende psychisch erkrankt ist (Seiffge-Krenke, 1984, S. 373). Zu den typischen Störungen weiblicher Jugendlicher zählen Anorexia nervosa, Angstzustände und Depression (Seiffge-Krenke, 1994 a, S. 55).

Haan (1974) wie auch Martin (1977) und Stewart (1978, vgl. Seiffge-Krenke, 1984, S. 365) haben Geschlechtsunterschiede in den Bewältigungsmechanismen v.a. bei misslungener Problembewältigung im Jugendalter untersucht. Diese Untersuchungen legen den Schluss nahe, dass weibliche Jugendliche bei der Problembewältigung weniger funktionalistisch und eher gefühlsbetont vorgehen. Jugendliche Frauen zeigen generell Affekte ja auch offener. Durch ihre eher skeptische und fatalistische Sichtweise erhöhen sie den Stress von Belastungen jedoch oft noch zusätzlich. Der Abwehrmechanismus der Intellektualisierung wurde demgegenüber häufiger bei männlichen Jugendlichen gefunden. Betrachtet man die Abwehrstile von Mädchen und Jungen in bezug auf eine gelungene Bewältigung, so fand Cramer (1979; in Newman, 1984, S. 345) bei der Untersuchung der fünf Abwehrstile Projektion, Wendung gegen das Objekt, Umkehrung, Intellektualisierung und Wendung gegen das Selbst signifikante Unterschiede in ihrer geschlechtsspezifischen Verwendung. Die Abwehrstile Wendung gegen das Objekt und Projektion wurden eher von den Jungen benutzt, Wendung gegen das Selbst und Intellektualisierung wurden dagegen eher bei den Mädchen gefunden. Mädchen scheinen also eher zurückzustecken und suchen die Schuld bei sich. Bailer (1989, S. 83) fand ebenso, dass Bewältigung geschlechtsabhängig ist: Mädchen zeigten einen geringeren Selbstwert und weniger Kontrollbewusstsein. Thomae (1984, S. 100) jedoch fand keine geschlechtsspezifischen Unterschiede zwischen jugendlichen Männern und Frauen in ihren Reaktionen auf Belastungen, was aufgrund der obigen Darlegungen doch sehr erstaunen mag, jedoch mit dem Erscheinungsjahr des Beitrages zu erklären sein könnte.

5.13 Die Ergebnisse von Bewältigungsversuchen

Bei der Beurteilung der Effekte von Bewältigung stellt die Bewertung derselben ein Problem dar, da diese nicht mit richtig oder falsch bewertbar sind. Auch bei der Bewältigung von Scheidung bestehen keine eindeutig richtigen oder falschen Vorgehensweisen, die von einer übergeordneten Instanz angemessen beurteilt werden könnten. Alltagssituationen lassen einen grossen Spielraum für die verschiedenartige Wahrnehmung und Interpretation von Situationen, entsprechend vielfältig sind die Handlungswege, die man einschlagen und für richtig halten kann. Die eingeschlagenen Wege hängen von den Zielen ab, die sowohl eigen- als auch fremdbestimmt sind (Dittmann-Kohli, 1984). Letztlich ist es aber das Individuum selbst, welches die Wahl trifft.

Als Kriterien können dennoch Begriffe wie Zweckmässigkeit, Effektivität, Nutzen und Kosten aufgeführt werden. Aber es sind viele Kriterien mehr, die in Betracht kommen und von der individuellen Geschichte, der momentanen Situation des Individuums und weiteren Gegebenheiten abhängen. Hier gibt es psychische, soziale, affektive, ökologische und materielle Zielzustände.

Im deutschen Alltagssprachgebrauch wird mit dem Begriff Bewältigung oder Coping in der Regel die erfolgreiche Auseinandersetzung mit einer Belastung bezeichnet. Dies kann im wissenschaftlichen Gebrauch nicht einfach angenommen und übernommen werden, da keine Einigkeit darüber besteht, was unter erfolgreich, noch was unter Belastung zu verstehen ist (Trautmann-Sponsel, 1988 a, S. 14).

Wenn Bewältigung bewertet werden soll, müssen also zuerst Bedingungen und Wertmassstäbe von gelingender Bewältigung definiert werden. Es muss auch vorgängig Transparenz und Klarheit bezüglich der angelegten Kriterien und Wertehaltungen geschaffen werden. So macht es einen grossen Unterschied, ob die Durchsetzung von Ich-Interessen, Funktionalität oder moralische Integrität als erstrebenswertes Ziel von Bewältigung definiert wird.

Betrachtet man die Randbedingungen von erfolgreichen Ergebnissen von Bewältigung, so ist daher folgendes zu berücksichtigen:

Bedeutsam ist der Einbezug der Zeitdimension. Wird die Zeitskala betrachtet, kann die kurzzeitige Anpassung als Bewältigung und die langzeitige Anpassung als Entwicklung bezeichnet werden. In der kurzfristigen Perspektive kann ein verdrängendes Verhalten positiv gesehen werden, das Gleiche gilt jedoch nicht in einer langfristigen Sicht. In der Stressforschung wurde Bewältigung als die erfolgreiche Bearbeitung einer Krise verstanden. Es wurde von Optimalitätskriterien ausgegangen, die in der Effizienz und Funktionalität von Lösungen zu fassen versucht wurden. Diese Kriterien bezogen sich jedoch in erster Linie auf eine kurzfristige Handlungsebene (Döbert & Nunner-Winkler, 1984). Weitere Kriterien mit einer längerfristigen Perspektive auf der psychischen Ebene kamen neu hinzu. So mag die Trauerarbeit nach einem Todesfall oder nach einem Verlust, wie diese auch in einer Scheidung notwendig ist, zwar kurzfristig als problematisch oder störend auffallen, langfristig jedoch vermindert die Trauerarbeit Fixierungen und mögliche somatische Folgen. Die störungsfreiere, kurzfristige Bewältigung, z.b. durch die Verleugnung einer Krankheit, kann sich langfristig auch infolge einer Diagnoseverschleppung negativ auswirken (Stäudel & Weber, 1988, S. 75). Eine funktionalistische Problemlösung kann also nicht per se als überlegen betrachtet werden. Ist ein Ereignis jedoch dermassen überwältigend wie viele Traumata, z.b. in Konzentrationslagern, behält die Verdrängung eine bedeutende Funktion. Wie auch Lazarus (1981) meint, macht es Sinn und gehört auch zu einem üblichen Verlauf, dass ein Verlust zuerst verdrängt wird, um nicht in übergrosse Depressivität zu verfallen. Bei gelingender, optimaler Bewältigung kann es daher auch nicht um eine „richtige" Wahrnehmung und Informationsverarbeitung oder „Wahrheit" gehen:

> „Die grösste Gefahr liegt in der Gleichsetzung von effizientem Funktionieren mit akkurater Wahrnehmung der Wirklichkeit und in der Unterschätzung des Wertes, den lindernde Bewältigungsformen und positive Emotionen besitzen" (Lazarus, 1981, S. 216).

Daher bewertet dieser Autor das Kriterium der Funktionalität als sehr bedeutsam für die Bewältigung. Die Abwehr darf dabei jedoch nicht habitualisiert werden.

Es muss weiter gefragt werden, ob die Wahl der Bewältigungsart zeitlich stabil oder variabel ist, und es scheinen sowohl Konstanz als auch Variabilität im zeitlichen Verlauf nebeneinander zu bestehen (Halsig, 1988 a, S. 51). Reinhard (1988, S. 100) spricht gar von einem gleichzeitigen Vorhandensein oder einer Verschränkung von Bewältigung und Abwehr.

Es muss auch berücksichtigt werden, dass die Funktionalität einer Bewältigungsstrategie vom Ort, wo sie angewendet wird, abhängt. Was in einem Bereich sich gut auswirkt, z.B. selbstbehauptende Aktionen im Freundeskreis, kann in einem anderen Bereich, z.B. in der Ausbildung, missverstanden werden und zu Problemen führen.

Weiter müssen die Normen oder Werte der Bewältigung personenspezifisch und situationsspezifisch betrachtet werden. Für die eine Person kann bspw. Ärgerunterdrückung gut sein, für die andere nicht.

Bewältigungs-Strategien beinhalten auch einen kulturellen Anteil. Sie können nicht einfach per se als positiv oder negativ gewertet werden, unabhängig von der zeitlichen, geographischen, gesellschaftlichen und sozialen Situation und Dimension, in der sie stattfinden.

Wichtig ist auch, ob ein Verhalten aus der Fremd- oder Eigenperspektive als befriedigend betrachtet wird. Es macht einen bedeutenden Unterschied, ob die Person selbst oder deren Umgebung die Effizienz der Bewältigung beurteilt (Schwenkmezger, 1994, S. 60).

Faktoren für eine wirksame Bewältigung sind gemäss Meichenbaum (vgl. Olbrich, 1984, S. 26ff) in der Problemdefinition, der Antizipation von Konsequenzen und den bewertenden Rückmeldungen zu suchen, wie sie Lazarus (1974) in seinem Modell des primary, secondary und tertiary appraisal darstellt. Diese Aufteilung und Suche nach einzelnen Faktoren erfolgreicher Bewältigung kann auch auf die obigen Darstellungen angewandt werden. Diese müssen dann jedoch vom Betroffenen auch zu seinem eigenen und dem Nutzen anderer eingesetzt werden.

Obwohl die Aussagen zu erfolgreicher Bewältigung mit Fragezeichen und Einschränkungen versehen wurden, sollen im folgenden doch Aussagen und Forschungsergebnisse zu erfolgreicher Bewältigung wiedergegeben werden:

Haan (1977, vgl. Olbrich, 1984, S. 19) unterscheidet zwischen gelingender Bewältigung und Abwehr- bzw. Fragmentierungsprozessen. Gelingende Bewältigungsprozesse werden dabei als zielgerichtet und flexibel beschrieben und ermöglichen einen adäquaten Affektausdruck. Abwehrprozesse sind dagegen rigide, der Realität unangemessen und fallen durch eine verzerrte, affektive Abfuhr auf. Diese Unterscheidung ist jedoch nur als quantitativ aufzufassen, während sich bei der sog. Fragmentierung ein qualitativer Sprung ins Pathologische vollzieht. Die Reaktionen sind dann automatisiert, ritualisiert und irrational.

Auch Kohlmann (1990, S. 68) weist auf die Bedeutung der Flexibilität im Gegensatz zur Rigidität als Voraussetzung und Kennzeichen effektiver Bewältigung hin.

Gute Problemlöser scheinen weiter ihr Vorgehen viel stärker zu strukturieren und folgen eher einem Konzept als schlechte Problemlöser (Stäudel & Weber, 1988, S. 74).

In Situationen, die kaum verändert werden können, überwiegen emotionszentrierte Bewältigungsformen (Schröder & Schmitt, 1988, S. 158). In diesen unveränderbaren, unkontrollierbaren Situationen ist emotionszentrierte Bewältigung, in kontrollierbaren Situationen problemzentrierte Bewältigung, auch mit einer geringeren Anzahl an Symptomen korreliert (Kohlmann, 1990, S. 67). Ebenso erweist sich vermeidendes Bewältigungsverhalten als überlegen, wenn das Ereignis unkontrollierbar ist (vgl. Schroeder, 1988, S. 114; Kohlmann, 1990, S. 70). Auch hier wird Rückzug dementsprechend nicht durchgehend als schlechte Bewältigungsstrategie gewertet; in Situationen, in denen eine direkte Handlung bei äusseren Hindernissen nicht möglich ist oder die Belastung übermässig wird, wird Rückzug als adäquate Lösung betrachtet. Es soll daran erinnert werden, dass viele Belastungssituationen aus gesellschaftlichen Bedingungen resultieren und sich einer individuellen Lösung entziehen. Dann ist eine emotionszentrierte Bewältigung, die keine Veränderung der äusseren Bedingungen anvisiert, sinnvoller und gesünder.

Inhaltlich wurde gefunden, dass scheinbar einfach lösbare Aufgaben eher problemorientiert, schwierigere Anforderungen eher emotionszentriert bearbeitet werden (Olbrich, 1984).

Ein Resultat von Bailer (1989, S. 153) weist darauf hin, dass je ausgeprägter personale Ressourcen vorhanden sind, desto häufiger auch effiziente anstelle von ineffizienten Bewältigungsformen eingesetzt werden. Bailer (1989) stellt weiter fest, dass die Art der Ressource eine Rolle spielt: *„Die Coping-Ressourcen sind offensichtlich handlungsleitend."* (S. 153). Personen mit vielen personalen und sozialen Ressourcen wählen zusammenfassend häufiger ein aktives als ein vermeidendes Bewältigungsverhalten. Die internale Kontrollüberzeugung scheint eine übergeordnete Rolle zu spielen.

Weiter hat Bailer (1989, S. 155) gefunden, dass eine aktive Handlung als Bewältigungsstrategie, die eng verknüpft ist mit der logischen Analyse, der Informationssuche und der Neudefinition der Situation, mit reduzierten Distress-Werten oder emotionalem Gleichgewicht assoziiert ist.

In einer Tagebuchstudie (Weber & Knapp-Glatzel, 1988, S. 156) konnte gezeigt werden, dass einige Personen ein recht vielfältiges Repertoire an Bewältigungsstrategien zur Verfügung haben und dieses bei einer Belastungs-Episode sukzessive einsetzen; andere Probanden blieben oft rigide bei einer einzigen oder ähnlichen Strategien. Auch Schroeder (1988, S. 124) stellte fest, dass Personen nicht eine einzige Bewältigungstrategie wählen, sondern zwischen verschiedenen Bewältigungsformen oszillieren.

Es ist unabdingbar, die Bewältigungsprozesse und -ergebnisse in mehreren Lebensbereichen zu betrachten, da für die Situation von Jugendlichen von Offer (1984) zu bedenken gegeben wird, dass diese in einem Bereich die Aufgaben meistern, in einem anderen Bereich bei der Bewältigung jedoch versagen können. Offer (1984, S. 112) unterteilt dabei in seiner Untersuchung das Selbstbild in fünf Bereiche und erwähnt neben einem psychologischen, sozialen, sexuellen und Familien-Selbst auch ein problembewältigendes Selbst.

Als effiziente Formen der Bewältigung werden von Bailer (1989, S. 31) aufgezählt: problemlöseorientierte Bewältigungsreaktionen, eine positive Neubewertung der Situation und der freie Ausdruck von Gefühlen.

In der westlichen Welt wird die psychosoziale Reife und Fertigkeit Lebensumstände zu bewältigen, in den Begriffen von persönlicher Verantwortlichkeit, Rationalität, Voraussicht, Frustrationstoleranz und Disziplin beschrieben.[16]

Als Fazit kann abschliessend hervorgehoben werden:
- Es gibt nicht eine bestimmte effektive Bewältigungsart.
- Es gibt nicht eine immer effektive Bewältigungsart.
- Es gibt nicht bestimmte, per se als positiv und gesundheitsfördernd zu bezeichnende Ressourcen.

Es kann daher keine generelle Gewichtung oder Wertung bestimmter nützlicher Kriterien geben. Die Bewertungskriterien, der Zeitpunkt der Messung, die technische Durchführbarkeit und die persönlichen Vorlieben der Forschenden oder des Forschenden fliessen in eine Beurteilung von Bewältigung ein (Dlugosch & Wottawa, 1994, S. 154). So kann bspw. nach einem Suizidversuch die Integration und Funktionalität am Arbeitsplatz in einer ersten Phase primär vor eine Lösung der belastenden Situation gesetzt werden, um nicht durch eine mögliche Arbeitslosigkeit einen weiteren Selbstwertverlust hervorzurufen.

Als Richtlinien für die Bewertung von Bewältigung können dennoch die folgenden Überlegungen Hilfe bieten. Es ist zunächst vom betroffenen Individuum und seiner Sicht auszugehen. Bewältigung kann für ein Individuum nämlich auch dann effektiv sein, wenn die problematische Situation nicht berührt wurde: Lazarus & Folkman (1984, S. 140, in Krämer, 1991, S. 12) meinen, dass *„Bewältigung als eine Vielzahl von Anstrengungen gesehen werden muss, Anforderungen unabhängig vom Ergebnis zu bewältigen"*, und dass *„Bewältigung nicht mit einer Beherrschung der Umgebung gleichgesetzt werden sollte"*[17]. Als Anzeichen für eine vollendete und adäquate Bewältigung kann gelten, dass der mit der Belastung verbundene Stress überwunden ist. Ist die Bewältigung inadäquat, wird der Stress als kontinuierliche Krise erlebt (Hurrelmann, 1989, S. 61). Bewältigung kann sich so entweder in einer Reduktion der subjektiven Belastung oder einer Verbesserung der Lebenssituation zeigen. Das Wichtigste ist aber vielleicht, einem belastenden Ereignis Sinn zuzuschreiben, um es mental abzuschliessen zu können. Entscheidend für die gute Bewältigung wäre dann, wie tröstlich die gefundene Erklärung ist - unabhängig davon, wo diese Er-

---

16 *„In the West, psychosocial maturity in coping with life-circumstances is defined in terms of individual responsability, rationality, foresight, delay of gratification and discipline." (Fend, 1990, S. 87)*

17. *„coping must be viewed as efforts to manage stressful demands regardless of outcome" und „coping should not be equated with mastery over the environment" (Lazarus & Folkman, 1984, S. 140 in Krämer, 1991, S. 12).*

klärung gefunden wird, ob internal oder external (Herrmann, 1988, S. 106). Eine misslingende Bewältigung ist an den auftretenden Abwehr-, Ausweich-, Rückzugs-, Konflikt- und Aggressionstendenzen zu erkennen, die zu Abweichung, Auffälligkeit und Beeinträchtigung bis hin zu Krankheit führen können (Hurrelmann, 1988, S. 157ff).

Es ist auch davor zu warnen, eine Bewertung von Bewältigung als mehr als eine vorläufige Aussage zu betrachten. Das Merkmal bspw. der Invulnerabilität erwies sich als wenig stabil, und Kolip (1993, S. 170) musste in ihrer Studie zu Freundschaftsbeziehungen einige der zum ersten Zeitpunkt als invulnerabel eingestuften Jugendlichen nachher als auffällig bezeichnen. Die gefundenen Bewältigungsformen sind aus diesem Grund nicht als festliegende, stabile Persönlichkeitsmerkmale unabhängig von der Situation zu verstehen.

Letztlich gilt auch:

> „Wer die ganze Breite von Reaktionen auf echte Belastungen erkunden will, muss sich von den aktivistischen und rationalistischen Ideologien freimachen, die explizit wie implizit besonders die gegenwärtige deutsche Psychologie von Stress und Coping beherrschen." (Thomae, 1988, S. 84 in Krämer, 1991, S. 13).

5.14 Wann führt Bewältigung zu Wachstum?

Bisher wurde zumeist vom belastenden Anteil von Krisen ausgegangen. Belastungen und Krisen werden aber gerade in der Psychologie auch als Möglichkeiten der inneren Entwicklung und Neuorientierung verstanden (z.B. von Kast, 1987).

Die Bereiche von Bewältigung und Entwicklung sind auch dadurch verbunden, dass kritische Ereignisse, die Anlass zu Bewältigung geben, auch als Entwicklungsaufgaben definiert werden können (Oerter, 1985, S. 1).

> *„Nehmen wir die Bewältigung von Belastung als einen konstruktiven Anpassungsprozess ernst, dann kann ein Stressor ebenso Anlass zur Entwicklung neuer und produktiver Formen der Reaktion sein." (Olbrich, 1985, S. 15)*

Belastungen müssen also nicht nur Störungen oder gar Pathologien nach sich ziehen.

> *„Coping wird einerseits in kritischen Situationen, also bei Ereignissen im Lebenslauf, die nicht routinemässig bewältigt werden können, benötigt, andererseits als eher kontinuierliche Leistung bei der Auseinandersetzung mit Entwicklungsaufgaben. Dabei zeigt sich, dass kritische Lebensereignisse und Entwicklungsauf-*

gaben manchmal zusammenfallen bzw. zwei Seiten ein und derselben Sache darstellen." (Oerter, 1985, S. 1)

Gerade auch die Ich-Psychologie ist der Auffassung, dass Konflikte wesentliche Bestandteile und Antrieb für die Persönlichkeitsentwicklung sind. In Konflikten können Fähigkeiten des Ich entstehen, und dieses gestärkte Ich ist dann auch später in der Lage, eine konstruktive Anpassung zu erbringen (Olbrich, 1985, S. 21).

Ein belastender Faktor kann für den einzelnen Menschen, so gravierend er auch sein mag, sogar Faktor einer Gesundung oder Lebensperspektive werden. Es soll nun gefragt werden, was dazu führt, dass einzelne Menschen trotz Belastungen gesund bleiben, wann dies so ist und wann Bewältigung zu Wachstum führt.

Ob stressreiche Begebenheiten zu Wachstum, vorübergehenden Schwierigkeiten oder Traumata führen, ist unter anderem eine Funktion:
- der Dauer und Präsenz des Stressors,
- des Timings des Ereignisses,
- der persönlichen Ressourcen, um mit dem Stressor fertigzuwerden,
- der Möglichkeiten, auf die Umgebung einzuwirken und soziale Unterstützung zu erhalten und
- der Bedeutung, die dem Ereignis zugeschrieben wird. (vgl. Olbrich, 1990, S. 40)

Vermittelnde Mechanismen können eine Belastung abschwächen. Solche vermittelnde Mechanismen können folgendermassen entstehen:
- Durch kontrollierten Kontakt mit dem Stressor und durch eine Verminderung der Bedeutung des Ereignisses kann die Wirkung des Risikofaktors vermindert werden.
- Nicht nur das Ereignis selbst, auch die Reduzierung negativer Kausalketten, d.h. die darauffolgenden Situationen und Reaktionen tragen zu einer Störungsreduktion bei.
- Selbstwert und Selbstwirksamkeit entstehen durch emotional stabile Beziehungen und die Erfahrung, gestellte Aufgaben bewältigen zu können.
- Konkrete Chancen, die sich im Lebenslauf ergeben, z.B. Optionen im Bildungsbereich, können ebenfalls belastungsabschwächend wirken. (vgl. Kolip, 1993, S. 28ff).

Wenn Personen trotz Belastungen gesund bleiben, wird von sog. Invulnerabilität oder Resilienz gesprochen.

„Gravierende Risikofaktoren wie langandauernde Armut, erhebliche Komplikationen während des Geburtsvorgangs, psychopathologische Auffälligkeit der Eltern und niedriges Schulniveau der Eltern führten bei einem Teil der Kinder

nicht zu Verhaltensauffälligkeiten, sondern brachten eine physisch, psychisch und sozial gesunde Entwicklung mit sich. Die Suche nach unterstützenden Faktoren in der Sozialisationsumwelt zeigte protektive Bedingungen wie ein positives Eltern-Kind-Verhältnis in den ersten Lebensjahren, gute alternative Betreuungspersonen, klare Strukturen und Normen in der Familie und die Zugänglichkeit zu Hilfsorganisationen auf. Zu den protektiven Faktoren zählten auch die individuellen Bewältigungsstile. Charakteristisch für diesen Ansatz ist demnach die gemeinsame Berücksichtigung von schädigenden und protektiven Faktoren..." (Seiffge-Krenke, 1994 a, S. 29)

An anderer Stelle beschreibt Seiffge-Krenke (1994 a, S. 79) resiliente Jugendliche, d.h. Jugendliche, die trotz grosser Stressoren relativ gesund bleiben, als aus Familien stammend mit intakten Eltern-Kind- und kohäsiven Beziehungen, mit Respekt für die Autonomiebestrebungen und die Verantwortungsübernahme der Jugendlichen und mit klaren Grenzen und Regeln in der Familie.

Auch in einer Studie von Werner (vgl. Kolip, 1993; Werner, Bierman & French, 1971; Werner & Smith, 1977, 1982) entwickelten sich ein Drittel der als Risikokinder eingestuften Kinder trotz multipler Belastungen zu kompetenten und kreativen Individuen - sie wurden als invulnerabel bezeichnet. Wenn nach Faktoren dieser Invulnerabilität gesucht wurde, fanden sich bei diesen invulnerablen Kindern weniger Trennungen im ersten Lebensjahr. Sie hatten die Fähigkeit, in sozial anerkannter Art zu kommunizieren, um Hilfe zu bitten und Zuneigung zu erlangen - sie hatten generell eine soziale Orientierung. Sie wurden als freundlich/soziabel vs. misstrauisch/feindlich beschrieben und erlebten in der Folge emotionale Unterstützung. Die Mädchen waren als Jugendliche dominanter, leistungsbewusster, sozialer und unabhängiger. Die invulnerablen Jungen waren fürsorglicher, freundlicher und sozial aufmerksamer und widersprechen so den gängigen Geschlechtsstereotypen; sie waren androgyner. In den Familien dieser invulnerablen Jugendlichen waren klare Strukturen und Regeln vorhanden.

Weitere Merkmale invulnerabler Jugendlicher seien von Kolip (1993, S. 49, nach Garmezy, 1985) angefügt: Zu den Persönlichkeitsmerkmalen invulnerabler Jugendlicher gehört auch hier Intelligenz, ein hohes Selbstwertgefühl, Verantwortungsbewusstsein, eine aktive, autonome und positive soziale Orientierung. Mädchen zeigten neben ihrer Dominanz und ihrer intellektuellen Leistungsfähigkeit Sinn für ihr Wohlbefinden. Die Merkmale der engeren sozialen Umwelt wiesen enge emotionale Verbundenheit mit einer Bezugsperson, klare Strukturen und Regeln und ein warmes, emotional unterstützendes Familienklima auf. Dem ausserfamiliären Stützsystem mit Gleichaltrigen, Nachbarn und Lehrern kommt v.a. im Jugendalter eine bedeutende Funktion zu.

Auch Haan (1974; vgl. Olbrich, 1984, S. 20) weist in einer Studie, in der das Verhältnis von Bewältigungs- zu Abwehrprozessen in einem Längsschnitt untersucht wurde, auf ähnliche Merkmale hin. Frauen, die sich durch mehr Bewältigung als Abwehr auszeichneten, verfügten in der Jugend über hohe intellektuelle Kapazitäten, waren unabhängig und sahen sich selbst als Verursacherinnen an.

Invulnerabilität ist jedoch kein feststehendes Merkmal, sondern variiert über die Zeit und in Abhängigkeit von Situationsmerkmalen (Kolip, 1993, S. 26). Auch Invulnerabilität muss daher als Prozess gesehen und untersucht werden. Alter, Geschlecht, Temperament auf der personalen Seite und die enge, emotionale Beziehung zu einer Bezugsperson und das Erleben von Erfolg und Leistung auf der sozialen Seite sind beeinflussende Faktoren. Diese Variablen kommen nicht direkt, sondern durch vermittelnde Prozesse zum Tragen; sie beeinflussen die Bewertung des Stressors und die Selbstwirksamkeit (Kolip, 1993, S. 29). Es ist deshalb nicht nur die Konzentration auf einzelne Faktoren der Invulnerabilität gefragt, sondern der Prozesscharakter der Bewältigung muss berücksichtigt werden.

Der Resistenz des Individuums entsprechen auf der makrostrukturellen Ebene die Integrationsleistungen einer Gesellschaft: Wenn ein Orientierungssystem vorhanden ist, das jedem Individuum eine Position in der sozialen Struktur bietet, ihm Respekt und das Gefühl von Sinn für seine Handlungen entgegenbringt, ist ein optimaler Ausgangspunkt für salutogenetisches Verhalten gegeben (Hurrelmann, 1989, S. 84).

5.15 Bewältigung in neuen Perspektiven

Im folgenden Kapitel soll kritischen Gedanken zur Begründung und zu den Zielen von Bewältigung nachgegangen werden. Es sollen einige der Gedanken, im speziellen von Olds (1992), aufgegriffen werden, die die aktive Veränderung als Ziel von Bewältigung in Frage stellen:

„In Anbetracht der Wichtigkeit von Verknüpfung in der Systemtheorie und Ethik, ist es möglich, dass wir den ganzen Kontext moderner, westlicher Therapie, der auf aktiver Veränderung beruht, überdenken müssen."[18]

Olds (1992) macht eine Haltung, die Therapie und Bewältigung vor allem im Verschwinden von Symptomen und in aktiven Interventionen sieht, als westliche Anschauung aus. In Japan hingegen konzentrieren sich viele

---

18 *„In light of the importance of surrender in systems theory and ethics, it is possible that we must rethink the whole context of modern Western therapy as focused on active change."* (Olds, 1992, S. 101)

therapeutische Zugänge darauf, eine neue Sicht der Situation zu entwicklen, sodass die betroffene Person mit grösserem innerem Frieden und Freiheit mit ihrer Schwierigkeit leben kann. In dieser Sicht wird von einer Lösung des Problems als oberstem Ziel abgerückt. Emotionen und Gefühle werden in ihrer Prozesshaftigkeit gesehen; sie verändern sich und kommen und gehen wie das Wetter. Man trachtet dann nicht danach, diese Regungen zu ändern, wohl aber danach, auf die sich daraus ergebenden Situationen und Wahlmöglichkeiten zu regieren. Wir müssen uns fragen, ob nicht als neue Perspektive von Bewältigung auch nach Möglichkeiten und Strategien zu suchen wäre, eine Belastung auszuhalten und neu zu bewerten, als sie wegwissen zu wollen.[19]

Eine solche neue Sicht der Ziele von Therapie würde auch eine Veränderung auf der Therapeuten- und Therapeutinnenseite implizieren. Diese müssten bereit sein, die Vision, Helfender zu sein aufzugeben zugunsten einer Begleitung des anderen zu seinen eigenen Möglichkeiten (Olds, 1992, S. 104).[20]

Neben Olds (1992) sprechen auch andere Autoren einem Verständnis der Aussagekraft von Schwierigkeiten und einer Akzeptanz dieser Schwierigkeiten Bedeutung zu. Lazarus & Folkman (1984), die Begründer der Bewältigungsforschung, meinen, dass Prozesse, die helfen, Schwierigkeiten

---

[19] *„Therapeutic strategies parallel these differences in psychological perspective. For the Westerner, therapy is aimed typically at the elimination of symptoms and towards a change in the key relationships in one's life through increased assertiveness, negotiation, and other means of intervention. Instead of stressing such change in behavior, many therapeutic approaches in Japan in contrast would be focused on developing a new perspective for a situation such that one might live with the problem situation with greater peace and freedom. In this perspective, the goal is not to solve the problem, but to shift one's perspective to allow one to live in a different way relative to the total situation... Reynolds argues that emotions and feelings come and go like the weather; one must not be attached to trying to chance them, but remain responsive to the concrete demands to the network of obligations and choices in which one lives."* (Olds, 1992, S. 102ff)

[20] *„The same challenge applies to therapists themselves. As long as we are preoccupied with the need to help, meaning that we are attached to the vision of helper, or the need to see change to feel we are helping, we will have difficulty learning to be with another as witness to their own possibilities."* (Olds, 1992, S. 104)

zu ertragen, zu minimieren, zu akzeptieren oder zu ignorieren ebenso wichtig wie problemlösende Strategien sind.[21]

> *„Gesundheit bedeutet auch, mit vorhandenem Leiden so umgehen zu können, dass eine Selbstverwirklichung möglich ist."* (Hurrelmann, 1988, S. 132, nach Wenzel, 1986)

Brunstein (1988) erklärt weiter, dass eine Akzeptanz von Schwierigkeiten in paradoxer Weise gar verändernd wirkt. Das Eingestehen der eigenen Hilflosigkeit fördert die Akzeptanz eines unabänderlichen Ereignisses. Die Aufmerksamkeit wird von der Frage *„was hätte ich tun können?"* auf die Frage *„was kann ich jetzt tun?"* gelenkt (Brunstein, 1988, S. 126). So kann es auch sein, dass Hilflosigkeit eine Durchlaufphase der individuellen Problembewältigung ist und Ausgangspunkt für neue Wachstumsprozesse sein kann (Brunstein, 1988, S. 127).

Seiffge-Krenke (1994 a, S. 202) weist am Schluss ihres Buches darauf hin, dass unser Gesundheitssystem wie auch unsere gesamte Gesellschaft vielleicht zu erfolgsorientiert ist, im Glauben daran, dass Gesundheit machbar sei. Gesundheit und Krankheit gehören jedoch zum Menschen wie Spannung und Entspannung, Ruhe und Anstrengung. Die Sensibilität für körperliche Vorgänge, die eine Belastung anzeigen, ist gering und wird oft nicht beachtet. Die Symptombildung ist aber ein Signal, das auf Belastungen und Konflikte hinweist; insofern stellen körperliche Beschwerden und psychische Symptome Botschaften dar, die gehört und produktiv für Anpassungen genutzt werden sollten: *„Gesundheit und Krankheit sind gleichermassen als Werte zu akzeptieren und zu vermitteln."* (Seiffge-Krenke, 1994 a, S. 202). Diese Sicht ist auch in den Definitionen z.B. von Matarazzo (1980; in Schwenkmezger & Schmidt, 1994, S. 2) zur Gesundheitspsychologie enthalten.

Auch Herzka (1992 b) weist darauf hin, dass Gesundheit kein Gut ist, das man besitzt, sondern ein ständiger lebendiger und dialogischer Prozess. Dabei kommt der Krise und Krankheit die Funktion zu, auf diesen Prozess hinzuweisen: *„Gesundheit - Krankheit (oder Behinderung) sind die beiden sich dialogisch gegenüberstehenden Begriffe der Lebensqualität."* (Herzka, 1992 b, S. 208). Gesundheitsförderung muss daher das Recht auf Kranksein und dessen Achtung miteinschliessen. Würde der neue Wert Gesundheit

---

[21] *„Coping processes that are used to tolerate such difficulties, or to minimize, accept, or ignore them, are just as important in the person's adaptational armamentarium as problem-solving strategies that aim to master the environment"* (Lazarus & Folkman, 1984, S. 139, nach Krämer, 1991, S. 17).

sogar zur Norm erhoben, könnten diejenigen, die ihm nicht entsprechen, an den Rand der Gesellschaft gedrängt werden. Daher muss die Einsicht, dass Leiden, Krankheit und Tod nicht aufhebbare Teile der menschlichen Existenz sind, ebenso wie die Gesundheit, vertreten werden (Hornung & Gutscher, 1994, S. 84).

Herzka (1992 b) weist darauf hin, dass unser Jahrhundert als Jahrhundert der Spaltungen bezeichnet werden muss: *"Spaltung und Abspaltung sind dessen zentrale Phänomene." (S. 202)*. Die zwei Seiten eines Gegenstandes werden abwechslungsweise in den Blick genommen, die jeweils andere Seite wird vernachlässigt, vergessen oder verleugnet. Die gleichzeitige und gleichwertige Beachtung beider Gegenpole gemäss dem dialogischen Prinzip geht verloren. Diese Spaltungsprozesse haben zwar Differenzierungen und Emanzipationen ermöglicht, aber auch zerstörerische Wirkungen, bspw. in der Familienorganisation oder der Aufspaltung der Therapieschulrichtungen, gezeigt (Herka, 1992 b, S. 202ff, Reukauf, 1992). Da diese Spaltungsphänomene die Ganzheit des Menschen und seine soziale Einbettung verhindern, stellen sie eine Gefährdung für die Gesundheit dar (Herzka, 1992 b, S. 207).

"Sollen diese Spaltungen überwunden werden, so sind auch Gesundheit gemeinsam mit Krankheit und Gesundheitsförderung gemeinsam mit Therapie zu erforschen und zu verstehen." (Herzka, 1992 b, S. 205)

6. DIE BEWÄLTIGUNG IN DER SCHEIDUNGS-SITUATION

Auch wenn einiges zum Thema Bewältigung erforscht und davon dargestellt wurde (s. Kap. 5), ist doch noch vieles die Bewältigung und die Bewältigung von Scheidung betreffend offen. Wenn in der Literatur der Bewältigung von Scheidung nachgegangen wird, ist wenig zu finden: Auf gerade 6 Seiten behandelt Gerth (1993) das Thema familiäre Ressourcen zur Bewältigung der Trennungskrise, Balscheit (et al., 1987) bietet sehr hilfreiche Anweisungen für Eltern und Kinder, was konkret in der Scheidungssituation vonnöten ist, und Fassel (1994) hat mit ihrer Studie über die Schwierigkeiten und Stärken erwachsener Scheidungskinder eine weitere Lücke gefüllt. Ein weiterer Beitrag zur Bewältigung von Scheidung soll hier zu leisten versucht werden.

6.1 Die Aufgaben in der Scheidungsbewältigung

Was muss im Verlauf einer Scheidung der Eltern vom betroffenen Kind und späteren Erwachsenen nun bewältigt werden? Es soll nur noch in aller Kürze hier zusammengeführt werden, was oben bereits ausführlich dargestellt wurde:

In erster Linie muss in der Trennungsphase vom Kind eine Situation der Krise bewältigt werden. Der äussere Lebensrahmen, wie der ihm gewohnte Wohnort, die Schule und die Freunde, werden zumindest in Frage gestellt oder gehen in den meisten Fällen verloren. Zudem engt sich der finanzielle Rahmen und die damit verbundenen Möglichkeiten für das Kind ein. In dieser Situation wird das Kind durch das Fehlen eines Elternteils auch weniger umsorgt und betreut. Das Kind muss also zuerst mit einer äusseren Situation, in der das meiste neu ist und es auf sich gestellt ist, zurechtkommen. Es muss sich an die neue Wohnsituation gewöhnen und sich wieder zu Hause fühlen; es muss eine neue Schulsituation einschätzen, sich in ihr anpassen und behaupten und neue Freunde finden.

Das Kind muss dann die psychische Seite der Scheidung verstehen und bewältigen. Es wird mit Gefühlen des verlassenworden-Seins, des alleingelassen-Seins, des den Eltern nicht genug wert gewesen zu sein konfrontiert. Gefühle, an der Scheidung schuld zu sein und Konflikte, sich zwischen beiden Elternteilen hin- und hergerissen zu fühlen, werden im Kind wach. Die Problematik, bei der Trennung und dem Verlust der Familie nur Statist gewesen zu sein und keinerlei Kontrolle gehabt zu haben, muss bewältigt werden. Ein weiterer Komplex betrifft die inneren Bilder und Vorstellungen des Kindes, die durch eine Scheidung in Frage gestellt und zerstört werden. Das Kind muss mit der Enttäuschung an den Eltern, einem generellen Vertrauensbruch in die eigene Aufgehobenheit und letztlich zu sich selbst fertigwerden. Schliesslich muss das Kind auch eine Position zum Geschehen, zur Scheidung, einnehmen; eine Position, die im Rahmen eines Trauerprozesses stattfindet und neben Trauer auch Wut, Ärger und eine Neueinschätzung der Eltern umfasst.

Die Kinder und Jugendlichen sind durch eine Scheidung auch der sozialen Unterstützung ihrer Altersgruppe beraubt, die sie tragen könnte. Sie geraten durch die erzwungene Ablösung von den Eltern in Konflikt mit ihren Entwicklungsaufgaben - sie sind nicht *„in time"* mit ihrer Entwicklung (Seiffge-Krenke, 1994 b, S. 35). Dass der Scheidung dazu immer noch ein gesellschaftliches Stigma anlastet und auch psychologische Prozesse der Distanzierung ablaufen, bei denen sich vertraute Personen entfernen, führt zu weiteren Belastungen.

In dieser Situation der äusseren und inneren Überforderung, die das Kind zu bewältigen hat, ist es zudem zum grössten Teil auf sich selbst gestellt, einerseits weil die Eltern in ihre Konflikte verstrickt sind oder andererseits, weil das Kind die leidenden Eltern nicht belasten will.

Der Tatsache, dass eine Scheidung den Verlust von bedeutenden Lebensinhalten mit sich bringt, wird vermehrt Wichtigkeit beigemessen. Wenn die Scheidung überwunden werden soll, muss um das Verlorene, wie bei anderen Verlusten auch, getrauert werden. Der Trauerprozess verläuft bei Scheidungskindern weitaus komplizierter als bei einem Elternverlust durch einen Todesfall. Es besteht häufig eine starke Ambivalenz positiver und negativer Gefühle der Kinder gegenüber dem abwesenden (aber auch dem anwesenden) Elternteil. Oft bestehen Loyalitätskonflikte, in denen sich das Kind nicht mit dem abwesenden, „bösen" Elternteil identifizieren darf oder ein Regulativ für eine zu enge Beziehung zwischen Mutter und Kind fehlt. Die Hoffnung, dass die ja noch anwesenden Eltern wiedervereint werden, wird vielfach mobilisiert und erschwert das Akzeptieren des mit der Trennung verbundenen Verlustes (Bauers, 1993, S. 53ff). Es ist auch zu fragen, was das Ziel eines solchen Trauerprozesses sein soll. Eine Loslösung vom abwesenden Elternteil ist ja gerade nicht gefordert, vielmehr eine Loslösung und ein Abschied von der bis dahin vertrauten Familie und die Kreierung einer neuen Art von Beziehungen, von Verlässlichkeit, Verantwortlichkeit, Aufgehobenheit und Familie.

Wenn nun von Bewältigung die Rede ist, ist dabei, wie aus dem nächsten Kapitel (s. dort) hervorgeht, nicht von einem Prozess in einer black box die Rede. Es soll aber auch nicht die Vorstellung eines Prozesses stehenbleiben, der jederzeit präzise zu erfassen und vorherzusagen ist. Bewältigung ist vielmehr ein Prozess des Suchens und ein Weg der Auseinandersetzung mit Schritten vorwärts, aber auch zurück und scheinbaren Umwegen; ein Weg aber, auf dem auch Begegnungen mit sich selbst und anderen und mit Dingen möglich werden können, die einen Gewinn darstellen.

6.2 Faktoren der Scheidungsbewältigung

Entscheidend ist, dass bei einer Trennung und Scheidung kontroverse Interessen der Beteiligten und entsprechende Konflikte konstituierend dazugehören. Eine Scheidung impliziert Interessenkonflikte, Auseinandersetzungen und Instabilität - dies sollte bei allen Bemühungen um Bewältigung nicht vergessen werden.

Wenn die Bewältigung von Scheidung betrachtet wird, muss bedacht werden, dass sich die Scheidungsfamilie nicht im luftleeren Raum befindet, sondern in einem sozialen Umfeld. In diesem Umfeld ist sie in der Scheidungssituation vielfältigen Stellungnahmen und versuchten Beeinflussungen ihrer Umgebung ausgesetzt (Lederle, 1993, S. 241). Auf der anderen Seite stellt die mögliche Stigmatisierung und Isolation eine Schwierigkeit dar. Die Gesellschaft als Ganzes neigt dazu, die Scheidungsfamilie zu ignorieren, und Verwandte und Freunde nehmen Abstand, weil sie nicht Partei ergreifen wollen. Die Scheidungsfamilie zieht sich in der Folge oft auf sich selbst zurück.

Soziale Unterstützung ist immer ein interaktives Geschehen. Bestimmte Belastungen mobilisieren dabei mehr Unterstützung als andere (Kolip, 1993, S. 71; Hornung & Gutscher, 1994). Scheidung gehört zu den letzteren. Es wurde herausgefunden, dass attribuierte Kontrollierbarkeit einer Situation oder Krankheit, wie dies auch für die Scheidung angenommen werden kann, weniger Mitleid, mehr Ärger und geringere Hilfsbereitschaft auslöst. In einer Untersuchung konnten Hornung & Gutscher (1994, S. 69ff) zeigen, dass Aids-Kranke dann am positivsten beurteilt wurden („*verdient Mitgefühl*"), wenn sie Bluter waren und am negativsten, wenn sie Drogenbenutzer waren.

Zur Scheidungssituation kommen in jeder Familie eine Reihe belastender und protektiver Faktoren hinzu. Bei den protektiven Faktoren wird unter anderem folgendes erwähnt: grosse Aufmerksamkeit für das Kind während des ersten Lebensjahres, klare Strukturen und Normen in der Familie, enge Gleichaltrigenfreundschaften und Zufriedenheit der Mutter durch Berufstätigkeit. Als die Verarbeitung der Scheidung positiv beeinflussende Faktoren werden weiter aufgelistet: ein positives Eltern-Kind-Verhältnis in den ersten Lebensjahren, gute alternative Betreuungspersonen, klare Strukturen und Normen in der Familie, die Zugänglichkeit zu Hilfsorganisationen, ausreichende finanzielle Ressourcen, ein niedriges Niveau an elterlichen Konflikten, ein hohes Mass an Übereinstimmung in bezug auf die Erziehungsmethoden, ein autoritativer Erziehungsstil sowie eine nahe und positive Beziehung zur Mutter und regelmässige Kontakte zum nichtsorgeberechtigten Elternteil.

Belastende Faktoren sind die Geburt jüngerer Geschwister während der ersten zwei Lebensjahre, die Abwesenheit des Vaters, ein niedriges Schulniveau der Eltern, Arbeitslosigkeit, langandauernde Armut und Geschwister mit Behinderungen (Werner & Smith, 1982; in Hurrelmann, 1988, S. 142; und in Seiffge-Krenke, 1994 a, S. 29).

Ob die Angst, Verzweiflung und Depression in den ersten Jahren nach einer Scheidung überwunden werden können, hängt weiter sehr von der Verfügbarkeit guter sozialer Kontakte ab. Dies ist eng verbunden mit dem Aufbau eines neuen sozialen Netzes (Fthenakis et al., 1982, S. 111, 113; Kahlenberg, 1993).

Der Umgang mit Trennung und Scheidung ist nicht ritualisiert (Hohenstern, 1991, S. 101). Die einzelnen Familienmitglieder sehen sich vor die Aufgabe gestellt, in einer belastenden, neuen Situation Bewältigungsstrategien zu entwickeln.

„Die Scheidung stellt ein nicht-normatives, kritisches Lebensereignis dar (Filipp, 1981), das bei allen Betroffenen tiefe Gefühle von Trauer, Angst, Hilflosigkeit etc. auslöst und für dessen Bewältigung noch keine erprobten Handlungsmuster bereitstehen (Fthenakis, 1986). Statt dessen werden häufig alte Bewältigungsstrategien und Beziehungsmuster in der Scheidungsauseinandersetzung aktiviert, durch die bestehende Konflikte verstärkt und die Beziehungsproblematik krisenhaft verschärft werden." (Scheuerer-Englisch, 1993, S. 214)

Erschwerend für die psychische Bewältigung einer Scheidung ist die Tatsache, dass der Vater noch vorhanden und präsent ist. Die Möglichkeit zu einem Zusammenleben bestünde, ganz anders als bei einem Todesfall, aber der Wille dazu ist scheinbar nicht mehr vorhanden. Der Vater lehnt etwas ab, was er für das Wohl des Kindes aus dessen Sicht tun könnte. Darin liegt ein hohes Potential an Kränkung und auch eine bedeutende Absage an die Wichtigkeit des Kindes; eine Wichtigkeit, die das Kind normalerweise erst im Laufe seiner Entwicklung zurücknehmen kann, in der es sich aus einer egozentrischen Position allmählich herausentwickelt. Beim Tod des Vaters ist es dem Kind möglich und erlaubt, sich mit dem abwesenden Vater zu identifizieren. Bei einer Scheidung bedeutet eine Identifizierung jedoch, sich mit dem „Bösen", „Verlassenden" gegen den verbleibenden Elternteil, meist die Mutter, zu identifizieren und dann von der Mutter abgelehnt zu werden. Auf eine solche Identifizierung zu verzichten, bedeutet jedoch auch auf einen Teil seines Selbst zu verzichten. Die Sichtweise, dass die Trennung der Eltern mit den Eltern als Paar und nicht mit den Kindern zu tun hat, dass beide Elternteile nach der Scheidung für das

Kind noch da sein sollen, und dass das Kind beide Elternteile braucht und lieben darf (Lederle, 1993, S. 243), scheint mittlerweile aber weite Anerkennung und Verbreitung gefunden zu haben. Und wenn trotz der Konflikte, Verantwortung den Kindern, dem Partner und sich selbst gegenüber übernommen wird, besteht eine günstigere Ausgangslage für die Bewältigung der Trennung und mehr Entgegenkommen im Scheidungsprozess (Messer, 1992, S. 67).

Während einer Scheidung erleben die Kinder die Eltern als mit sich selbst beschäftigt und überfordert und leiden darunter. Oft wird aber geleugnet, dass Verantwortungsgefühl den Kindern gegenüber fehlt, und dadurch entstandene Gefühle der Angst, des Ausgesetztseins und der Infragestellung des eigenen Lebenswerts werden vom Kind verdrängt. Nicht selten entsteht eine Flucht in Aktivitäten, um sich dieses Fehlen nicht eingestehen zu müssen. Indem das Kind versucht, elterliche Aufgaben zu übernehmen, kann dieses Fehlen von Verantwortung verdrängt werden. Dem Versagen der Eltern als gute Eltern und der Frage, wieso man nicht bessere Eltern hatte, kann ausgewichen werden. Die Eltern erfüllen ihre Idolfunktion jedoch nicht oder nur teilweise weiter; diese kann nicht in einem organischen Prozess der Beziehungsumwandlung und der Ablösung im Jugendalter aufgelöst werden. Der Prozess, die Eltern als Menschen zu sehen, die Fehler machen, die sogar gravierende Fehler machen können, wird dem Kind in einem oft zu frühen Alter von aussen aufgedrängt. Die Eltern müssen daher lernen zu akzeptieren, dass sie ihrem Kind mit dem Entschluss zur Trennung wehtun. Auf dieser Grundlage wird es auch möglich, die Lage des Kindes wahrzunehmen und die erlittenen Verluste akzeptieren und betrauern zu können (Lederle, 1993). Wenn die Eltern die Verantwortung für die Trennung und für das den Kindern zugefügte Leid übernehmen und diesen Schritt aus ihrer Sicht erklären, können sie damit auch Schuldgefühle der Kinder abbauen (Krebs, 1994, S. 115). Lederle (1993, S. 241) gibt jedoch auch zu bedenken, dass wenn Eltern in Scheidung ihren Kindern helfen wollen, dies ungefähr so sei, wie wenn Verletzte einander Erste Hilfe leisten würden. Es wird aus dieser Sicht damit auch deutlich, dass Unterstützung notwendigerweise auch von aussen kommen muss.

In unserem Kultur- und Zeitverständnis wird kaum gesehen, dass eine Scheidung wie jedes andere Leiden auch, auch ein positives Potential beinhalten kann. Diese Sicht widerspricht unserem Bild, das Leben möglichst vor Konflikten und Krankheiten zu schützen und diese nur als aussenliegende Störfaktoren zu betrachten. Gutschmidt (1993) macht auf solche positiven Aspekte von Scheidung, der Situation von Alleinerziehenden und deren Kinder aufmerksam. Kinder Alleinerziehender sind selbständiger und werden häufiger als reifer erlebt:

"Sie [die Erfahrung der Trennung, Anm. d. Verf.] zeigt ihnen, dass es möglich ist, aus scheinbar ausweglosen, konflikthaften Beziehungen auszubrechen und wieder neu anzufangen" (Gutschmidt, 1993, S. 303).

Dieser Lesart kann jedoch auch gegenübergestellt werden, dass Kindern vorgelebt wird, dass Trennung und nicht ein Aushandeln von Konflikten und ein Umgehen mit Mangel die Lösung ist. Scheidungskinder sind aber auch sensibler für Diskriminierungen und haben flexiblere Rollenauffassungen, da ihre Mütter oft männliche Rollen übernehmen und die Väter sich mit der täglichen Versorgung der Kinder beschäftigen müssen. Probleme von Scheidungskindern bringt Gutschmidt (1993) mit den Problemen, die bereits vor der Scheidung in diesen Familien bestanden haben, in Verbindung.

"Viele erwachsene Kinder aus Scheidungsfamilien haben Unabhängigkeit, Flexibilität und Selbstvertrauen entwickelt, Eigenschaften, die sie niemals erlernt hätten, wenn sie nicht mit der Scheidung ihrer Eltern konfrontiert gewesen wären" (Fassel, 1994, S. 20; s. auch Wallerstein & Blakeslee, 1989)

Weiter wirken viele Faktoren bei der psychischen Anpassung eines Individuums an die Situation einer Scheidung mit. Es bestehen bspw. auch unüberwindbare Schwierigkeiten zu bestimmen, ob nun der primäre Faktor der Vaterabwesenheit dem Kind Nachteile bringt, oder ob bspw. durch den mit dem Vaterverlust verbundenen sozioökonomischen Abstieg das Kind sekundär benachteiligt wird. Die Scheidung kann daher nicht länger verstanden werden als einmaliges traumatisches Ereignis; sie ist vielmehr eine Abfolge komplexer, individuell gewichteter Ereignisse. Die Vielschichtigkeit der interagierenden Faktoren hat bei aller Schwierigkeit diese zu erfassen, auch Positives: Es gibt mit Sicherheit viele Möglichkeiten und Ansatzpunkte, die Probleme einer Scheidung anzugehen und zu bewältigen. Wallerstein & Blakeslee (1989, S. 321) schreiben:

„Es ist verlockend, sich auf den einen oder anderen Aspekt zu konzentrieren, aber das würde in die Irre führen: Das Zusammenwirken der Faktoren bestimmt das psychische Wohlbefinden in den Jahren nach der Scheidung."

Wallerstein & Blakeslee (1989) haben keinen roten Faden gefunden, der sich durch das Leben jener Kinder zieht, die sich nach der Scheidung ihrer Eltern gut entwickelt haben. Bei jedem Kind ergab sich eine Mischung aus externen und internen Faktoren, die ihm half.
Anders als bei der Gesundheitserhaltung ist die Bewältigung von Scheidung weniger ein kognitiver Prozess, bei dem Krankheitsfolgen gegen

protektive Massnahmen abgewägt werden. Bei einer Scheidung ist man vielmehr in einer Situation ohne Wahl, man hat sich zurechtzufinden und nach all dem zu greifen, was Unterstützung verspricht. Alle Modelle, die Gewinn und Aufwand in einen Zusammenhang setzen, können für die Bewältigung von Scheidung nur am Rande hilfreich sein. Bei der Bewältigung von Scheidung befindet man sich im Gebiet der Beziehungen, in dem vergangene Erwartungen und Erfahrungen, Familiengeschichten und -mythen eher eine Rolle spielen als kognitive Prozesse. Modelle, die konkret bestimmen, ob es zu einer Handlung kommt, bei der Ressourcen eingesetzt werden und einen solchen Einsatz abhängig machen vom Schweregrad der wahrgenommenen Anfälligkeit oder Betroffenheit, dem Bedrohungsgehalt, den Ergebnis- und Kompetenzerwartungen, sind deshalb nur bedingt brauchbar für die Scheidungsbewältigung (Schwenkmezger, 1994, S. 56).

Was bedeutet Bewältigung nun in der Scheidungssituation? Gemäss dem salutogenetischen Ansatz würde die Beantwortung dieser Frage im Sinne von Hornung & Gutscher (1994) nicht nur bedeuten, Schädigung zu verhindern, sondern auch der Frage nachzugehen, wie psychisches Wohlbefinden erhalten wird.

6.3 Hilfreiche Personen

Es gibt eine ganze Reihe normativer Übergänge, die sich am Familienzyklus orientieren, dazu gehört bspw. der Eintritt ins Berufsleben, die Geburt von Kindern usw. Dabei handelt es sich um Ereignisse, die an ein bestimmtes Lebensalter gebunden sind und von denen die meisten Menschen betroffen sind; allerdings nicht allein, sondern in der Gemeinschaft mit anderen, die versuchen mit ähnlichen Situationen fertigzuwerden. Dies bedeutet auch, dass ein soziales Stützsystem für diese Auseinandersetzungen vorhanden ist. Wenn man sich aber zur Unzeit mit einer Belastung auseinandersetzen muss, wird man auch die soziale Unterstützung und die Ressourcen von anderen Betroffenen nicht so ohne weiteres erhalten und wird diese vermissen (Seiffge-Krenke, 1994 b, S. 35).

Es zeigte sich in den Studien von Wallerstein & Blakeslee (1989), dass die Kinder, die sich der Liebe ihrer Eltern sicher waren oder der Liebling eines Elternteiles waren, die Scheidung besser überstanden. Ein Kind, das geliebt wird, bewahrt sich so sein Selbstwertgefühl und die Hoffnung, dass alles wieder gut wird. Es scheint ein überaus entscheidender Faktor der Scheidungsverarbeitung zu sein, ob die Eltern den Kindern das Gefühl geben können, dass sie sie lieben und respektieren. Drei von fünf Kindern fühlten sich in der obengenannten Untersuchung jedoch von mindestens einem Elternteil zurückgewiesen und hatten das Gefühl, ein *"psychisches oder wirtschaftliches Relikt einer Reise zu sein, die nie hätte unternommen werden dürfen"* (Wallerstein & Blakeslee, 1989, S. 348, vgl. S. 120, 144, 245).

Da die meisten Eltern wenig mit ihren Kindern über die Scheidung sprechen und die Kinder sich aus dem Kontakt mit den Eltern zurückziehen (Fthenakis, Niesel & Griebel, 1993, S. 276), kommen die Eltern als unterstützende Personen im Scheidungsprozess oft nicht in Betracht. Kindern äusserten aber auch in einer Befragung durch den Allgemeinen Sozialdienst in München nur zu 5 bis 10 %, dass sie in diesem Dienst über die Trennung ihrer Eltern reden konnten, obwohl die Sozialarbeiter angaben, mit fast jedem Kind und Jugendlichen über das Scheidungsverfahren zu sprechen. Diese Diskrepanz der Angaben muss damit erklärt werden, dass die Kinder diese Versuche der Sozialarbeiter nicht als ihnen angemessenes Angebot erlebt haben (Fthenakis et al., 1993, S. 271). Es ist jedoch anzumerken, dass Kinder in Scheidungen wenig von sich aus über diese Situation sprechen. Gerth (1993) nimmt hierfür Scham und das Gefühl, mitschuldig zu sein, als Gründe an. Hurrelmann (1988, S. 34) weist darauf hin, dass Eltern v.a. auch erst dann, wenn Leistungsprobleme entstehen, die Hilfe von Beratungsstellen suchen und weniger bei Störungen in den übrigen sozialen und psychischen Bereichen. Wie in allen anderen schweren Lebenskrisen ist es jedoch unterstützend sich in einem akzeptierenden Klima aussprechen zu können. Sich frei aussprechen und Gefühle zulassen zu können (Ventilation) fördert die Bestätigung der eigenen Gefühle und den Selbstbewertungsprozess (Validation) (vgl. Schröder & Schmitt, 1988, S. 153). Da sich Kinder in der Scheidungssituation oft zurückziehen und kaum Freunde haben, ist ihnen diese Möglichkeit der Entlastung und Bewältigung oft nicht zureichend zugänglich. Umso grösseres Gewicht erhalten deshalb die Familienbeziehungen, die auf gesellschaftlichen Vorgaben beruhen und Verbindlichkeit, Verantwortungsübernahme und eine gewisse Unkündbarkeit beinhalten (Hurrelmann, 1989).

In einer Scheidung werden von den Kindern in der Folge oft unterstützende andere Personen gesucht, da eine Enttäuschung an den Eltern stattgefunden hat. Die enttäuschten Werte werden einerseits durch einen hohen ethischen Kodex an sich selbst eingelöst, andererseits werden diese hohen Wertvorstellungen, die eine Sicherheit gegen erneutes Leid darstellen, auf andere Personen übertragen, die Zuverlässigkeit, Verantwortlichkeit und Empathie verkörpern, was die Kinder an ihren Eltern vermisst haben. Diese Erfahrung der Scheidung führt dann dazu, dass man nach Menschen sucht, die einem Vater und Mutter und deren verlorene Qualitäten von Sorge um einen und Verantwortungsgefühl ersetzen können.

Wallerstein & Blakeslee (1989) halten zur Präsenz und Bedeutung einer solchen hilfreichen Person im Scheidungsprozess folgendes fest:

"Ein Kind wird sich viele Jahre später noch an den Nachbarn aus demselben Block erinnern, der in der Zeit der Scheidung nett zu dem Kind war. Bei weniger als zehn Prozent der Kinder in unserer Studie gab es einen Erwachsenen, der sich zum Zeitpunkt der Trennung einfühlsam mit ihnen unterhalten hätte." (S. 36)

Im Falle einer Wiederverheiratung der Mutter durch den Beizug einer neuen Person entstand oft auch keine Entlastung für das Kind; vielmehr verhielt es sich laut Studien (Fthenakis et al., 1982; Wallerstein & Blakeslee, 1989, S. 144, 284, 291ff) auch so, dass die Bedürfnisse der Kinder hintenangestellt wurden oder die Kinder sogar zu ihrem Vater weggeschickt wurden.

Bei einer Scheidung verändert sich das Mesosystem der Familie, d.h. ihre verwandtschaftlichen und sozialen Beziehungen, stark. Grosseltern erhalten oftmals grosse Bedeutung (Fthenakis et al., 1992, S. 18). In einer exemplarischen Fallgeschichte weist auch Kolip (1993, S. 160) auf die Wichtigkeit der Grosseltern für die Bewältigung von Scheidung hin. Fassel (1994) berichtet von einer Scheidung, in der der Vater, dessen Wutausbrüche eskalierten, den Sohn körperlich misshandelte. Die Situation wendete sich, als die Grossmutter auf den Plan trat, die zwei Kinder in ihr Auto setzte und zu sich nahm, *"bis die Schwierigkeiten vorbei sind"* (Fassel, 1994, S. 66). Grosseltern, die eine glückliche, stabile Ehe führen, besitzen oft eine spezielle Bedeutung für ihre Enkelkinder aus geschiedenen Ehen, indem ihre Partnerschaft für die Hoffnung steht, dass es möglich ist, als Paar glücklich zu sein und zusammenzubleiben. Sie werden zum Beweis und Symbol dafür, dass Beziehungen dauerhaft und verlässlich sein können (Beelmann et al., 1991; Wallerstein & Blakeslee, 1989). Wenn im emotionalen Bereich die Eltern-Kind-Beziehung jedoch Exklusivcharakter hat, wird das Wegfallen dieser Stütze mit diesem ausschliesslichen Charakter im Falle einer Trennung zum Problem. Die Rolle, die Grosseltern oder andere Personen ausserhalb der Familie spielen könnten, wird in der Trennungsbearbeitung dann zu wenig genutzt (Nave-Herz, 1993, S. 35).

Eine ganze Anzahl von Autoren beschreibt die Bedeutung zugewandter Personen für den Bewältigungsprozess: Jaede (1992, S. 118ff) zählt als vorteilhaft für die Bewältigung eine Reihe von Faktoren auf wie klare Alltagsstrukturen und Regelmässigkeiten, ein hohes Aktivitätsniveau, ausserfamiliäre Aktivitäten, positives Kontaktverhalten oder auch ein flexibles Bewältigungsverhalten - insbesondere aber sind dritte, zugewandte Bezugspersonen im Umfeld des Kindes in Krisenzeiten bedeutend. Enge persönliche Beziehungen erwiesen sich auch gemäss Schröder & Schmitt (1988, S. 151) als wichtigster positiver Faktor der sozialen Unterstützung. Als wichtige Ressource bei der Bewältigung von Belastungen sehen auch Hornung & Gutscher (1994, S. 74) das Vorhandensein einer tragfähigen

Vertrauensbeziehung an. Hoffman (1987, S. 81) stellt basierend auf der Arbeit von Minuchin über Familien in Slums fest:

> „Wenn eine Verwandtschaftsgruppe aushelfen kann oder ein verantwortungsvoller Freund oder eine starke Grossmutter oder ein die Elternfunktion in angemessener Weise ausübendes Kind, dann mag das Familienleben mehr schlecht als recht funktionieren, aber es funktioniert, weil die Mutter nicht total allein ist.".

Hurrelmann (1989, S. 126) sieht die Unterstützung, soziale Beziehungen aufzubauen und zu erhalten daher als integralen Bestandteil von Jugendarbeit und Jugendberatung an.[22]

Ein bedeutender Faktor im Bewältigungsprozess stellt also die Existenz einer solchen zugewandten, hilfreichen Person dar. Nachdem auf die Unterstützung durch solche zugewandten Personen hingewiesen wurde, sollen diese möglicherweise hilfreichen Personen im folgenden beschrieben werden.

Alte Befunde (Terman, 1925; in Mönks, 1984, S. 289) weisen schon darauf hin, dass unterstützende, interessierte Personen wie bspw. die Eltern für den Erfolg von Jugendlichen zu den einflussreichsten Faktoren zählen. Wurden durch Belastungen wenig tangierte Jugendliche untersucht, so verfügten sie in grösserem Ausmass als andere über Hilfestellungen von ihren Eltern und anderen Erwachsenen (Seiffge-Krenke, 1984, S. 379). Bei den Jugendlichen hingegen, die manifeste Störungen aufwiesen, lag in der Regel eine ungewöhnliche Überbeanspruchung der Jugendlichen, eine untypische Häufung von Problemen und fehlende stützende und strukturierende Hilfestellungen der Umwelt vor (Coleman, 1978; Seiffge-Krenke, 1984, S. 358). Auch Kolip (1993, S. 78) sieht die Eltern und Freunde als wichtige Ansprechpartner in Problemsituationen an und meint, dass die grösste Wichtigkeit den besten Freunden, den Liebesbeziehungen und den Elternbeziehungen zukommt (Kolip, 1993, S. 125). In dieser Studie von Kolip (1993, S. 122) nennen invulnerable Jungen im Vergleich zu auffälligen Jungen auch mehr Personen, zu denen sie eine Art Elternbeziehung unterhalten. Kolip (1993, S. 135) schliesst dementsprechend, dass eine unterstützende Beziehung zu den Eltern, aber auch zu anderen erwachsenen Personen, mit denen der Jugendliche sich angefreundet hat, eine besondere

---

22 *„... attention must be paid to the fact that social relationships which are experienced as being supportive directly affect physical, psychological, and social wellbeing, and are prerequisites for overcoming stressful living conditions. For this reason, support in establishing and maintaining social relationships is an integral part of youth work and youth counseling."* (Hurrelmann, 1989, S. 126)

Funktion haben kann. Wie die Autorin (1993) in ihrer Studie an invulnerablen und auffälligen Heimjugendlichen gezeigt hat, ist die Hauptaktivität dieser Beziehungen das gemeinsame Gespräch. Belastete Beziehungen zu den Eltern führen häufig auch dazu, dass Jugendliche auf Bewältigungsstrategien ausweichen, die sie unabhängig von der Zustimmung der Erwachsenen machen. Gleichaltrige werden zu den hauptsächlichsten Ansprech-, Informations- und Vertrauenspartnern (Seiffge-Krenke, 1984, S. 385; Dreher & Dreher, 1985, S.50). Fassel (1994, S. 197) rät in ihren Hinweisen, wie erwachsene Scheidungskinder genesen könen, sich einen Mentor, eine hilfreiche Person zu suchen; eine Person, die Informationen vermitteln, Erfahrungen teilen und Vorbild sein kann.

Was die Funktion der Geschwisterbeziehungen und deren Bedeutung für die Scheidungsbewältigung angeht, so ist zu differenzieren. Die Spaltungen, die für eine Scheidung und für Störungen bei Individuen und Familien so typisch sind, finden oft eine Parallele in einer Spaltung quer durch die Geschwister. Das eine Kind fungiert dann als Liebling bspw. als die Muttertochter, während das andere Kind, als dem Vater ähnlich, weggestossen wird. Auch Bauers (1993, S. 41) meint, dass Geschwister sich nur selten stützen und entlasten, da sich die Geschwisterbeziehungen durch die Bildung von Koalitionen mit den Eltern aufspalten. Die Tatsache, der ganzen Scheidungssituation nicht allein ausgesetzt zu sein, kann jedoch als unterstützender Faktor gesehen werden. Die eigene Wahrnehmung und der eigene Schmerz können verifiziert und geteilt werden. Ein Mädchen aus der Untersuchung von Wallerstein & Blakeslee (1989) äussert klar, dass sie einander geholfen hatten und formuliert: „.... *als Einzelkind wäre ich vielleicht verrückt geworden. Wir haben eben zusammengehalten.*" (S. 145). Sicher kann so das Geschwistersystem auch, aber nicht nur unterstützend wirken.

Jugendliche fühlen sich gemäss Seiffge-Krenke (1994 b, S. 30ff) vor allen anderen von ihren Freunden verstanden. Es findet in diesem Alter ein Wechsel statt von den Eltern als Enthüllungspartner zu den Gleichaltrigen hin. In Freundschaften werden mehr gemeinsame Interessen geteilt als in der Eltern-Kind-Beziehung. Schwierigkeiten sind zudem nicht so sehr Anlass zu Beurteilungen oder Forderungen, sondern da, um sie gemeinsam zu überwinden (Youniss & Smollar, 1990, S. 136). Kolip (1993) hat die Bedeutung der Existenz eines besten Freundes, einer besten Freundin und eines Netzwerkes für die Jugendlichen nachgewiesen. Soziale Unterstützung wird im Jugendalter in erster Linie von den besten Freunden geleistet, und zwar nicht nur emotionale Unterstützung, sondern auch Unterstützung in anderen Formen, wie materielle, informative und beurteilende Unterstützung (Kolip, 1993). Die Existenz eines besten Freundes steht auch in einem positiven Zusammenhang zur psychologischen Anpassung und ist dabei wichtiger als die Popularität in der Gleichaltrigengruppe (Kolip, 1993, S. 78). Die Unterstützung durch Freunde wird zudem wegen ihrer Nicht-Selbstverständlichkeit als besonders bedeutsam und wirksam eingeschätzt (Nestmann, 1988; in Hurrelmann, 1988, S. 116ff). Während unter Freunden auch häufiger psychologische Unterstützung ausgetauscht wird, geben Geschwister einander in erster Linie instrumentelle Unterstützung (Kolip, 1993). Seiffge-Krenke (1994 a, S. 167ff) hat Freundschaftsbeziehungen zu Gleichaltrigen als Faktor sozialer Unterstützung bei chronischer Krankheit im Jugendalter untersucht. Die Einschätzungen der Jugendlichen wurden dabei durch die Angaben ihres besten Freundes validiert. Es wurde festgestellt, dass die an Diabetes erkrankten Jugendlichen kaum über Konflikte und Lösungsmöglichkeiten zwischen sich und ihrem besten Freund zu sprechen vermochten - im Gegensatz zu den gesunden Jugendlichen, die mehr Schwierigkeiten äusserten. Es zeigte sich ein gewisses Defizit in der Qualität der Freundschaftsbeziehungen in bezug auf weniger Vertrauen, weniger qualitativ anspruchsvolle Beziehungen und mehr soziale Isolation (Seiffge-Krenke, 1994 a, S. 168). Die Beziehungen zu Freunden ist durch weniger Zuneigung, Bewunderung und Intimität gekennzeichnet und die Machtstrukturen sind weniger ausgeglichen als in Freundschaftsbeziehungen zwischen gesunden Jugendlichen. Es kommt daher nicht nur auf die Grösse des Netzwerkes, sondern vor allem auch auf dessen Qualitäten an. Obwohl in einer Untersuchung von Kolip (1993, S. 171) ausdrücklich nach dem Freundeskreis gefragt wurde, nannte auch rund ein Drittel der Befragten im Interview eine Person als bedeutsam, zu der eine Art Eltern-Beziehung bestand. Die Autorin wertet dieses Ergebnis als Hinweis darauf, dass Eltern oder Personen, die solche Elternfunktionen übernehmen, ein wichtiger Platz zukommt. Auch wenn so im Jugendalter Gleichaltrige an Bedeutung gewinnen, geht dies aber nicht mit einer völligen Ablösung von erwachsenen Personen einher.

Zur Frage, wer denn neben Eltern, Geschwistern und Freunden weiter eine solche hilfreiche Person sein kann, ist zu vermuten, dass eine solche im Prinzip jede und jeder in jeder nur denkbaren Situation werden kann. House (1981; in Kolip, 1993, S. 66) listet eine ganze Reihe solcher möglicher Unterstützungsquellen auf: 1. (Ehe)Partner 2. Verwandte, 3. Freunde, 4. Nachbarn, 5. Vorgesetzte, 6. Arbeitskollegen, 7. Angehörige von Dienstleistungsberufen, 8. Selbsthilfegruppen und 9. Bedienstete des Sozial- und Gesundheitswesens. Eine hilfreiche Person kann demnach zu einem grossen Kreis möglicher Beziehungen gehören: zu Familienangehörigen, schulischen, beruflichen oder Freizeitverhältnissen. Es ist jedoch zu vermuten, dass eine hilfreiche Person nicht aus allen Beziehungsangeboten, sondern häufiger aus einer Leiter-, bzw. Eltern- und Vorbildposition kommt, die ja verlustig gegangen ist, denn aus einer Peerposition. Insgesamt entscheidend ist wohl die Position und Rolle, die diese Hilfsperson einnimmt, die ein Vakuum auffüllt. In gewisser Weise steht diese Person in einer zur bestehenden Schwierigkeit konträren, hoffnungsvollen und entwicklungsfördernden Position. Sie vermittelt dem Kind, dass es nicht schlecht oder böse ist und hält im besten Fall zu ihm und erträgt auch schwierige Seiten des Kindes. Sicher gehören zu den von ihr vermittelten Gefühlen, die in verschiedenen Definitionen (vgl. Kolip, 1993, S. 62 ff) als bedeutsame Bestandteile von sozialer Unterstützung bezeichneten Informationen für das Individuum: sich 1. geliebt und umsorgt, 2. wertgeschätzt und geachtet zu fühlen und 3. einem Netzwerk mit gegenseitigen Verpflichtungen anzugehören. Bedeutsam sind also Zuneigung, Zugehörigkeit, Wertschätzung, Identität und Sicherheit. Bedürfnisse werden dann durch sozioemotionale (Zuneigung) oder instrumentelle Hilfen (Informationen) erfüllt. Besondere Wichtigkeit kommt aber der emotionalen Unterstützung zu (Kolip, 1993, S. 65).

Hier ist auch auf die triadische, dritte Position einer hilfreichen Person hinzuweisen. Die Person, die sich einem Konflikt wie der Scheidung der Eltern gegenübersieht, befindet sich in einer dyadischen Beziehung zu diesem Konflikt: nur sie und dieser Konflikt bestehen, nicht jedoch eine Lösung. Diese Stellung und Sicht ist eingeengt und wirkt emotional bedrückend. Durch eine unterstützende, interessierte Person kann eine aussenstehende, dritte Position besetzt werden (Buchholz, 1990 a). Die Existenz einer solchen aussenstehenden, dritten Position erleichtert, bestärkt und weitet die Sicht: man steht dem Konflikt nicht mehr allein gegenüber.

Immer wieder wurde bei gelungenen Bewältigungsprozessen klar, dass dem Beizug und der Zugewandtheit einer aussenstehenden Person grösste Bedeutung zukam. Was in der Forschung aber oft übersehen wird, ist die Tatsache, dass bei belastenden Lebensereignissen wie Scheidung oder Tod oft ein Teil des sozialen Netzwerkes verloren geht, indem sich Freunde im Fall von Scheidung durch Konflikte oder einen Wohnortswechsel aufteilen (Hurrelmann, 1988, S. 119). Problembeladenheit führt daher oft zu einem Rückzug aus den sozialen Netzen und dadurch auch zu einer verminderten Nutzung sozialer Ressourcen (Seiffge-Krenke, 1994 a, S. 156). Weiter hängt die Zusammensetzung, Grösse und Struktur des Netzwerkes entscheidend von der Eigenaktivität der einzelnen Person ab. Soziale Unterstützung ist deshalb nicht ein gegebener Wert, sondern sie muss vom Individuum geschaffen, wahrgenommen und angenommen werden. Das Netzwerk ist auch deshalb so bedeutend, weil das Überleben in früheren Zeiten und auch heute noch zu einem bedeutenden Teil von der Gemeinschaft abhängt. Eine Bestrafung war in vielen frühen Gesellschaften gleichbedeutend mit dem Ausschluss aus dieser Gemeinschaft. Im Falle der Scheidung stellt die Stigmatisierung bereits einen gewissen Ausschluss aus der Gemeinschaft dar. Auch wenn diese Stigmatisierung an Gewicht verloren hat, hat sie früher eine bedeutende Rolle gespielt und wird heute noch durch die katholische Kirche praktiziert. Eine vermittelnde Person, die sozusagen als Garant, als Beschützer und Bindeglied zur Gemeinschaft dienen kann, um nicht ausgestossen zu werden, hat eine bedeutsame Funktion. Es ist aber auch nicht zu vergessen, dass Beziehungen, in welcher Art auch immer, ob als Freundschaftsbeziehungen zu Gleichaltrigen oder anderen, nicht nur stressreduzierende, sondern auch stressinduzierende Funktionen aufweisen (Seiffge-Krenke, 1994 a). Unter den Ideen zur Stärkung von unterstützenden Faktoren bei der Bewältigung sieht Hurrelmann (1988, S. 190ff) die Netzwerkförderung als überaus bedeutsam an, da diese auch unspezifisch ist, indem sie über die Nutzung und Wirkung im Einzelfall nicht entscheidet. Der Schwerpunkt sollte hierbei darauf gelegt werden, vorhandene Stützsysteme im Umfeld der Familie, in der Verwandtschaft, Nachbarschaft und im Freundeskreis zu stärken *„ und die dort ansprechbaren Personen als eine Art ‚natürliche Berater' in den Hilfeprozess einzubeziehen..."* (Hurrelmann, 1988, S. 191). Fend (1990, S. 108ff) jedoch vertritt die zum oben Dargelegten kritische Meinung, dass emotionale Distanz und fehlende Fähigkeiten der Eltern nicht durch ein ähnliches, verlässliches und effektives Unterstützungssystem von Freunden oder Peers kompensiert werden können. Er fügt jedoch auch an, dass hierin dringende Forschungsarbeit zu leisten wäre.

6.4 Forschungsergebnisse zur Scheidungsbewältigung
Im folgenden sollen Ergebnisse zur Scheidungsbewältigung generell dargestellt werden.

Nur knapp 30% der Eltern ist es nach einer Scheidung in der Untersuchung von Napp (1988, S. 35) gelungen, die Elternschaft von der gescheiterten Partnerbeziehung zu trennen; bei mehr als der Hälfte ist der Kontakt zum geschiedenen Partner ganz abgebrochen. Dies ist von entscheidender Bedeutung, da die nacheheliche Kontaktart ein wichtiger Faktor dafür ist, wie die Kinder die Scheidung der Eltern bewältigen.

Napp (1988, S. 42ff) stellte fest, dass die Mehrheit der Kinder mit langanhaltenden Störungen (wie aggressives, depressives Verhalten oder Schulschwierigkeiten) aus getrennten Familien stammten, in denen die Eltern keinen Kontakt mehr miteinander hatten oder in denen die Konflikte auch nach der Scheidung anhielten. Die elterliche Interaktion war dort am unproblematischsten, wo mehr freundschaftliche und verwandschaftliche Beziehungen und Unterstützung bestanden (Napp, 1988, S. 47ff). Die Autorin (Napp, 1988, S. 49) erklärt, dass dem sorgeberechtigten Elternteil oft erst dann klar wird, dass die Kinder den anderen Elternteil brauchen und unter dem Verlust leiden, wenn sich die eigene persönliche Situation emotional entspannt und stabilisiert hat und wieder Raum besteht, die Bedürfnisse der Kinder wahrzunehmen. Meist ist es dann aber zu spät, die unterbrochene Beziehung wieder anzuknüpfen; der andere Elternteil fühlt sich abgewiesen und hat sich entfernt.

Kinder aus Ein-Eltern-Familien, in denen aber für alle Familienmitglieder eine befriedigende Reorganisation gefunden worden war, zeigten vergleichsweise höhere Werte in bezug auf das Selbstwertgefühl, die Selbstverantwortung und soziale Kompetenz (Oberndorfer, 1991, S. 26).

Ein sehr interessanter Ansatz wurde von Kurdek, Bliks & Siesky untersucht (1981; vgl. Fthenakis et al., 1982, S. 152). Dieses Autorenteam stellte fest, dass zwischen dem Verstehen der Gründe für eine Scheidung und dem emotionalen Akzeptieren dieses Ereignisses keine Korrelation bestehen muss. Es ist demnach ab einem gewissen Alter möglich, die Scheidung der Eltern kognitiv zu bewältigen; aber diese Bewältigung der Elterntrennung findet im emotionellen Bereich keine automatische Entsprechung.

6.5 Bewältigung auf der konkreten Ebene als Kind

Zusammenfassend können die folgenden Punkte für die konkrete Scheidungsbewältigung des Kindes oder Jugendlichen nochmals aufgeführt werden:
- Das Kind oder der Jugendliche muss sich in der neuen Situation zurechtfinden, z.B. an einem neuen Wohnort und in einer neuen Schule,
- die erschütterten Gefühle des umsorgt-Seins und des Schutzes müssen wiederhergestellt werden,
- das Erleben von Sinn und einer nicht böswilligen Umwelt muss wieder etabliert werden,
- das Erlebnis, Statist im eigenen Leben zu sein, muss der Erfahrung weichen, dass es möglich ist, Einfluss zu nehmen und
- die eigene Position als Kind, mit den Rechten und Pflichten eines Kindes und der Klarheit, was nicht in die Verantwortung, Zuständigkeit und Schuld eines Kindes gehört, muss wiederhergestellt werden.

Was das Kind in einer Scheidung braucht, ist breit dokumentiert (Balscheit et al., 1987): Die Eltern sollen das Leid des Kindes wahrnehmen, oft wird diese Betroffenheit des Kindes verleugnet oder dem Partner die Schuld dafür gegeben. Das Kind braucht Einfühlung, Trost und Unterstützung. Es braucht Aufklärung über die Gründe der Scheidung und die weitere Zukunft. Das Kind muss wissen, dass es geliebt wird und nicht Grund für die Trennung war. Es muss aus Konflikten herausgehalten werden und zum nichtsorgeberechtigten Elternteil eine Beziehung aufrechterhalten können. Die Elternrolle muss von der Paarebene getrennt und verantwortungsvoll ausgefüllt werden (Bauers, 1993).

Wenn Scheidungskinder häufig besonders vernünftig und selbständig erscheinen, sagt dies noch nichts über eine gelungene Bewältigung der Scheidung oder ihre innerpsychische Befindlichkeit aus. Oft handelt es sich dabei um eine Pseudo-Unabhängigkeit aus einer Notsituation heraus, mit der starke Wünsche nach Bindung abgewehrt werden, weil diese nicht verwirklichbar oder bedrohlich erscheinen (Bauers, 1993, S. 59). Es wird bei der Bewältigung jedoch auch klar, dass beide Seiten einer Medaille zu sehen sind: so kann Verantwortungs- und sogar Schuldübernahme nicht nur als Belastung für das Kind gesehen werden, sondern dient auf der anderen Seite gerade dem Zweck der Bewältigung dieser Belastung. Mit der oft übertriebenen Übernahme von Verantwortung ist es dem Kind möglich, ein Stück an Kontrolle über das eigene Leben, die durch die Scheidung stark in Frage gestellt wurde, zurückzugewinnen. Das Gefühl, das eigene Leben zu kontrollieren, ist ein bedeutender Faktor von Gesundheit und ein Schutz gegen Depression (Seligman, 1986). Sich Schuld zu geben kann auch helfen, dem Erlebten Sinn zu geben, auch wenn der Selbstwert unter der Schuldübernahme leidet. Es müssen dabei zwei Typen von sich zugeschriebener Schuld unterschieden werden: Gemäss Janoff-Bulman (1992, S. 125) handelt es sich bei *„characterological self-blame"* um eine Schuld, die sich auf den Charakter der Person oder deren überdauernde Eigenschaften bezieht, bei *„behavioral self-blame"* ist hingegen an Schuld zu denken, die sich lediglich auf einzelne Handlungen des Individuums bezieht.

Natürlich besteht auch eine Reihe an professionellen Angeboten, die im Bereich der Scheidungsbewältigung in Anspruch genommen werden können. Bevor jedoch ein solcher Schritt für das Kind oder von einem Elternteil selbst unternommen wird, sind Überlegungen notwendig, die hier kurz dargestellt werden sollen. Gemäss Lehtinen & Väisänen (1978; in Seiffge-Krenke, 1994 a, S. 175) läuft etwa folgender Prozess ab, bevor fachliche Hilfe in Anspruch genommen wird:
- Eine Störung muss überhaupt wahrgenommen werden.
- Man muss sich durch diese Störung eingeschränkt fühlen
- und sich als krank bzw. unterstützungsbedürftig bezeichnen (Laiendiagnose).
- Dieses Kranksein bzw. diese Bedürftigkeit muss sich psychisch bewusst und unbewusst organisieren.
- Sich als behandlungsbedürftig zu erklären, beinhaltet, die Notwendigkeit der Hilfe durch eine andere Person einzusehen und eine Eigenbehandlung abzulehnen.

- Weiter bedeutet es, als Hilfebedürftiger eine Fachperson und nicht eine andere Person aus dem sog. Laiensystem zu konsultieren.
- Sich für eine bestimmte Fachperson zu entscheiden, ist eine abschliessende Voraussetzung der Inanspruchnahme von professioneller Behandlung.

Im Fall einer Scheidung werden die obengenannten Bedingungen wohl zu selten als zutreffend angenommen und in der Folge wird auch zu selten psychische Hilfe in Anspruch genommen.

6.6 Die Arbeit mit Scheidungskindern; Interventionsprogramme

Zur Bearbeitung der Scheidung werden für betroffene Kinder und Jugendliche von Psychotherapeuten begleitete Gruppen angeboten. In einer Gruppe bestehen für das betroffene Scheidungskind vielerlei Möglichkeiten der Unterstützung die elterliche Trennung zu bewältigen. Das betroffene Kind kann zunächst erfahren, dass es nicht allein ist. Das Kind hört von anderen Erfahrungen in einer ähnlichen Situation. Diese Anstösse können helfen, sich mit dem eigenen Schmerz auseinanderzusetzen; man sieht andere anders umgehen mit dieser Situation und kann von ihrem Beispiel lernen.

In einer solchen Gruppe für Scheidungskinder wurde von Rudeck (1993) folgendes Vorgehen benutzt: Die Gruppe traf sich 14-täglich mit einer aus einem Mann und einer Frau zusammengesetzten Leitung. Die Kinder wurden zu diesen Treffen persönlich per Brief eingeladen, auch wenn sie noch nicht lesen konnten. Die Inhalte dieser Treffen waren etwa folgende: Die Trennung der Eltern wurde als Gemeinsamkeit der Gruppe angesprochen, um zu einem möglichst enttabuisierten Umgang mit diesem Konflikt einzuladen. Die Gefühle der einzelnen Kinder wurden aufgenommen. Die Regeln der Gruppe im Umgang miteinander werden als achtungsvoll und rücksichtnehmend beschrieben, um dem einzelnen Kind Schutz und Ermutigung zu vermitteln und den Kindern die Erfahrung zu ermöglichen, dass Missachtung nicht die Regel ist. Die Kinder wurden in die Gestaltung der Treffen aktiv miteinbezogen, beim gemeinsamen z'Vieri fand bspw. eine Auswertung statt. Eine unabdingbare Voraussetzung zur Leitung einer solchen Gruppe ist die absolut neutrale Haltung der Therapeutin und des Therapeuten gegenüber den beiden Elternteilen dieser Kinder (Jaede, 1992, S. 114).

Obwohl viele Ideen bestehen, das Thema Scheidung vorzugeben, wie bspw. durch Geschichten, die fertigerzählt werden sollen (wo der Vater jetzt wohnt, Phantasiereisen oder das Schreiben fiktiver Briefe), wurde von Rudeck (1993) die Erfahrung gemacht, dass sich die Kinder gegen ein zu forciertes Ansprechen von Trennung und Scheidung schützten und vor allem Stützung benötigten. Auch Jaede (1992) stellt fest, dass bei den Kindern oft eine frühe Scheidungsthematisierung nicht möglich ist; vielmehr ist der Wunsch nach Spiel und Entlastung im Vordergrund. Die Scheidungsverarbeitung umfasst beim Kind sehr lange Zeiträume und betrifft sehr persönliche Gefühle, die viele Kinder eher in der Einzel- als in der Gruppensituation äussern. Dennoch kann eine Kindergruppe Entlastung und Solidarisierung bringen (Jaede, 1992). Auch Jugendliche berichten, dass es problematisch und oft unmöglich war, mit Eltern, Geschwistern oder Freunden über die Trennung der Eltern und damit verbundene Schwierigkeiten zu sprechen (Thöne-Jäpfel, 1993, S. 142ff). Sie fühlten sich allein und hatten Angst, in Loyalitätskonflikte zu kommen und auch die Mutter zu verlieren. Oft war es so auch nicht möglich, den Trennungskonflikt in der Familie gemeinsam zu bewältigen, und Angebote wurden häufig erst nach der Scheidung in Anspruch genommen. Vor allem wünschten sich die Kinder und Jugendlichen Gespräche, Informationen und ein einbezogen-Werden. Dass die Kinder in einem aktiven Suchprozess nach Lösungen ihrer Familiensituation sind, stellt Krabbe (1992, S. 132) fest. Oft sind es denn auch die Kinder, die sich Gedanken über ihre Familie nach einer Scheidung machen und neue Anstösse geben. Diese Fähigkeiten und Stärken der Kinder als Familienhelfer sollten gemäss der Autorin von professionellen Helfern auch anerkannt werden, ohne die Kinder auf diese Rolle zu fixieren oder zu beschränken. Die Bedürfnisse der Kinder und Jugendlichen einerseits nach Ablenkung und Ruhe und andererseits nach einer Auseinandersetzung stehen sich gegenüber. Hier ist wie auch in der Traumaforschung beschrieben, zu sehen, dass beide Bedürfnisse, das Bedürfnis nach Ruhe, Verdrängung und Normalität wie das Bedürfnis nach Äusserung, respektiert werden müssen und Faktoren wie Achtung und Respekt vor den Kindern einen generell selbstwertstärkenden Effekt haben.

Wenn Kinder in den Schwierigkeiten einer Scheidung ihre Gefühle äussern können, brauchen diese nicht so lange versteckt zu werden, bis die Kinder nicht mehr über diese verfügen bzw. sie verdrängt haben. Damit die Scheidungserfahrungen daher nicht in das erwachsene Leben und in die eigenen Beziehungen übertragen werden, ist es notwendig, über die eigenen Gefühle zu verfügen, und ein solch früher Austausch vermag dies und auch die Kommunikation in der später eigenen Partnerschaft zu erleichtern (Suess, 1993, S. 172).

Für die Arbeit mit Scheidungskindern wurden die folgenden Ziele als wichtig erachtet (nach Rudeck, 1993, S. 156ff):

Die Kinder sollen Schutz erfahren, indem ihnen Verständnis für ihre Reaktionen entgegengebracht und ihr Verhalten als Sprache verstanden wird. Loyalitätskonflikte sollen verdeutlicht werden und der Überbehütung oder Funktionalisierung als Partnerersatz ist entgegenzuwirken. Eine Enttabuisierung der Scheidung wird angestrebt, indem ein offener Umgang mit dem Thema der Trennung gepflegt wird und indem informiert und offengelegt statt angenommen und geahnt wird. Dazu gehört auch, dass die Kinder die Trennung nicht als Makel sehen müssen. Der Wunsch nach Kontakt zu beiden Eltern wird als berechtigt angesehen und die Erlaubnis gegeben, beide Eltern lieben und vermissen zu dürfen. Generell sollen die Kinder gestärkt werden durch eine Entlastung von Verantwortung und Schuldempfinden, durch die Förderung der eigenen Identität, von Eigenständigkeit und Selbstbewusstsein. Weiter gehört dazu, Vertrauen in die eigenen Fähigkeiten zu entwickeln, die eigenen Stärken zu erkennen, die Selbstakzeptanz zu unterstützen und ‚auch die von der Mutter abgelehnten Anteile des Vaters oder umgekehrt akzeptieren zu lernen'. Letztlich gilt es auch den Prozess der Entwicklung der Geschlechtsidentität zu fördern. Zur Bewältigung gehört auch, den Kindern Mut zu machen, sich Konflikten zu stellen, und sie sollen alternative Konfliktverlaufsformen erleben können, die nicht im Beziehungsabbruch enden, sondern klären und weiterführen. Schutz, Akzeptanz, Orientierung und Unterstützung im Gefühlsbereich sind notwendig, um trotz Schuldgefühlen, Loyalitätskonflikten, Scham, Makel, Ärger, Wut, Trauer, Irritation und Angst bestehen zu können. Generell sollen die Kinder erleben, ein Recht auf ihre Gefühle zu haben und Rücksichtsnahme zu erfahren. Affektive Situationen sollen generell aktiv gestaltet werden, indem ein Abschied bspw. mitbeeinflusst anstatt erduldet wird. Positive Erfahrungen sozialer Beziehungen in einer altersgemässen Bezugsgruppe können ein Gegengewicht zur Scheidungserfahrung bilden und Entlastung und Solidarität durch die Vergleichbarkeit anstelle von Isolation und Vereinzelung bringen.

Wo solche Gruppen für Scheidungskinder nicht angeboten werden, und dies wird wohl für die meisten Kinder die Realität sein, stehen den Kindern Hilfen mit Bilderbüchern und Geschichten und Identifikationsfiguren zur Verfügung. Da redet bspw. ein Bub einen Brief aufs Tonband für seinen Vater und was er, sein Weggehen und die gemeinsamen Unternehmungen ihm bedeuten (Feth, 1993). Oder da ist eine Geschichte für Vorschulkinder, in der eine kleine Ente nach der Trennung nun zwei Nester hat (Balscheit et al., 1987, S. 60). Oder den Kindern werden von anderen von einer Scheidung betroffenen Kindern und Jugendlichen Ratschläge für diese schwere Zeit gegeben. Diese spezifischen, von Betroffenen formulierten Ratschläge an andere Betroffene, wie eine Scheidung verarbeitet werden kann (Balscheit et al., 1987; Duss von-Werdt et al., 1980; Reukauf, 1989; Wallerstein & Blakeslee, 1989), sollen im folgenden dargestellt werden:
- An die Erwachsenen sind die folgenden Hinweise gerichtet, die der Vollständigkeit halber hier auch Platz finden sollen:

- Die Ehe soll möglichst gelassen und sachlich beendet werden. Wenn einer der Partner mehr erhält, sich aufgibt, alle Schuld auf sich nimmt, flieht oder sich rächt, so wird sich dies negativ auf das Befinden aller auswirken.
- Um den Verlust und auch um die Hoffnungen, die sich nicht erfüllt haben, soll getrauert werden.
- Ein neues Selbst muss aufgebaut werden. Man muss sich wieder hinauswagen und neue Beziehungen knüpfen.
- Dennoch ist es unendlich hilfreich, wenn die negativen Emotionen auch beherrscht werden und die häufigen Gefühle von Ungerechtigkeit überwunden werden können.
- Ein neues Zuhause, auch für die Kinder, muss aufgebaut werden.
- Die Elternrolle und die Partnerrolle müssen klar getrennt werden. Auch wenn man sich vom Partner getrennt hat, bleibt man die Eltern seiner Kinder - Elternschaft ist nicht aufkündbar. Rationales und moralisches Handeln von seiten der Eltern ist eine notwendige Basis. Man muss den Kindern helfen, d.h. für sie emotional und finanziell sorgen und ihnen die Gewissheit vermitteln, dass auf ihre Bedürfnisse und Sorgen eingegangen wird. Den Kindern muss klargemacht werden, dass sie mit dem Streit der Eltern nichts zu tun haben, dass sie weder schuld sind noch ihre Hilfe gefragt ist, sondern dass sie weiter als Kinder von beiden Elternteilen geliebt werden. Kinder können und sollen sich auch nicht für oder gegen einen Elternteil entscheiden müssen. Wenn den Kindern die eigene Trauer gezeigt werden kann, dann können auch sie leichter weinen und trauern.

Den Kinder werden die folgenden Ratschläge weitergegeben:
- Die Kinder müssen die Scheidung verstehen lernen. Sie müssen eine Vorstellung davon bekommen, was die Scheidung bedeutet und welche Folgen sie haben wird (v.a. kleinere Kinder haben sehr unrealistische Vorstellungen und oft grösste, irreale Ängste). Sie sollen versuchen, über die Scheidung und ihre Gefühle zu sprechen. Wenn das Kind älter ist, kann es mit mehr Distanz die Handlung seiner Eltern beurteilen lernen und nützliche Schlussfolgerungen für sein eigenes Leben ziehen.
- Möglichst früh sollen sie sich wieder ihrem eigenen Leben zuwenden und ihren Interessen, Hobbies und Beziehungen nachgehen. Die Eltern sollen die Kinder anhalten, Kinder zu bleiben.
- Die betroffenen Kinder müssen vermeiden, zwischen den Eltern zu vermitteln oder Partei zu ergreifen. Gefühle, an der Scheidung schuld zu sein, müssen abgelegt werden.
- Die Gefühle von Ohnmacht, Zurückweisung und Demütigung müssen überwunden werden.

- Die Kinder müssen lernen mit Zorn umzugehen. Einerseits wissen sie um die Schuld ihrer Eltern und andererseits sehen sie deren Leid. Das macht es ihnen schwer, sich Ärger einzugestehen und diesen zu überwinden. Wenn die Kinder mit der Zeit lernen zu verzeihen, können sie sich aus der Identifikation mit dem Täter oder Opfer befreien.
- Die Endgültigkeit der Scheidung muss akzeptiert werden - eine Tatsache, die anfangs nur langsam und teilweise zugelassen werden kann.

Den Kindern ist zu wünschen, dass sie das Risiko der Liebe wieder eingehen, dass sie innerlich wieder bereit werden zu lieben und geliebt zu werden.

Von einer konstruktiven Verarbeitung der Trennung spricht Kahlenberg (1993, S. 53, 71, 212) dann, wenn Enttäuschung, Aggressionen und Trauergefühle zugelassen werden konnten, eine Trennungsgeschichte entworfen wurde, die das Scheitern der Beziehung erklärt ohne an einseitigen Schuldzuweisungen festzuhalten, und wenn die resultierenden Anforderungen und Probleme produktiv angegangen wurden und ein neues Leben aufgebaut werden konnte.

Obwohl eine Scheidung die beste Lösung für eine destruktive familiäre Beziehung sein kann und dem Kind eine Flucht vor vielerlei Belastungen und die Möglichkeit zu persönlicher Entwicklung öffnen kann, erleben fast alle Kinder die Scheidungserfahrung als schmerzvoll.

Es ist unmöglich, ein Kind davor zu bewahren, dass es während der Scheidung leidet, aber es gibt viele Möglichkeiten, seinen Schmerz zu lindern, und das Kind ist auf diese Unterstützung der Eltern und anderer Personen angewiesen.

6.7 Bewältigung auf der konkreten Ebene als Erwachsener und ehemals von der Scheidung betroffenes Kind

Schwierigkeiten als Erwachsene ergeben sich für die ehemaligen Scheidungskinder dann, wenn die in der Scheidungssituation erlernten Muster später unübersehen in das eigene Leben übertragen werden. Die Erkenntnisse von Fassel (1994) zu diesem Thema sollen hier deshalb dargestellt werden.

Die Schwierigkeiten ehemaliger Scheidungskinder zeigen sich gerade auch in Liebesbeziehungen. Ein wichtiger Bestandteil von Intimität ist bspw., sich auch bedürftig zu zeigen und annehmen zu können, um dem Partner damit die Möglichkeit zu geben, sich als gebend und damit als bedeutend zu erleben. Gerade die auf Kontrolle und Unabhängigkeit bestrebten früheren Scheidungskinder haben häufig Mühe, ihrem Partner diese Wichtigkeit für sie zuzugestehen. Wenn sie diese Bedeutung des Partners für sich zuliessen, würde damit auch ein möglicher Verlust umso schmerzhafter. Es ist daher notwendig, nicht nur Kinder und Jugendliche in Scheidungen zu begleiten, sondern dieses Thema auch in einem erwachsenen Stadium, wenn es um die Gestaltung von Beziehungen geht, aktuell zu erhalten. Das Benennen der Erfahrungen in der Scheidungssituation und der damit verbundenen Gefühle sind ein bedeutender Teil der Bewältigung. Dies kann in Freundschaften, Selbsthilfegruppen, Therapien oder mittels Büchern geschehen.

Fassel (1994) benennt nicht nur die möglichen Schwierigkeiten ehemaliger Scheidungskinder, sondern gibt auch Hinweise für eine Bewältigung und Heilung. Um mit ihrem oft übertriebenen Verantwortungsgefühl zurechtzukommen, meint sie, sollen erwachsene Scheidungskinder sich nicht dauernd um andere kümmern und sich in die Schwierigkeiten anderer ziehen lassen. Ehemalige Scheidungskinder haben mehr Erfahrung, anderen zu helfen, als mit sich zu sein, was es zu entwickeln gilt. So sollen sie die Verantwortung für sich übernehmen, in sich hineinhören und sich nicht in Arbeit stürzen, um sich vor Gefühlen zu flüchten.

Im Umgang mit ihrem oft übertriebenen Bedürfnis Kontrolle auszuüben, rät Fassel (1994) den erwachsenen ehemaligen Scheidungskindern, sich mit diesem Bedürfnis zu befassen und auch das Wagnis einzugehen loszulassen.

Weiter muss ein Umgang mit der häufig anzutreffenden Angst vor Konflikten gesucht werden. Der Eskalation und der Gewalt muss vorgebeugt werden, bspw. indem jemand bei Konflikten anwesend ist. Bei einer Eskalation kann es für die Betroffenen hilfreich sein, auseinanderzugehen und zu überlegen: Welches sind meine Gefühle, was ist mein Anteil, was möchte ich eigentlich?

Um nicht vorschnell Partei zu ergreifen, sollen sich erwachsene Scheidungskinder mit ihren Wünschen nach Zugehörigkeit, einem Zuhause und der übertriebenen Fürsorge für andere auseinandersetzen. Es soll vermieden werden, die Welt in gut oder schlecht einzuteilen und in einem Schwarzweiss-Denken zu erstarren.

Immer wieder werden sie auch mit alten Gefühlen des alleingelassen-Seins zu kämpfen haben. Ehemalige Scheidungskinder sollen sich daher bewusst etwas zugestehen und sich dabei sagen, dass sie dies verdienen.

Erwachsene Scheidungskinder können auch Schwierigkeiten haben, Grenzen zu setzen. Die Betroffenen können sich dann fragen, wann und warum sie sich mit anderen unsicher und unbehaglich fühlen. Sie sollen um Bedenkzeit bitten, wenn Forderungen an sie gestellt werden. Dies hilft ihnen auch herauszufinden, wer sie sind und Identität zu schaffen.

Viele von einer Scheidung ihrer Eltern Betroffene erhielten auch weniger Zuwendung und Unterstützung in sozialen Situationen, und sie tragen diesen Mangel in ihr Erwachsenenleben weiter und empfinden Hilflosigkeit. Sie wissen oft nicht, wie sie reagieren sollen und sehen tatenlos zu; sie entbehren grundlegende kommunikative und soziale Fähigkeiten. Fassel (1994) schlägt vor, sich für den Erwerb dieser Fähigkeiten einen Mentor zu suchen.

Viele Betroffene haben auch mit einem übertriebenen Bedürfnis nach einem Zuhause und Sicherheit zu kämpfen, und oft bestehen unrealistische Erwartungen an Beziehungen. Erwachsene Scheidungskinder sollen ihre Erwartungen an Beziehungen nicht zu hoch ansetzen und sie sollen lernen, eigene Bedürfnisse zu formulieren und Absagen auszuhalten. Der Versuch, das Gegenteil des Weges der eigenen Eltern zu machen, ist keine von den Eltern losgelöste Möglichkeit des Verhaltens.

Ein Idealisieren und Beschuldigen von Eltern und Autoritätspersonen kann viele ehemalige Scheidungskinder in ihren familiären Beziehungen oder am Arbeitsplatz in Schwierigkeiten bringen. Es muss deshalb mit den Illusionen aufgeräumt werden, dass ein Elternteil nur gut und der andere nur schlecht war. Dazu kann es notwendig sein, mit Geschwistern und Verwandten darüber zu reden, wie andere die eigenen Eltern erlebt haben. Wenn die eigenen Eltern als Menschen gesehen und ihnen letztlich die Enttäuschungen und Verletzungen, die sie einem zugefügt haben, verziehen werden können, wird es auch möglich, unabhängig von den gemachten Erfahrungen die eigene Zukunft zu gestalten.

Wenn die Schwierigkeiten von erwachsenen Scheidungskindern betrachtet werden, ist aber auch im Blick zu behalten, dass viele dieser in der Scheidungssituation angeeigneten Verhalten auch eine adaptive Bedeutung hatten und Werte wie ein ausgeprägtes Verantwortungsbewusstsein und ein hoher ethischer Kodex vieler ehemaliger Scheidungskinder nicht nur negativ gewertet werden sollten, sondern hohe Werte im aktuellen Leben darstellen.

7. METHODIK

7.1 Neue Forschungsparadigmen und ihre Implikationen

Es soll im folgenden Kapitel versucht werden, das Gebiet der Ehescheidung und ihrer Bewältigung mittels neuer wissenschaftstheoretischer Erkenntnissen zu erhellen. Um Fragestellungen, die sich aus Scheidungen ergeben zu beantworten, deren Folgen zu bewältigen oder neue Fragen zu finden, wird im folgenden die Systemtheorie und die Chaostheorie dargestellt werden. Die genannten neuen Wissenschaftsparadigmen sollen mit ihren neuen Ergebnissen der Bewältigung von Scheidung neue Anstösse geben.

7.1.1 Die Systemtheorie

Wenn Familien in Scheidung Gegenstand der Betrachtung sind, ist es notwendig über die Sicht auf den Einzelnen hinauszugehen; dies nicht nur, weil bei einer Familie mehr als der Einzelne betroffen ist, sondern auch, weil die Qualifizierung der Familie als System nicht nur eine quantitative Erweiterung, sondern qualitativ neue Einsichten, gebracht hat.

Die Herkunft der Systemtheorie aus den Naturwissenschaften, ihre Entwicklung und Übertragung auf andere Gebiete wird an zahlreichen anderen Stellen ausführlich dargestellt (Hoffman, 1987; Hirsig, 1989). Hier soll darauf nicht eingegangen werden, sondern nur die Implikationen der Systemtheorie für das Gebiet der lebenden Systeme, für Familien und Einzelne, betrachtet werden.

Die Systemtheorie bietet für das Verständnis des Funktionierens von Familien nicht Anleitungen, sie ist primär auf der Ebene einer Metatheorie anzusiedeln. Die Systemtheorie hat grundlegende Strukturen und Modelle festgelegt, zu denen der klassische Regelkreis gehört. So bietet sie formale Mittel zur Formulierung und Überprüfung von eigenständig entworfenen Modellen. Mittels der Systemtheorie können demnach die Struktur und die Gesetze eines Systems, nicht aber seine Realisierung, untersucht werden; die Gesetzmässigkeiten, nach denen die Variablen eines Systems verknüpft sind, werden erforscht, die Qualitäten der Variablen jedoch auf dieser Ebene ausser acht gelassen.

Wie bei der Beobachtung des Wetters ist es auch für das Verständnis von Familien nicht möglich, sich nur örtlich zu orientieren: Regengüsse für die einen können Trockenheit für die anderen bedeuten. Es ist auch nicht mehr möglich, sich auf einen bestimmten Wettervorgang zu beschränken, der zufällig an diesem oder jenem Ort stattfindet, sondern Wind, Wolken, Feuchtigkeit, kalte und warme Wetterfronten, Längen- und Breitengrade spielen als Faktoren eine Rolle. Es war deshalb für eine adäquate Beobachtung notwendig, einen Aussichtsturm oder Satelliten zu erfinden, um die grösseren Strukturen erkennen zu können. Solange man aber auf der Erde stand und an einem Tag Regen und am nächsten Sonne erlebte, musste man eine Dämonologie finden, um diese unterschiedlichen Erscheinungen zu erklären. So war es auch mit ungewöhnlichen Verhaltensweisen. Immer wieder wurden Dämonologien erfunden, um die irrationalen Verhalten - die unterschiedlichen „Wetterzustände" der Seele - zu erklären. Zu manchen Zeiten glaubte man, mächtige Geister beherrschen eine Person von aussen, dann nahm man an, Impulse von innen beherrschten die Menschen (Hoffman, 1987, S. 7ff). Die Systemtheorie ermöglicht es, diesen Zuständen gegenüber eine Metaposition einzunehmen und zumindest teilweise auf einem Aussichtsturm zu stehen.

Für die Humanwissenschaften ist diesbezüglich von besonderer Bedeutung, dass auch für nicht beobachtbare Variablen Raum bleibt und verschiedenste individuelle Systeme in derselben Weise dargestellt und analysiert werden können. Da die Systemtheorie für sich wissenschaftstheoretische Eigenschaften wie Universalität, Exaktheit und Empirie in Anspruch nehmen kann, schafft sie so auch eine Verbindung zwischen den sog. exakten Naturwissenschaften und den Geisteswissenschaften wie der Psychologie. Die mathematische Verifizierbarkeit systemtheoretischer Modelle beschreibt Hirsig (1989).

Unter System verstanden die ersten Familienforscher:

> „irgendeine Einheit, deren Teile sich nicht unabhängig voneinander verändern" (Hoffman, 1987, S. 16)

und

> *„Wie in einem Spinnengewebe verursacht die Berührung an irgendeiner Stelle eine Vibration im ganzen Netz. So kann auch in einer Familie eine Veränderung in einer Ecke unvorhersagbare Reaktionen in einer anderen auslösen..."* (Hoffman, 1987, S. 29)

Wie die Systemtheorie für die Psychologie nutzbar gemacht werden kann, haben die ersten Familientherapeuten in den USA gezeigt. Bateson, Haley und Weakland haben in den 50-er Jahren ausgehend von der Arbeit mit Schizophrenen vorgeschlagen, eine Familie analog zu kybernetischen, homöostatischen Systemen zu sehen. Obwohl die Familienmitglieder schizophrener Familien nicht verständlich und nicht sinnvoll kommunizierten und entsprechend als geisteskrank diagnostiziert wurden, suchten die Begründer der Familientherapie nach einer Funktion dieses Verhaltens. Die

Fähigkeit, unverständlich zu erscheinen, stellten sie fest, konnte der Familie helfen trotz ihrer Konflikte zusammenzubleiben (Hoffman, 1987, S. 60). Das irrationale Verhalten eines Individuums kann so als Folge der Sozialstruktur gesehen werden, in der es lebt und die es wiederum beeinflusst. Die Behandlung bestand nun nicht mehr darin, in einem medizinischen oder psychodynamischen Sinn Ätiologie, Ursachenforschung, zu betreiben und dann eine Behandlung einzuleiten. Es wurde fortan vielmehr unter Respektierung dieses Funktionierens des Familiensystems als Einheit versucht, eine Veränderung in der Zusammenarbeit mit der Familie zu bewirken (Hoffman, 1987, S. 16). Die Systemtheorie brach damit mit der Vorstellung des linearen, kausalen Denkens und brachte einen Wechsel von der Betonung von Faktoren zur Betonung von Relationen (Willke, 1993, S. 7). Viele weitere psychologische Gebiete haben die Systemtheorie in der Folge für ihre Fragen und Anliegen verfügbar gemacht und nutzen diese. Die führende Rolle in der theoretischen Erarbeitung der Systemtheorie für die Psychologie wie auch in deren praktischer Übertragung und Anwendung hat aber die Familientherapie in den USA eingenommen.

Ein System hat gemäss Parsons (genauer in Willke, 1993, S. 81) vier Grundfunktionen: die Anpassung an die Umwelt, die Zielverwirklichung, die Integration und die Strukturerhaltung. Die Systembildung setzt einerseits Offenheit voraus, andererseits für die basalen Prozesse innerhalb des Systems aber Geschlossenheit (Willke, 1993, S. 155). Ein sich selbst korrigierendes System braucht weiter Struktur und Konstanz und Veränderung, um zu überleben. In gewissen Zeiten muss ein System seine Grundstruktur daher verändern, um sich neuen Umweltbedingungen anzupassen, wie z.B. im Fall einer erfolgreichen Mutation (Hoffman, 1987, S. 51). Lebende Systeme stimmen sich dabei nicht nur auf kleine Veränderungen in ihrem Umkreis ab (Veränderungen erster Ordnung), sondern sie sind auch in der Lage, den Rahmen ihrer Verhaltensweisen zu verändern (Veränderungen zweiter Ordnung) (Hoffman, 1987, S. 47).

Der Hauptbegriff des homöostatischen wie auch des evolutionären (s. weiter unten) Paradigmas innerhalb der Systemtheorie ist die Idee der Zirkularität (Hoffman, 1987, XIV). Andersartigkeit ist dann nicht per se das negative Element, für das man es bisher gehalten hat, sondern erfüllt in einem System eine bestimmte Funktion. Es wird deshalb auch nicht mehr als negativ, vielmehr als positiv konnotiert oder umformuliert; das Symptom hat eine Bedeutung, die es zu entschlüsseln gilt. In den Anfängen wurde angenommen, dass es sich bei Familien und Einzelnen um homöostatische Systeme handelt, um Systeme also, die die Tendenz haben, sich in ändernden Umweltbedingungen um ein Gleichgewicht einzupendeln. Homöostatische Systeme dienen in der Regel dem Zweck, störende Einflussnahmen auszugleichen oder zu kompensieren. Von dieser Idee der Homöostase wurde jedoch Abstand genommen und stattdessen eher von einem evolutionären Modell ausgegangen. Die Familie oder lebende Systeme, so wird angenommen, verändern sich dementsprechend mit Hilfe kleiner, meist willkürlicher Schwankungen zu komplexer organisierten Formen. Familien befinden sich dann zwischen den Zuständen von Veränderung und Gleichgewicht (Hoffman, 1987, S. 344). Dell (detaillierter in Hoffman, 1987, S. 163 und 208) beschreibt diese Erweiterung des systemischen Gedankens so, dass lebende Systeme bei Regulationen niemals auf denselben Punkt zurückkommen, sondern sich evolutionär verhalten. Dieses Evolutionsparadigma von Dell räumt also mit der Idee auf, dass Familien oder andere lebende Systeme im Gleichgewicht befindliche Einheiten seien. Dell (in Hoffman, 1987, S. 325) nimmt in der Folge eine Selbstheilung in Systemen an. Ein System ist etwas, das sich immer weiter entwickelt und neuen Aufgaben anpasst. Wenn eine Konstante eingeführt wird, kann das System gar gesprengt werden. Dieses Modell wird auch der Tatsache gerecht, dass Familien sich im Wandel befinden und den Lebenszyklen und Entwicklungen ihrer Mitglieder unterliegen und dauernd in der Lage sein müssen, sich den veränderten Bedürfnissen anzupassen. Auch Willke (1993, S. 147) unterstützt diese Ansicht, dass Organismen nicht auf Gleichgewichtszustände hin zustreben. Wie auch weiter unten dargelegt wird, geht diese Vorstellung mit den Postulaten der Dialogik (Herzka, 1992 a), in der Wandel und Stabilität zusammengehören und der Chaostheorie, die Unordnung als fundamentalen Bestandteil von Ordnung sieht, einig. Ein System hat demnach morphostatische oder homöostatische d.h gleichbleibende und morphogenetische d.h. regelverändernde Tendenzen (Hoffman, 1987, S. 92).

Im familiären Alltag (Hoffman, 1987, S. 166) kann das Funktionieren von evolutionären Systemen folgendermassen vorgestellt werden: Wenn neue Bedingungen entstehen, für die ein bestimmtes Muster des Systems nicht geplant waren, fängt dieses an, schlecht zu funktionieren. Lösungen werden ausprobiert, funktionieren aber meistens nicht überdauernd und der Ärger wächst. Wenn die stabilisierende Tendenz immer stärker korrigierende Schwünge ausführt, die ausser Kontrolle geraten, wird das System schliesslich über eine Grenzlienie in einen Zustand der Krise gezwungen. Darauf kann das System mit einem Zusammenbruch, der Schaffung eines neuen Musters zur Überwindung der Homöostase oder mit einem Sprung in eine neue Integration, die besser mit der veränderten Umwelt fertig wird, reagieren. Manchmal wird ein solcher Sprung nicht ausgeführt, weil er einem wichtigen Familienmitglied oder Subsystem schaden könnte.

Systeme sind dementsprechend selbstorganisierend und -erhaltend. Es besteht eine Tendenz zur Funktion und Entwicklung und wie auch angenommen werden kann zur Bewältigung. Starrheit wird dann dementsprechend auch verbunden mit Pathologie (Hoffman, 1987, S. 29, 69). Der Einbezug einer evolutionären Komponente kann nun auch erklären, wieso starre, also eigentlich homöostatische Familien Probleme haben. Kliniker benutzen denn auch den Ausdruck ‚flexibel', um gut funktioniernde Familien zu bezeichnen und den Ausdruck ‚starr' zur Bezeichnung von Familien, die mit Schwierigkeiten zu kämpfen haben.

Ein Symptom wird in der Systemtheorie und in einem evolutionären Paradigma nicht in erster Linie als störend und negativ bewertet; es wird vielmehr als Erinnerung daran gesehen, dass ein Wechsel vollzogen werden sollte. Es wird weiter auch nicht von einem Sündenbock als einer Person mit festen Eigenschaften ausgegangen, sondern von einer Person, die eine Funktion inne hat und an einem Prozess teilnimmt.

Eine weitere aus der Systemtheorie folgende Implikation für die therapeutische Praxis ist, dass die Familie nicht vom Therapeuten ‚geheilt' wird. Ein psychisches Problem wird vielmehr als Schwierigkeit einer Familie beim Übergang in eine neue Phase definiert, wobei es darum geht, bei diesem Übergang als Therapeut gemeinsam mit der Familie neue Wege zu suchen und Unterstützung zu leisten. Die Familie ist nachher nicht sorgenfrei, bei einem guten Ergebnis wohl aber wieder funktionsfähig und glücklicher als zuvor (Hoffman, 1987, S. 335).

Eine weitere Implikation ist die, dass immer auch mit grösseren Systemen, im Falle von Familien also mit der Mehrgenerationenperspektive, gerechnet werden muss. Haley (Hoffman, 1987, S. 124) bestätigt diese Annahme durch seine Erfahrung, dass Koalitionen in Familien über die Generationengrenze hinweg, häufig eine entsprechende, ausgleichende Koalition bspw. in der Grosselterngeneration haben.

Willke (1993, S. 41) schlägt weiter vor, dass bei hochkomplexen Systemen Sinn an die Stelle der Überlebensformel getreten ist und Sinn somit das Steuerungskriterium hochkomplexer Systeme ist. So wie Märtyrer ihr Leben für eine Idee opfern oder ganze Völker in Kriegen ihre Existenz für politische oder religiöse Werte aufs Spiel setzen, kann Sinn regulierend wirken. Sinnhafte Systeme zeichnen sich dadurch aus, dass sie ihre Strukturen und Prozesse selbstbewusst verändern können, indem sie zunächst ausgeschlossene Möglichkeiten reaktivieren und realisieren können (Willke, 1993, S. 162). Wenn Willke (1993, S. 74) für die Existenz psychischer Systeme Sinn als Ordnungsform annimmt, erfordert deren Entstehung die Herstellung von sinnvoller Kommunikation. Kommunikation ist demzufolge eine essentielle Voraussetzung für das Funktionieren lebender Systeme.

Das psychodynamische Modell ist beeinflusst von den Entdeckungen des neunzehnten Jahrhunderts über Formen der Energie, wie dies die Elektrizität oder der Dampf sind, also von Formen der Kraft. In lebenden Systemen sind aber vor allem die Parameter Beziehung und Information wichtige Bedeutungsträger (Hoffman, 1987, S. 3). Das Wissenschaftsbild und die entsprechende historische Zeit haben immer auch den Rahmen dessen eingegrenzt und erweitert, was zu entdecken möglich wurde. Heute im Informationszeitalter besteht die Möglichkeit und Notwendigkeit zu einer grösseren Integration zu gelangen (Reukauf, 1992). Es bestehen auch enorme Ähnlichkeiten der Systemprobleme in den verschiedensten Wissenschaften wie der Chemie, Biologie, Medizin, Psychologie und der Technologie (Willke, 1993, S. 3).

Wenn die Scheidung als Problemkreis betrachtet wird, so kann auf verschiedene der oben beschriebenen Konzepte der Systemtheorie erhellender Rückgriff genommen werden. Das Ordnungsprinzip des Ungleichgewichts von Prigogine (in Hoffman, 1987, S. 164) kann weiteres leisten, um den Scheidungsablauf zu verstehen:

> *"... zu jedem beliebigen Zeitpunkt funktioniert das System auf eine besondere Art mit Schwankungen um diesen Punkt herum. Dieser besonderen Art des Funktionierens ist eine Spielbreite von Stabilität zu eigen, innerhalb derer die Fluktuationen abgeschwächt werden, so dass dieses System mehr oder weniger unverändert bleibt. Sollte eine solche Fluktuation jedoch verstärkt werden, könnte es die vorhandene Spielbreite der Stabilität überschreiten und das gesamte System zu einer neuen dynamischen Ordnung des Funktionierens führen." (Hoffman, 1987, S. 164).*

Das Problem der Identitätsfindung und Stigmatisierung nach einer Scheidung wird von Willke (1993, S. 201) durch die folgenden theoretischen Darlegungen aufgeworfen. Damit ein System Identität hat, ist einerseits eine Selbstbeschreibung des Systems als eigenständige Einheit und andererseits die systemische Identität als eine von aussen erkennbare und adressierbare Struktur notwendig. Diese zwei Bedingungen aber werden gerade durch eine Scheidung erschüttert, und um zu einer neuen funktionierenden Systemeinheit zu gelangen, ist eine solche Selbstbeschreibung und systemische Identität nach der Scheidung notwendig. Hierzu gehören im Konkreten die Bestrebungen, Alleinerziehenden und deren Anliegen Gehör zu verschaffen.

Durch zahlreiche Angliederungen an Subsysteme wird es gemäss dem systemischen Gedankengut möglich, Gleichgewicht herzustellen und Spaltungen zu verhindern (Hoffman, 1987, S. 138). Dies würde auf die Scheidungssituation umgesetzt, aber nicht nur auf diese, bedeuten, dass der Kontakt und Austausch mit anderen Menschen ein wichtige Ressource in der Scheidungsbewältigung darstellen kann.

Im Gegensatz zur Systemtheorie würde ein lineares Denken eine historische Kausalität annehmen, so dass A B bewirkt und dieses dann C. Es wird in der Praxis für die Scheidungsproblematik dann davon ausgegangen, dass das Kind Opfer eines dysfunktionalen Familiensystems ist. Die Elterndyade und Ehe wird weiter als der „wirkliche" Grund für die Probleme des Kindes angesehen und dementsprechend behandelt (näher bei Hoffman, 1987, S. 290). Weiter muss der negativen Deutung des Symptoms eine positive beigefügt werden und dieses muss als Vorbote eines Wechsels angesehen werden.

Diese Darlegungen haben für die Untersuchung zu Beginn dieser Arbeit die folgenden Anregungen bewirkt. Es sind ganz neue, andere Fragen von Interesse. Es geht nun nicht mehr darum zu fragen, was verursacht was, sondern wie passt was ineinander (Hoffman, 1987, S. 350). Die Entscheidung soll nicht darüber getroffen werden, wer das Problem verursacht hat, sondern welche Funktion dieses im System erfüllt. Eine Beschreibung, die weiter nur die Auswirkungen eine Scheidung auf die Kinder beinhaltet, wäre als linear zu bezeichnen; Welche Auswirkungen die Befindlichkeit und Reaktionen der Kinder haben, ist in einem systemischen Denken neu hinzuzufügen. Weiter ist auch zu beschreiben, welche Funktionen diese Reaktionen wiederum haben, wenn bspw. Kinder eine Scheidung ganz ruhig und besonnen aufnehmen, um vielleicht die Mutter, um die sie fürchten, nicht noch weiter zu belasten oder zu verlieren.

Es muss auch von Zustandsbeschreibungen generell Abstand genommen werden: eine Familie kann nicht länger mit feststehenden Adjektiven beschrieben werden, vielmehr ist die Familie in einem permanenten Prozess und kann sich mit der Zeit von gesund zu pathologisch bzw. umgekehrt verändern. Man muss davon ausgehen, dass es sich bei lebenden Systemen um dauernde Instabilitäten handelt. Miller & Miller (1992, S. 1) meinen dazu in aller Kürze: Das Leben ist ein andauernder Prozess („*The essence of life is process.*"). Hoffman (1987, S. 351) schliesst, die Unvorhersagbarkeit und Einzigartigkeit jeder Familie müsse akzeptiert werden und auf Ziele müsse verzichtet und dem Zufall mehr Gewicht beigemessen werden. Familien haben so viele Facetten.

Dies bedeutet auch, dass Familientypologien wie verstrickte Familien versus losgelöste Familien, den ablaufenden, komplexen Prozessen nicht gerecht werden können. So kann es denn auch in einem Fall sinnvoll sein loszulassen, wenn der Jugendliche ausgehen will, am nächsten Tag, wenn es um ein Familienfest geht, kann das gleiche Verhalten aber unangemessen sein. Den Typologien fehlt es hier an Bewegung. Die Eigenschaften einer Familie hängen davon ab, wann und wo man sie beobachtet und sie schwanken von Kategorie zu Kategorie.

Wenn wir vom Dualismus Abstand nehmen, distanzieren wir uns damit auch von den meisten Vorstellungen, mit denen wir aufwuchsen, wie auch von der uns vertrauten Sprache. Begriffe wie Kausalität, Objektivität und Absicht werden so in Frage gestellt (Hoffman, 1987, S. 347). Wenn die

Verankerung neuer Inhalte und die Kreiierung adäquater Ausdrucksformen auch Zeit braucht, ist ein Bewusstsein darüber dennoch notwendig.

Für eine konkrete Arbeit mit lebenden Systemen im Sinne der Systemtheorie ist folgendermassen vorzugehen: Eine Systemanalyse beginnt damit Variablen, Faktoren, Komponenten, Funktionen und Sinngehalte, die für ein bestimmtes System relevant sind, zu erkennen (Willke, 1993, S. 222). Die Analyse der Strukturen und Gesetzmässigkeiten des Systems folgt dann anschliessend.

Die neueren Entwicklungen der Naturwissenschaften machen deutlich, dass ihre einfachen Gesetze nur für einen mittleren Bereich gelten. Ausserhalb der künstlich isolierten Prozesse nehmen die Unschärfe, Relativität und Wechselwirkungen so zu, dass auch die Naturwissenschaften vor dem Problem der Komplexität stehen (vgl. Willke, 1993, S. 4). Willke (1993, S. 149) führt dazu aus, dass sich zwei Variablen noch ganz gut mit den gegebenen naturwissenschaftlichen Methoden bearbeiten lassen. Alles, was jedoch über drei Variablen hinausgeht, macht den Naturwissenschaften erhebliche Schwierigkeiten, und die Analyse lebender komplexer Systeme müsste dreissig oder mehr Variablen erfassen. Willke (1993, S. 16) sieht die Komplexität daher als Angelpunkt der Systemtheorie an, und die klassischen naturwissenschaftlichen Gesetze müssen als nur für einen mittleren Bereich zugeschnittene Vereinfachungen von hochkomplexen Zusammenhängen bezeichnet werden. Komplexe Prozesse sind durch Nichtlinearität, Zufall und Widersprüchlichkeit gekennzeichnet. Die traditionellen Methoden der Wissenschaft werden damit auf den Kopf gestellt. Eindeutigkeit oder Kausalität ergeben sich nur noch als Zufallsprodukte oder *„Das Organisationsprinzip hochkomplexer Systeme ist nicht Ordnung, sondern die Kombination von Unordnungen."* (Willke, 1993, S. 16). Die Naturwissenschaften entdecken allmählich den Bereich organisierter Komplexität und stehen vor genau den gleichen erkenntnistheoretischen und methodologischen Problemen, die bislang die Domäne der Sozialwissenschaften zu sein schienen. Heute geht es für beide Wissenschaftbereiche darum, ein neues Instrumentarium für die Analyse hochkomplexer organisierter Systeme zu entwickeln. Der methodische Minderwertigkeitskomplex der Sozialwissenschaften und das besinnungslose Nacheifern naturwissenschaftlicher Exaktheit durch die künstliche Reduktion von Zusammenhängen auf wenige Variablen ist in diesem Zusammenhang ein Anachronismus (Willke, 1993, S. 223). Willke (1993, S. 50) folgert daraus, dass die Relevanz und Aussagekraft der Sinnstrukturen sozialer Systeme oder sog. weiche im Gegensatz zu harten Daten in vielen Fällen die einzige Möglichkeit bieten, nichttriviale Aussagen über einen Gegenstandsbereich machen zu können.

Deshalb boten in dieser Arbeit Erkenntnisse der System- und Chaostheorie Inspirationen für die Untersuchungs-Methodik, und es wurde nicht der Weg einer statistischen Reduzierung begangen. Da so viele unbekannte Variablen Bedeutung haben, wurde auch möglichst unreduziertes Material dargeboten, um nicht unbekannte, vielleicht gerade entscheidende Einflussgrössen wegzulassen. Die Beachtung systemtheoretischer Gegebenheiten führte in der vorliegenden Arbeit auch zu einer Untersuchung, die nicht nur der Frage nachging, was die Unterstützung bei der Empfängerin bewirkte, sondern auch an Wechselwirkungen interessiert war (s. Kap. 7.2.5). Wünschbar wäre es auch gewesen, weitere Interaktionspartner von Unterstützung wie die Mütter oder Freundinnen zu befragen. Soziale Systeme entstehen aufgrund von Kommunikation (Willke, 1993, S. 202), wobei diese Kommunikation nicht beobachtet, sondern nur erschlossen werden kann. Beobachten lässt sich jedoch, was in der Form einer Differenz vorliegt oder in diese Form gebracht werden kann (Willke, 1993, S. 182, 197). Da es so gut wie keine klaren und isolierbaren Ursache-Wirkungs-Zusammenhänge bei sozialen Systemen gibt, sind die vielen Faktoren, die bei sozialen Systemen eine Rolle spielen, wie bspw. negative und positive Rückkoppelungen, unterschiedliche Systemebenen etc., darzulegen (Willke, 1993, S. 221). Da es aber unmöglich ist, alle nur erdenkbaren Zusammenhänge zu berücksichtigen, ist man gezwungen, besonders der Frage nachzugehen, wie denn unterschiedliche Ebenen zusammenhängen und zusammenspielen (Willke, 1993, S. 221).

7.1.2 Die Chaostheorie

Wenn heute nach Weiterentwicklungen der System- und Familientheorie gesucht wird, so gelangt man über die Beschreibung hochkomplexer Systeme zur Chaostheorie, einem Gebiet, das erst seit einem Jahrzehnt besteht. Im folgenden werden deren Ergebnisse dargestellt, und wie die Systemtheorie soll die Chaostheorie Anregungen bieten in bezug auf die Frage nach der Bewältigung in sozialen Systemen.

Die Chaostheorie und ihr verwandte Gebiete kommen zur folgenden Schlussfolgerung:

Wissenschaftlich exakte Beschreibungen sind nur Annäherungen an die Realität und diese ist viel komplexer als wir erfassen können.

Unser heutiges Denken ist verbunden mit den physikalischen Entdeckungen und Vorstellungen von Euklid und Newton (1687), nach denen die Natur aus Konstanten wie Masse und Kraft eindeutig berechenbar sei (genauer in Kriz, 1992, S. 14). In dieser Sicht der Welt ist für Instabilität und Selbstorganisation als Ursprung und Notwendigkeit von Entwicklungsprozessen kein Platz. Instabilität ist vielmehr eine unwillkommene Störung. Die Chaosforschung hingegen beinhaltet letztlich, wie ihr Name sagt, eine Absage an das fest Berechenbare und an die Vorhersagbarkeit. Es konnte seit der Entwicklung einer neuen Generation von schnelleren Computern gezeigt werden, dass es nahezu unmöglich ist zu berechnen, wie gross eine Konstante (bspw. eine Populationsgrösse) zu einem späteren Zeitpunkt (beispielsweise zu t+50) ist. Die geringste Abweichung vervielfacht sich und führt einige Zeitpunkte später zu einem völlig veränderten Bild. Beginnt man mit einer 4-stelligen Genauigkeit, würde man nach nur 8 Schritten bereits über 1000 Stellen nach dem Komma, nach 18 Schritten über eine Million Stellen nach dem Komma brauchen. Da der noch so aufwendigste Grosscomputer in diesen Bereichen zu runden beginnt, entstehen unkontrollierbare Abweichungen (genauer in Kriz, 1992, S. 30ff). Dies erklärt auch die häufige Unzuverlässigkeit von Wettervorhersagen, bei denen kleinste Ungenauigkeiten zu ganz anderen Resultaten führen. Viele Regelmässigkeiten, wie bspw. der Herzschlag, weisen denn auch eine gewisse Streubreite auf, sogar eine so offensichtliche Regelmässigkeit wie die eines Pendels ist eine Täuschung. Peak & Frame (1995) sagen: *„Wir haben einfach nicht genau genug hingeschaut."* (S. 120). Wird die Periode eines Pendels mit einem sehr genauen Zeitmesser erfasst, werden diese Unregelmässigkeiten als ein sog. Rauschen registriert.

Die Entdeckungen und Beschreibungen der Welt von Euklid, Galilei und Newton haben sich aber auch als sehr brauchbar erwiesen und haben die Entwicklung der Technik ermöglicht (Peak & Frame, 1995, S. 18). Mit dem Einsatz und der Verbreitung von Computern mit grossen Rechenkapazitäten und graphischen, visuellen Veranschaulichungen werden aber allmählich grosse Teile der Naturwissenschaften durch neue Vorgehensweisen und Vorstellungen in Frage gestellt und ersetzt. Es wird nicht länger versucht, sich dem gebrochenen Charakter der Natur durch glatte Formen anzunähern, sondern die Physiker und Mathematiker beschäftigen sich mit dieser Zerrissenheit und Gebrochenheit der Strukturen.

Eine adäquate Erfassung dieser hochkomplexen Phänomene kann in vielen Fällen durch die Regeln ihres Entstehens geschehen:

Hochkomplexe, undurchschaubar wirkende Formen der Natur widersetzten sich bis anhin einer einfachen Beschreibung durch die klassische Geometrie. Die Fraktale Geometrie macht es auf diese Weise nun möglich, den Aufbau von Farnen, Blumenkohl oder Gebirgen mathematisch aufzuschlüsseln. Mandelbrot (1982; genauer in Deutsch, 1994, S. 14ff; Kriz, 1992, S. 48ff) hat diese Aufschlüsselung und Beschreibung möglich gemacht, indem er nicht das Endmuster als solches phänomenologisch beschrieb, sondern das Verfahren oder die Regel, den sog. Algorithmus, der zur Entstehung dieses Musters führt. Der Algorithmus lässt sich theoretisch beliebig oft wiederholen. Man spricht in der Folge von Fraktalen, geometrischen Figuren, die nach der Vorschrift der Wiederholung, Iteration oder der immer wieder gleichen Anweisung, gebildet werden. Dieser Vorgang wird auch Rückkoppelung genannt, da eine bestimmte definierte Operation auf eine Ausgangsbedingung angewandt wird und das Ergebnis dann Ausgangsschritt für eine erneute Anwendung dieser Operation ist (Kriz, 1992, S. 50ff). Zu den Paradebeispielen solcher Fraktale gehören anorganische Gebilde wie die Schneeflocke oder Pflanzen wie der Farn oder Bäume.

Mandelbrot meint und kam zum Schluss, dass Fraktale eine Art geometrischer Muster sind, und dass man, um geometrische Muster zu verstehen, sie sehen muss.[23]

Die folgenden Abbildungen (s. Seiten 170-172 aus Kriz, J. (1992). *Chaos und Struktur. Grundkonzepte der Systemtheorie*. München: Quintessenz) sollen diese beschriebenen Muster und deren Entstehen für den anorganischen und organischen Bereich verdeutlichen.

Durch ständige Wiederholungen einfachster Anweisungen (Iterationen oder Rückkoppelungen) entstehen komplexe Strukturen. Die neue Theorie gibt Regeln an, die das Bild eines Laubbaumes mit seinen Ästen aus sechs Anleitungen erzeugen kann. In diesen Büchern über die Chaostheorie wechseln sich denn auch Darstellungen der Natur ab mit mathematischen Formeln (z.B. Peak & Frame, 1995, S. 68ff).

Will man bspw. eine Küstenlinie messen, so ist das unmöglich; wenn man wirklich genau hinsieht, wird man feststellen, dass eine kleine Bucht sich aus Unterbuchten zusammensetzt und diese bei noch höherem Massstab aus weiteren Unterbuchten besteht. Selbst gerade Strecken verlaufen aufgrund der Steine schlängelnd und auch diese selbst haben keine gerade Oberfläche usw. (Kriz, 1992, S. 46ff). Gleick (1993, S. 120ff) meint, dass die grundlegende Form eines Flusses in Wirklichkeit nicht eine Linie, sondern diejenige eines Baumes, ist. Ein Fluss ist in seinem wirklichen Sein etwas, das sich verzweigt, so wie die meisten Pflanzen und wie die menschliche Lunge.[24]

---

23 „Fractals are a family of geometric shapes, and I happen to believe that, in order to understand geometric shapes, one must see them." (Mandelbrot B., 1993, S. 1)

24 „In reality a river's basic shape... is not a line but a tree. A river is fundamentally, in its very soul, a thing that branches. So are most plants... So is the human lung..." (Gleick, 1993, S. 120ff)

von Kurven entdeckt, die zwar stetig aber nicht differenzierbar sind – d.h. sie haben in keinem Punkt eine Tangente, wie wir noch sehen werden – und die weitere „verwirrende" Eigenschaften haben. Daher wurden solche Kurven noch lange Zeit für exotische Ausnahmen gehalten und mit Begriffen wie „Monster" belegt.

3.2 Die Koch-Kurve und andere Monster

Eines dieser „Monster" ist die *Koch-Kurve* oder *Kochsche Schneeflocke*, benannt nach dem schwedischen Mathematiker Helge von Koch, der sie bereits 1904 beschrieb. Sie kann auch hier für die folgenden Überlegungen als guter Ausgangspunkt dienen:

Man erhält die Koch-Kurve sehr einfach, indem man von einem Dreieck der Seitenlänge 1 (irgendeines Maßstabes) ausgeht und dann in der Mitte jeder Seite ein Dreieck der Länge 1/3 hinzufügt (vgl. Abb. 3.1). Jede der 3 Seiten ist durch diese Prozedur um 1/3 länger geworden, beträgt nun also 4/3, und der Gesamtumfang somit 3 x 4/3.

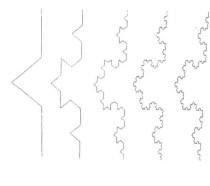

Abb. 3.1 Kochsche Schneeflocke (Erzeugungsprinzip)

Wiederholt man diese Prozedur beliebig oft für jede der (nun 12 kleinen) Seiten, so wird jede wieder um 1/3 länger, und man erhält für den Umfang insgesamt: 3 x 4/3 x 4/3.

Da sich die Prozedur theoretisch beliebig oft wiederholen läßt, beträgt letztlich der Gesamtumfang 3 x 4/3 x 4/3 x 4/3 .... ist also unendlich groß. Trotzdem kann man aus Abb. 3.1 entnehmen, daß der Flächeninhalt stets geringer bleibt, als der Flächeninhalt eines um das ursprüngliche Dreieck geschlagenen Kreises. Die Fläche ist damit insbesondere auch endlich –

und es zeigt sich als weiteres Ergebnis, daß hier eine endliche Fläche von einer unendlich langen Linie begrenzt wird.

Natürlich begegnen wir bei der Kochschen Schneeflocke wegen der wiederholten Anwendung derselben Prozedur auch dem bereits aus Kap. 2 bekannten Phänomen der *Selbstähnlichkeit*: Abb. 3.2 zeigt z.B. vergrößert die Seite eines Dreiecks nach 4 weiteren Anwendungen der obigen Operation. Die bei dieser graphischen Auflösung im Bild gerade erkennbaren kleinsten Seiten (offenbar genau $4 \times 4 \times 4 \times 4 \times 4 = 4^5 = 1024$ an der Zahl) sind natürlich nun jeweils Basis für die Fortsetzung der weiteren Operationen. Das bedeutet, jede dieser 1024 Mini-Seiten in Abb. 3.2 zeigt nach Durchführung von 5 weiteren Operationsschritten genau das (verkleinerte) Gesamtbild 3.2. Da sich die Koch-Kurve nach unendlich vielen Operationsschritten ergibt, enthält also jeder noch so kleinste Abschnitt der Koch-Kurve dieses Bild, dessen jede Seite dieses Bild enthält, dessen ... etc. Analoge Überlegungen lassen sich offenbar für beliebige andere Abschnitte der Koch-Kurve anstellen.

Abb. 3.2: Erzeugungsprozedur für eine Seite der Koch-Kurve

4 Die Erzeugung fraktaler Strukturen

Axiom: F
Regeln: F → FGF
         G → GGG

denn die ersten Schritte sind demnach:

```
                    F
               F    G    F
          F    G    G    G    F
     F    G    G    G    G    G    G    G    F
FGF GGG FGFGGGGGGG FGF GGG FGF
                                              usw.
```

Um das Wachstum von Pflanzen zu modellieren, ist es hilfreich, die Position an einer bestimmten Stelle einer Verzweigung später wieder aufsuchen zu können. Dies ist genaugenommen aber nur für eine konstruktive (z.B. zeichnerische) Darstellung wichtig, die *nacheinander* Linien erzeugen muß – Gebilde, die „wirklich" wachsen, tun dies nach einer Verzweigung natürlich *gleichzeitig* an den jeweils neuen Astgabeln. Der Prozeß kann und wird sich im letzteren Fall somit immer weiter ausdifferenzieren – während für dessen zeichnerische Darstellung die „Rückkehr" des Zeichenstiftes z.B. von einer „Astspitze" zu einem früheren Verzweigungspunkt notwendig ist, um *danach* die andere Verzweigung zu malen. Prinzipiell bestünde natürlich auch immer die Möglichkeit, von einer „Astspitze" mit einer Wendung um 180° zur Verzweigung zurückzuzeichnen – doch dies wäre sicher eine absurdere Modellierung, als die *Parallelität* von Wachstum an unterschiedlichen Stellen (bzw. die parallele Ausdifferenzierung) in eine *Sequenz* von Schritten zu zerlegen.

Sofern man diese Möglichkeit vorsieht, lassen sich auf einfache Weise recht komplexe Gebilde erzeugen, die tatsächlich an Pflanzen erinnern. In Abb. 4.2 a–j (S. 71–74) sind einige Beispiele mit den dazugehörigen L-Systemen angegeben. Dabei soll „[" für „Speichern der Position" und „]" für „Rückkehr an die zuletzt gespeicherte Position" stehen.

Es liegt auf der Hand, daß auch wesentlich weitergehende und kompliziertere Operationen, Ersetzungsregeln usw. definiert werden können (z.B. Veränderung der Winkel, der F-Längen in Abhängigkeit von bestimmten Bedingungen etc.). Dies soll hier aber nicht weiter ausgeführt werden. Außer in der bereits oben angegebenen Literatur findet sich eine etwas weitergehende Darstellung auch in Saupe (1988); ferner enthält das public-domain-Programm-Paket „FRACTINT" ab Version 15.1 (ca. Anfang 1991) ebenfalls rund 50 L-System-Fraktale sowie die Möglichkeit,

4.1 L-Systeme

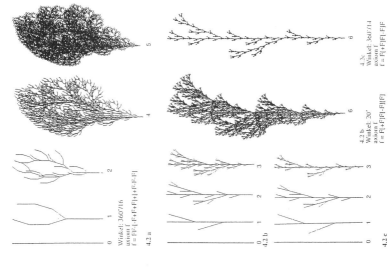

4.2 a
Winkel: 360/16
axiom f
f = F[+F]-F[+F]+F[-F-F]

4.2 b
Winkel: 20°
axiom f
f = F[+F]F[-F]F[F]

4.2 c
Winkel: 360/14
axiom f
f = F[+F+F-F]F

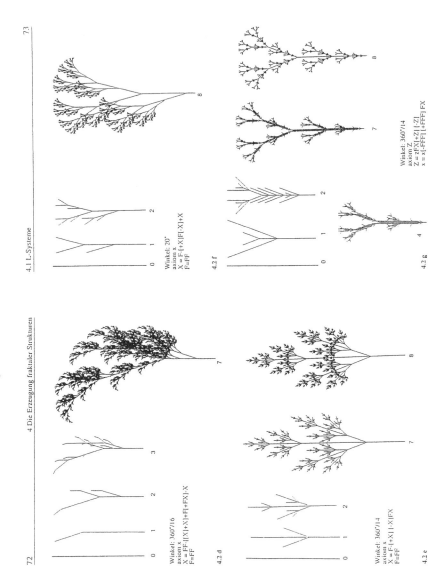

Eine unendliche Fläche in einem endlichen Volumen – solche mathematischen, eigentlich unmöglichen Monster, (in der Zeitgeschichte analog den zeitgenössischen Entwicklungen des Kubismus oder der atonalen Musik) liessen sich aber auch in der Natur wiederfinden: Fraktale Gebilde wie die Lunge können in einem endlichen Volumen eine unendliche Fläche aufweisen, und so kann das gesamte Gebiet der Lunge durch feine und feinste Verästelungen auch versorgt werden (Kriz, 1992, S. 64).

Es wird auch angenommen, dass die individuelle Gestalt eines Lebewesens nicht genetisch durch eine Abbildung vererbt wird, da es nicht möglich erscheint, alle notwendigen Informationen dazu genetisch zu speichern. Die Gestaltbildung könnte vielmehr auch über das iterative Wachstum geschehen und selbstorganisierenden Charakter besitzen, was heissen soll, dass die bestehende Struktur durch Rückkoppelung das weitere Wachstum durch die Schaffung veränderter Randbedingungen beeinflusst (Deutsch, 1994, S. 16). Es würde demnach nicht das Aussehen als Abbild vererbt, sondern die Regeln zu seiner Gestaltung.

„In der Natur sind Systeme weit verbreitet, deren gesamtes Verhalten sehr komplex ist, deren fundamentale Komponenten aber sehr einfach sind. Die Komplexität entsteht durch den kooperativen Effekt vieler einfacher, identischer Teile. Über das Wesen dieser Komponenten in physikalischen und biologischen Systemen ist bereits viel bekannt, doch weiss man nur wenig über die Mechanismen, nach denen diese Teile zusammenwirken, um die beobachtete Komplexität als Ganzes zu schaffen." (Wolfram, 1984, zit. in Camazine, 1994, S. 53)

Dynamische Systeme benötigen für ihre Entwicklung Struktur und Veränderung (Chaostheorie):

Es wird von einer Vielzahl von Autoren festgehalten, dass biologische Organismen nur aus ihrer Dynamik, die mit ihrer Entstehung verknüpft ist, zu verstehen sind und eine statische Beschreibung alleine nicht genügt (z.B. von Deutsch, 1994, S. 12). Die Idee auch der Systemtheorie war es ja, die Welt als Prozess zu begreifen: *„sie ist nicht, sondern sie geschieht"* (Cramer & Kaempfer, 1990, zit. nach Kriz, 1992, S. 19). Bei allen systemischen Prozessen wurde eine zweifache Struktur ausgemacht, die reversibel und irreversibel genannt wurde, wobei reversibel den zyklischen Teil bezeichnet und mit irreversibel die instabile, geschichtliche, chaotische Komponente des Geschehens gemeint ist (Kriz, 1992, S. 19). Der Wechsel zwischen stabilen und instabilen Phasen scheint dabei geradezu typisch für Leben zu sein (Kriz, 1992, S. 20). Wenn man dabei den Begriff des Chaos verwendet, ist damit nicht ein Durcheinander oder gar Unordnung gemeint, denn Chaos ist vorzüglich organisiert, von Gesetzmässigkeiten bestimmt und kann sogar unter Kontrolle gebracht werden. Wenn der Effekt von Fluktuationen oder kleinen externen Störungen nicht mehr gedämpft wird, verhält sich ein System wie ein Verstärker und entwickelt sich in einen neuen, zunächst chaotischen Zustand hinein. Dieses Phänomen wird von den Physikern als Bifurkation bezeichnet (Nicolis & Prigogine, 1987, S. 109). Camazine (1994, S. 51) stellt fest, dass gemäss dem Prinzip der Selbstorganisation aus diesem ungeordneten Zustand ganz von selbst Ordnung entsteht, die auch aufrechterhalten wird. Wird dies auf die Lösung eines Problems in einem Sozialsystem angewandt, so wird davon ausgegangen, dass diese Lösung nicht durch eine zentrale, allwissende Instanz geschieht, sondern über eine Vielzahl einfacher, zufälliger und identischer Einheiten, die nur Informationen aus ihrer lokalen Umgebung benutzen. Durch die Interaktionen zwischen diesen Einheiten entsteht eine Verstärkung der lokalen Information, die zu einer Lösung des Problems führt. Kein einzelnes Individuum enthält die genau passende Lösung, sondern viele Individuen kommen gemeinsam zu einer „unbewussten" Entscheidung. Eine Lösung wird nach diesen Vorstellungen dadurch ermöglicht, dass eine Vielzahl von Individuen einfachen Regeln folgen. Dieser Prozess wird auch als funktionale Selbstorganisation bezeichnet.

Es wird eine Ähnlichkeit zwischen unbelebten und belebten Realitäten behauptet:
Es konnte damit gezeigt werden, dass ähnliche Prinzipien, die bei der Struktur- und Musterbildung unbelebter Materie gelten, auch der Welt der lebendenden Systeme zugrunde liegen (Deutsch, 1994, S. 1). Wenn durch wiederholte Anwendungen einfacher Regeln, durch Iterationen, ausserordentlich natürlich wirkende Bilder oder Dynamiken erzeugt werden können - so kann vielleicht auch umgekehrt gelten, dass natürliche Gebilde das Ergebnis relativ einfacher, nichtlinearer Iterationen sind (Peak & Frame, 1995, S. 80). Vieles deutet darauf hin, dass die oben beschriebenen Flusssysteme, Wolken, Pflanzen, Nervensysteme, gar die genetische Kodierung und Sozialsysteme durch einige wenige Regeln und deren Iterationen und nicht nur über ihre hochkomplexen, geometrischen Strukturen charakterisiert werden können. Was bei diesen Iterationen weiter auffällt, ist deren Einfachheit: Mandelbrot (1993, S. 26) schreibt, dass der Algorithmus um Fraktale zu erzeugen normalerweise so ausserordentlich kurz ist, dass er geradezu dumm scheint. Dies bedeutet, dass diese als einfach bezeichnet werden müssen. Ihre fraktalen Ergebnisse scheinen im Gegensatz dazu oft Strukturen von grosser Komplexität zu enthalten. A priori würde man erwarten,

dass die Konstruktion von komplexen Formen komplexe Regeln benötigen würde.[25]

Die Familientheoretikerin Hoffman (1987, S. 345) vermutet, dass vielleicht die gleiche Struktur, die bei einem Kristall beschrieben werden kann, bei der Struktur einer Gesellschaft gefunden werden könnte. Auch Jahnke (1992, S. 125) bejaht in einem Beitrag zur Dialogik die Erkenntnis, dass es möglich ist, komplexe Prozesse auf sehr einfache kombinatorische Regeln zurückzuführen. Auch bei der Untersuchung von Musikstücken mittels der Fraktalen Geometrie wurde sichtbar, dass zusätzlich zur Wiederholung Elemente der Veränderung nötig sind, die an die Dialogik (s. weiter unten) erinnern.

„Was man sieht ist nur eine Wiederholung von etwas, das man schon gesehen hat. Dieses Element von Wiederholung ist grundlegend für die Ästhethik, aber es ist dafür auch ein Element von Veränderung notwendig." (Übersetzung durch die Verf.) (Mandelbrot B.B., 1993, S. 24).[26]

Wenn nun davon ausgegangen wird, dass die Natur und Naturwissenschaften sich nicht mehr gegensätzlich verhalten, könnten diese beschriebenen Erkenntnisse der Fraktalen Geometrie und der Chaostheorie auf ihre Anwendung für die Psychologie überprüft werden. Dies sollte jedoch nicht dazu führen, diese neuen Entwicklungen in den Naturwissenschaften zu überhöhen und in einen alten Fehler zu verfallen, sich unhinterfragt nach dem Tun und Wirken der Naturwissenschaften auszurichten. Nicolis & Prigogine (1987) meinen aber, dass wir mit diesen Erkenntnissen der Chaostheorie, dass eine unendliche Genauigkeit unerreichbar ist, den Zusammenbruch der Idealvorstellungen von vollständiger Kenntnis, die in den westlichen Wissenschaften drei Jahrhunderte galt, erleben. Auch wenn die Chaostheorie mit ihrer Gewichtung der Information als beherrschendem Wert, dem Zeitgeist zu Ende dieses Jahrhunderts zuzurechnen und auch kritisch zu betrachten ist (Peitgen, 1993, S. 35), kann die Chaostheorie im Sinne Polkinghornes (1993, S. lll) die Wissenschaft doch offener und mutiger ma-

---

[25] *„ The algorithmus that generate fractals are typically so extraordinarily short as to look positively dumb. This means they must be called "simple". Their fractal outputs, to the contrary, often appear to involve structures of great richness. A priori one would have expected that the construction of complex shapes would necessitate complex rules." (Mandelbrot B.B., 1993, S. 26)*

[26] *„ What you see is simply a repetition of something you have already seen. This element of repetition is essential to beauty, but it requires also an element of change " (Mandelbrot B.B., 1993, S. 24).*

chen und integrativ wirken: Die Chaostheorie konfrontiert uns mit der Möglichkeit einer metaphysisch attraktiven Option von Offenheit, in der Raum bleibt für Entscheidungen.[27]

Bezogen auf soziale Systeme und die Frage der Bewältigung wären folgende Schlussfolgerungen und Fragen möglich:
Es besteht die starke Vermutung, dass die offensichtliche Komplexität in der natürlichen Welt ähnlich einfache Wurzeln haben könnte, wie die oben beschriebenen Fraktale, also auf sich wiederholenden Vorgängen beruht (Peak & Frame, 1995, S. 115).

Man könnte versucht sein, Verhalten ganz anders zu beschreiben. Anstelle der Beschreibung einer Scheidungsfamilie könnte nach Regeln gesucht werden, die in dieser bestimmten Familie herrschen und schliesslich zum Bruch geführt haben. Das könnte dann bspw. folgendermassen lauten: ‚Wenn der Ehemann trinkt und zur Frau und den Kindern heftig wird, nimmt die Frau Distanz. Spürt der Ehemann, er wird verlassen, gerät er in Wut.' Diese Art der Beschreibung von Familien durch deren Regeln findet in der Familientherapie breite Anwendung (vgl. Minuchin, 1987, S. 42, 86). Entscheidende wiederholte Regeln, Iterationen, könnten wohl ‚key sentences' oder Regeln sein, die aus der Ursprungsfamilie stammen und bspw. lauten könnten: ‚Es ist Männern nicht zu vertrauen, da sie einen immer verlassen werden.'

Eine weitere Eigenschaft chaotischer Dynamik ist es, ganz entschieden von den Anfangsbedingungen abhängig zu sein (Nicolis & Prigogine, 1987, S. 176). Feigenbaum, (1993) nennt dies eine empfindliche Abhängigkeit von Anfangsbedingungen (*„sensitive dependence on initial conditions"* *[S. 51]*). Diese Abhängigkeit von den Anfangsbedingungen in der Chaostheorie findet ihre Entsprechung in den Entdeckungen der Psychoanalyse und der Säuglingsforschung, dass die ersten, frühen Erfahrungen als Säugling und Kind das Leben entscheidend beeinflussen und prägen. Auch die Familientherapie beachtet die Anfangsbedingungen einer Beziehung und ihr Erbe aus den Ursprungsfamilien als unabdingbare Einflussgrössen.

Wenn, wie oben gezeigt wurde, der Effekt von Fluktuationen oder kleinen externen Störungen nicht mehr gedämpft, sondern vom System verstärkt wird und zu einem neuen Zustand führt, ist es von grosser Bedeutung zu beachten, dass und wann stabile oder instabile Phasen in Systemen bestehen. Sicher sind die hinlänglich bekannten, von der Familientherapie

---

[27] *„So far I have argued that chaos theory presents us with the possibility of a metaphysically attractive option of openness…within which there remains room for manoeuvre."* *(Polkinghorne, 1993, S. 111)*

postulierten Übergänge wie die Geburt von Kindern oder deren Verlassen der Familie, also allgemeine Wachstumsprozesse, instabile Systemphasen. Wenn in der Nähe von Instabilität schon eine kleine Störung genügt, um das System in eine andere Struktur zu bewegen, so kann dies für die Frage der Scheidungsbewältigung auch bedeuten, dass die Frage nach ausgleichenden Faktoren ganz erheblich ist. Im stabilen Bereich werden gemäss der Chaostheorie Störungen immer wieder ausgeglichen. Stabile Dynamiken, auf die ein System hinsteuert, werden Attraktoren genannt. Attraktoren können dabei bestimmte Zustände oder Formen von Systemen sein. Phasenübergänge werden als ein Aufsuchen neuer Attraktoren verstanden, wie bei Scheidungen häufig ein neues Ziel oder Bild von sich als Scheidungsgrund angegeben wird oder der Zeitpunkt von Scheidungen sich häufig in Übergangsphasen im Lebenslauf findet.

Nicolis & Prigogine (1987) zeigen anhand numerischer Gleichungen eines Modells der Entwicklungen einer Stadt die Existenz einer grossen Zahl von Lösungen auf. Es wird beschrieben, wie eine neue Aktivität sich entweder ausbreiten und stabilisieren oder aber unter anderen Bedingungen auf Null zurückgehen kann. Die Autoren schlussfolgern,

„... dass die Adaptionsfähigkeit von Gesellschaften den wichtigsten Ausgangspunkt dafür bildet, langfristig überleben, sich selbst erneuern und Originäres hervorbringen zu können." (S. 321).

Unregelmässigkeiten können so nicht nur für die Organisation von Gesellschaften, z.B. von Ameisen, sondern auch für Familien einen unentbehrlichen adaptiven Wert besitzen (Nicolis & Prigogine, 1987, S. 309).

Auch Herzka (1992 b, S. 212) bezeichnet und bewertet Widersprüche und Spannungen als notwendig und als Zeichen von Vitalität, die nicht zu lösen, zu harmonisieren oder aufzuheben sind. Wie in der Chaostheorie erhalten auch in der Dialogik Störungen einen positiven Wert:

„Gesundheitsförderung bedeutet dann die Föderung der Wahrnehmung für diese Widersprüche und die Einübung im Umgang mit ihnen, sowohl innerseelisch wie gesellschaftlich, so dass für das Individuum und für die Gemeinschaft destruktive Strategien eingeschränkt und solche Strategien gefödert werden, die Wachstum, Entwicklung und Solidarität ermöglichen." (S. 212).

Wenn diese Sicht ernstgenommen und Erkenntnisse der Chaostheorie und Dialogik in die Scheidungsthematik dementsprechend übernommen werden, könnte dies das neue Verständnis und die neue Wertung der Scheidung als Möglichkeit der Reorganisation verstärken, wie dies Fthenakis (et al., 1992, s. Kap. 3.4) und Fassel (1994) vorschlagen.

Wie oben von Camazine (s. S. 137) beschrieben wurde, könnte Verhalten mittels einfacher Regeln erfasst werden, die auf den lokalen Informationen der einzelnen Beteiligten basieren. Das Verhalten in der Scheidung könnte dann bspw. geprägt sein vom häufigen Erleben, ‚es gibt eine gute und eine böse Seite, und es wird immer jemand ausgeschlossen' (Wallerstein & Blakeslee, 1989). Ein solches Erleben aufgrund der Informationen im Scheidungssystem würde auch das Bewältigen beeinflussen und erleichtern oder erschweren. In einer Bewältigung könnte dann dieses Denken übernommen und der als böse erlebte Teil, vielleicht der Vater, ausgeschlossen werden. Eine Bewältigung aus dem Wissen um diese Problematik der Spaltung könnte aber gerade versuchen, dem ausgewogenere Bilder entgegenzusetzen.

Für Ingenieure ist eine faszinierende Erkenntnis, dass Strukturen, wie etwa Brücken oder Flugzeugflügel, die durch äussere Einflüsse erschüttert werden können, durch ganz leichte Störungen vor unerwünschten chaotischen Schwingungen geschützt werden können (Peak & Frame, 1995, S. 221, 225). Durch minimale Störungen können so mechanische Systeme kontrolliert werden. Auch Kriz (1992, S. 154; oder Nicolis & Prigogine, 1987, S. 90) sieht, dass schon geringe Fluktuationen ein System auf den Weg in einen neuen Zustand bringen können.

„Gewöhnlich bemüht man sich, Chaos zu vermeiden; möglicherweise ist aber die Entwicklung von Systemen, die chaotisch ablaufen, produktiver, weil sich die im Chaos enthaltene Ordnung nutzen lässt. Solche Systeme weisen vielerlei, leicht austauschbares, geordnetes (wenn auch instabiles) Verhalten auf, und sie können sich rasch an veränderte Umweltbedingungen anpassen - sozusagen auf Wunsch. Besonders interessant ist die Frage, ob Lebewesen den Trick mit der Störungskontrolle schon entdeckt haben. Das Leben spielt sich anscheinend oft am Rand des Chaos ab; einerseits bewahrt es Strukturen, und andererseits fördert es gleichzeitig Variabilität und die Erkundung von Vielfalt." (Peak & Frame, 1995, S. 225ff)

und

„Welt, so wie sie ist, hinreichend evolutionär und stabil, ist somit nur in der Dialektik von Chaos und Struktur möglich." (Kriz, 1992, S. 20)

In diesem Sinn könnte Psychotherapie verstanden werden als ein Eingriff in ein soziales System und als eine Störung der bestehenden Systemregeln, die so einen stabilisierenden Beitrag leisten oder dazu verhelfen, falls dies notwendig ist, in einen neuen Zustand zu gelangen.

"Der Wert des Erkennens einer formalen Struktur, die ein Symptom umgibt, liegt darin, dass diese Struktur kreisförmig und nicht linear gesehen werden muss und daher auf mehr als eine mögliche Art gestört werden kann, um symptomatische Erleichterung hervorzurufen." (Hoffman, 1987, S. 145)

Es wird weiter behauptet, dass die oben beschriebenen iterativen Prozesse, also Wiederholungsvorgänge, eine Hauptquelle von Komplexität sind (Peak & Frame, 1995, S. 22). Wenn ein vollständiges, komplexes Bild der Bewältigung einer Scheidungssituation betrachtet wird und der obigen Aussage gefolgt wird, so ist vermutlich auch davon auszugehen, dass nicht ein einzelner Bewältigungsakt genügt, sondern ein Bild von Bewältigung durch Wiederholungen besteht.

Und wie könnte eine solche Übertragung von Anregungen aus der Fraktalen Geometrie und der Chaostheorie konkret aussehen:

Wenn die Erkenntnis berücksichtigt wird, dass die offensichtliche Komplexität in der natürlichen Welt ähnlich einfache Wurzeln hat, wie die oben beschriebenen Fraktale, also auf sich wiederholenden Vorgängen beruht, müsste in der Untersuchung von Scheidung und deren Bewältigung nach solchen einfachen, sich wiederholenden Regeln gesucht werden (Peak & Frame, 1995, S. 115).

Um einen Umgang mit dynamischen Systemen zu ermöglichen, ist gemäss den Vorstellungen der Chaostheoretiker erstens eine Definition des Systemzustandes und zweitens eine Regel für Veränderung, die sogenannte Dynamik, d.h. die Bewegung eines Körpers aufgrund der auf ihn wirkenden Kräfte, notwendig und zu formulieren (Peak & Frame, 1995, S. 123).

Nicolis & Prigogine (1987) befürworten die Verwendung von Analogien für das Verständnis andersartiger komplexer Systeme, deren Bewegungsgesetze noch nicht so genau bekannt sind, wie ähnliche Systeme in der Physik und Chemie. In vielen dieser Systeme stellt allein schon die Auswahl der richtigen Variablen einen Teil des zu lösenden Problems dar. Der erste Schritt bei der Untersuchung komplexen Verhaltens liegt daher darin, einen Satz von Variablen zu identifizieren, der Instabilitäten und Änderungsphänomene darstellen kann (Nicolis & Prigogine, 1987, S. 288ff). Es wird dann mit Komplexität nicht so umgegangen, dass riesige Computer für riesige Datenmengen gebaut werden, sondern man benutzt eine qualitative Analyse, die darauf abzielt, Schlüsselparameter und Langzeittrends zu identifizieren (Nicolis & Prigogine, 1987, S. 302 f.). Dabei muss die Spezifik jedes beobachteten Systems beachtet bleiben (Nicolis & Prigogine, 1987, S. 290). Es geht wahrscheinlich bei der Analyse von Systemen auch nicht darum, zukünftiges Verhalten im Detail vorauszusagen, sondern Verhaltensmuster, Funktionszusammenhänge, Problemfigurationen und Entwicklungslinien zu kennen, die die Wahrscheinlichkeit erhöhen, bestimmte Ereignisse oder Ergebnisse herbeizuführen oder zu verhindern.

> *„Aber deterministisches Chaos ist etwas ganz anderes als zufällige Ereignisse, die nicht einmal kurzfristigge Vorhersagen erlauben, denn es steckt... voller Ordnung. Die Herausforderung besteht darin, diese Ordnung zu entdecken und sie dann, wenn sie einmal gefunden wurde, zur Vorhersage und zur Steuerung einzusetzen."* (Peak & Frame, 1995, S. 181).

Zu beachten ist, dass unsere Sprache wie unser Denken aristotelisch geprägt sind: linear, logisch und objektzentriert und sie können wenig Prozesshaftes widerspiegeln.

> *„So viel wir wissen, ist das Universum im wesentlichen nichtlinear. Lineares Verhalten ist, wenn es sich zeigt, nur eine Näherung an allgemeinere Phänomene. Nichtlinearität ist die Quelle der uns umgebenden Vielfalt und der offensichtlichen Komplexität. Da wir im Newtonschen Paradigma der Linearisierung geschult sind, müssen wir ständig im Auge behalten, dass die wirkliche, nichtlineare Welt voller nichtlinearer Besonderheiten ist. Wenn man versucht, in einem nichtlinearen Gebiet auf einem linearen Weg zu bleiben, muss man unter Umständen viel Lehrgeld zahlen."* (Peak & Frame, 1995, S. 273)

Wenn dem zugestimmt wird, dass natürliche Formen genausogut geometrisch als Bild erfasst werden können und dies auch für den psychischen Bereich Geltung hat, so könnte an dieser Stelle auf den in der Untersuchung benutzten FAST (Familiensystem-Test, s. Kap. 7.2.5) hingewiesen werden, der sich genau diese Visualisierung zunutze macht und so über eine aussergewöhnliche Kapazität verfügt (Gehring, 1989).

Das oben Beschriebene wirft ganz generell die Frage auf, ob nicht auch die psychologischen Statistiken Angleichungen, Einmittungen darstellen und psychologische Phänomene nicht auch anders adäquat erfasst werden können:

Was ist das Allgemeine?
Der einzelne Fall.
Was ist das Besondere?
Millionen Fälle.
Johann W. von Goethe in Deutsch, 1994, S. 16

Wie dieses Zitat in *„Muster des Lebendigen"*, einem Buch zur Chaostheorie, zeigt, führen die neuesten wissenschaftlichen Entwicklungen zu einer Annäherung von Natur- und Geisteswissenschaften und vielen anderen spannenden Fragen und Entwicklungen. Auch Fischer (1992, S. 7, 10) beobachtet von der Dialogik her, dass die Wissenschaftsdisziplinen, die sich vor hundert Jahren in Geistes- und Naturwissenschaften aufgetrennt haben, beginnen sich anzunähern und zu versöhnen. Die Dialogik (Herzka, 1992 a) bietet den Rahmen und die Möglichkeit, die verschiedenen Ansichten als sich widersprechende und notwendige Teile des Ganzen zu beachten, wertzuschätzen und zu integrieren. Das Problem der Komplexität kann so einen Umgang finden, in dem widersprüchliche Ansätze belassen und einander befruchtend integriert werden. Diese Richtung der dialogischen und integrativen Ausrichtung schlägt Reukauf (1992, S. 239) auch für die Psychotherapie, die Behandlung von psychischer Krankheit, vor. So wird den Zuständen und Prozessen von Krankheit wie auch von Gesundheit Aussagekraft und Gewicht belassen.

Diese Erkenntnisse sollen nun auch überleiten zu den methodologischen Überlegungen der Untersuchung.

7.2 Die Untersuchung

7.2.1 Ziel der Untersuchung

Das Ziel der zu Beginn dieser Arbeit vorgestellten Untersuchung war, die in den theoretischen Ausführungen zur Scheidungs- und Bewältigungsthematik dargestellten Erkenntnisse und Vermutungen anhand von konkreten Darstellungen gelebter Bewältigungen von Scheidungssituationen überprüfbar zu machen.

Es ging dabei vor allem um die Frage, wie diese jungen Frauen trotz der Belastungen einer elterlichen Scheidung in der Kindheit ihr Leben meistern und gesund geblieben sind. Die Beantwortung der Frage, was bei solchen Belastungen geholfen hat, stand letztlich im Zentrum des Interesses. Das Ziel war es demnach, den Persönlichkeits-, Situationsmerkmalen, Prozessen und Interaktionen, die einen Schutz gegen die Belastungen und negativen Auswirkungen der Scheidungssituation darstellten, nachzugehen. Da die verschiedenen Teile, wie personale und soziale Schutzfaktoren in der Interaktion der Personen zusammenspielen, wurde auch nicht versucht, diese getrennt zu untersuchen. Ulich (1987, S. 145; in Krämer, 1991, S. 38) meint dazu:

> *„Anstatt voreilige Klassifizierungen zu unternehmen, sollte die Forschung sich künftig mehr auf die Beschreibung tatsächlicher Prozesse der Auseinandersetzung (i. Sinne von Bewältigung, Anmerkung d. Verf.) konzentrieren..."*

In diesem Sinn ging es in dieser Untersuchung darum, möglichst offen und nach möglichst vielen Seiten der Bewältigungsprozesse im klar begrenzten Rahmen von Scheidung zu fragen.

Oerter (1985, S. 13), der die Ergebnisse von Bewältigung in Aktionen oder Emotionen unterteilt, hat bei einer kontrollierbaren Aufgabe vorwiegend kognitives Coping, bei einer unkontrollierbaren Aufgabe hingegen vorwiegend emotionales Coping beobachtet. Da es sich bei einer Scheidung um eine, v.a. aus der Perspektive des Kindes, überaus unkontrollierbare Situation handelt, wird sich die Scheidungsbewältigung, folgt man dieser Auffassung, vorwiegend im emotionalen Bereich abspielen. Demzufolge wurde das Schwergewicht der Befragung in den emotionalen Bereich gelegt. Wenn weiter von der Situation ausgegangen wird, dass Scheidungskinder den Verlust der Eltern als einige, sie umsorgende und unterstützende Menschen zu bewältigen haben, wurde besonders nach der Bedeutung von personaler Unterstützung gefragt. Die Untersuchung bezog sich so vor allem auf den Teil sozialer Unterstützung, der, im Gegensatz zur instrumentellen Hilfe wie der Information oder finanziellen Zuwendung, die sozioemotionale Hilfe meint wie Verständnis, Akzeptanz, Sympathiebezeugung, Zuneigung und Wertschätzung (Thoits, 1983; in Hurrelmann, 1988, S. 116).

In der Frage, was ehemaligen Scheidungskindern geholfen hat, insbesondere welche Beziehungen bedeutend waren, existiert im vorhandenen Wissen eine Lücke. Es bestehen Interventionsprogramme für Kinder in Scheidungskonflikten (Rudeck, 1993; Jaede, Wolf & Zeller-König, 1996), die Schwierigkeiten erwachsener Scheidungskinder wurden untersucht (Wallerstein & Blakeslee, 1989; Fassel, 1994). Nun fehlen noch Erkenntnisse darüber, was geholfen hat, die Scheidungssituation zu bewältigen. Die noch wenig erforschte und verstandene Rolle der sozialen Unterstützung und anderer Einflüsse bei Bewältigungsprozessen sollte um einen Beitrag erweitert werden (Olbrich, 1984, S. 35). Es sollte dabei aber nicht um die Frage nach verschiedenen Bewältigungsstilen gehen, sondern um die Bewältigung in einer speziellen Situation, der Scheidungssituation. Dieser Beitrag wird sich weiter in die Arbeiten einreihen, die die Nachscheidungsphase fokussieren und nicht die weniger erforschte Ambivalenz- und Trennungsphase beleuchten (Fthenakis et al., 1993, S. 265, 271).

Als Ergebnis entstanden die Bilder von sechs individuellen Bewältigungsmustern. Die Leserin und der Leser erhielten Einblick in konkrete Bewältigungsbemühungen und ihre Auswirkungen und kann selbst folgern unter welchen spezifischen Bedingungen diese sich wohl auch in Zukunft als effektiv erweisen werden.

7.2.2 Allgemeines Vorgehen

Ulich (1987, S. 142; in Krämer 1991, S. 32) regt aufgrund der Erfahrungen seiner Forschung über arbeitslose Lehrer an, bereichsspezifisch vorzugehen:

> *"... Forschungsergebnisse legen nahe, Bewältigungsversuche bereichsspezifisch zu erfassen, weil sich zum einen Unterschiede zwischen den in verschiedenen Lebensbereichen eingesetzten Bewältigungsstrategien fanden, und weil zum anderen inter- und intraindividuelle Veränderungen sonst nicht erfassbar sind...".*

In dieser Untersuchung hatte sich daher die Frage nach der Bewältigung auf die Scheidungssituation zu beschränken.

Viele Autorinnen und Autoren (z.B. Peters, 1988 b, S. 35) aus dem Gebiet der Scheidungsforschung erachten es als sinnvoll, unter Einbezug systemischer Gesichtspunkte zu untersuchen. Um psychische, soziale und körperliche Aspekte verbinden zu können, ist es demzufolge notwendig, systemische und interaktionistische Modelle, die Rückwirkungen miteinbeziehen, auch im Gebiet der Bewältigungsforschung anzuwenden (Hurrelmann, 1988, S. 122ff). Die Beachtung einer systemischen Perspektive bedeutete, dass nicht nur Interviewfragen gestellt wurden, die sich auf die befragte Person bezogen, sondern auch den Einfluss von Einstellungen und Verhalten der befragten Person auf ihre Umgebung während ihres Bewältigungsprozesses beinhalteten. Schwierigkeiten wie die Person-Situation-Interaktion, das prozessuale Geschehen von Bewältigung, die Aktualisierung von Erleben und Verhalten und die Notwendigkeit der Mehrebenenbetrachtung konnten damit Berücksichtigung finden.

Es konnte in den Kapiteln zur System- und Chaostheorie dargelegt werden, dass von einzelnen Darstellungen der Bewältigung auszugehen ist. Die Erkenntnisse der Chaostheorie, die auch eine Absage an Näherungsversuche beinhalten, waren richtungsweisend für die vorgenommene Gewichtung des einzelnen Falles und der einzelnen Bewältigung. Es handelt sich dementsprechend mehr um einen qualitativen denn um einen quantitativen Untersuchungsbeitrag.

In der Chaostheorie hat sich die Erfassung von komplexen Mustern mittels ihrer Bildungsregeln (Fraktale Geometrie) als überlegen erwiesen und daher wurde versucht, Bewältigungsverhalten nicht nur zu beschreiben, sondern auch nach Regeln dieses Prozesses zu fragen. Eine solche Herangehensweise zeigt sich darin, dass nicht nur phänomenologisch, beschreibend vorgegangen wird. In einem ersten Schritt wurde eine Beschreibung der Ausgangssituation des Systems, der Scheidungssituation, gegeben und in einem zweiten Schritt hatte die Beschreibung der Dynamik, der einwirkenden Kräfte, zu erfolgen (Kap. 7.1.2). Diese komplexen Gegebenheiten wurden auch nicht in einem näherungsweisen mathematisch-statistischen Vorgehen über Werte für Variablen (wie z.B. in der Bewältigungsforschung von Bailer, 1989) erfasst, sondern Bewältigungsformen sollten in generative Regeln überführt werden. Bewältigung wurde nicht kategorisiert, sondern es wurde nahe an den Aussagen und Prozessen der befragten Personen geblieben. Damit liess sich auch der dynamische Verlauf von Bewältigung unter Berücksichtigung der individuellen Präferenzen nachbilden. Es wäre, wie schon dargelegt, falsch anzunehmen, Bewältigung könne unidirektional erfasst werden, vielmehr handelt es sich um Wechselwirkungen zwischen Individuen und Umwelt; so kann ein jugendliches Ablöseverhalten bspw. nur in Beziehung zum elterlichen Festhalten oder Ausstossen angemessen erfasst werden (Dreher & Dreher, 1985, S. 58). In der vorgelegten Untersuchung ging es darum, bedeutende Variablen für die Bewältigung zu finden. Leider war es nicht möglich, die für die Bewältigung wichtigen Personen ebenfalls in die Untersuchung einzubeziehen.

Es war auch schon vor der Chaostheorie in der Psychologie klar, dass nie alle Variablen und Dimensionen wie bspw. die psychischen, sozialen, biologischen oder zeitlichen Einflussgrössen so weit spezifizierbar wären, dass eine Prognose für ein Individuum möglich wäre und ein Verhalten aus diesen Variablen erklärbar und vorhersehbar würde. Es ist jedoch möglich, Hypothesen aufzustellen, die eine Verifizierung im Kontakt mit dem Individuum erleichtern und als ‚Leitplanken' dienen können. Als Resultate konnten anstelle von Prognosen Wirkungsmuster von Verhalten, Funktionszusammenhänge und Entwicklungsmöglichkeiten aufgezeigt werden.

Trautmann-Sponsel (1988 b) beschreibt die Annahme, dass man während der Erziehung ein „Rezept" (S. 108) dafür mitbekomme, wie eine Reihe von Problemen zu lösen seien (im beschriebenen Fall das Problem von depressiven Zuständen). Ein Ergebnis der darauf aufbauenden Untersuchung über antidepressive Verhaltensweisen (ADV) war, dass das, was eine Aktivität antidepressiv macht, keine Eigenheit dieser Aktivität selbst ist, sondern aus deren zeitlicher Beziehung zu anderen Aktivitäten in der momentanen Verhaltensorganisation der Person hervorgeht (Trautmann-Sponsel, 1988 b, S. 110). Diese Untersuchung zeigte auch, dass sich die Probanden nicht so sehr in der Art oder Menge der antidepressiven Bewältigungsversuche unterschieden, sondern eher in der Art und Weise, wie sie diese Techniken benutzten, indem sie eher an das glaubten, was sie machten (Trautmann-Sponsel, 1988 b, S. 113). Interviews über die Art der Bewältigung und nicht das Zählen der antidepressiven Bewältigungstechniken mit Hilfe von Fragebogen erbrachte dabei am meisten.

Es war auch von Interesse, was die Bewältigungsakte in bezug auf die Stabilität und auf die Veränderung in diesem Scheidungssystem bewirkten.

Hierzu gehörte auch die Frage nach der Zeitperspektive und der Effektivität von Bewältigung durch Wiederholung. Es ist auch nicht zu vernachlässigen, dass aus einem Bewältigungsversuch heraus sich eine neue Situation ergibt, die wieder nach Bewältigung verlangt, gar in dem Sinne, dass die Bewältigung ein neues Problem schaffen kann.

Bewusstheit und Neuheit werden zwar als Kriterien für die Definition von Bewältigung wie auch von Problemlösen angegeben (Stäudel & Weber, 1988, S. 65ff), dennoch können Bewältigungsreaktionen bewusst, halbbewusst wie auch ganz unbewusst erfolgen. Bewältigung muss sich auch nicht ausschliesslich in Handlungen zeigen, sondern sie kann auch darin bestehen, sich nur etwas auszudenken und dieses dann vielleicht gar nicht durchzuführen. Es ist anzunehmen, dass die erfolgte Einstellungsänderung zu einem veränderten Verhalten führt; dennoch ist es bedeutsam, nicht nur Aktionen als Bewältigung aufzufassen. Es galt in der durchgeführten Befragung vielmehr auch innerpsychische Prozesse als Bewältigung zu verstehen.

Strehmel (1988, S. 230) gibt zu bedenken, dass es noch ungewohnt ist, in Prozessen zu denken und erst neue Begriffe, Prozessbegriffe, geschaffen und formuliert werden müssen. Trotz dieser Schwierigkeiten der Sprache wurde versucht, systemtheoretische Anliegen zu verwirklichen.

Mayring (1988 b, S. 200) stellt die Möglichkeiten und Beschränkungen von qualitativen und quantitativen Auswertungsmöglichkeiten sowie deren Mischformen im Belastungs-Bewältigungsparadigma ausführlich dar. Seine Hinweise bilden eine Grundlage für die Auswertung der aufgenommenen Interviews.

7.2.3 Methoden

Für eine empirische Erfassung von Bewältigungsverhalten sieht Hurrelmann (1988, S. 103) den Selbstbericht der Betroffenen als einfachste Form an. Dabei soll die subjektive Sicht der am Bewältigungsprozess Beteiligten Aufschluss über die Wirkungen von Unterstützung geben (Hurrelmann, 1988, S. 118). Seiffge-Krenke (1994 a, S. 40) meint auch, dass entscheidender als die wirkliche soziale Unterstützung die wahrgenommene Unterstützung ist.

Wie aus dem oben Dargelegten ersichtlich wird, schien für die Untersuchung die Form eines qualitativen, halbstrukturierten Interviews sinnvoll. Das Interview erwies sich auch deshalb als Untersuchungsform geeignet, weil es den methodischen Zugriff, der die seelische Wirklichkeit verändert, weniger als andere Methoden mit sich bringt (Thomae, 1968; in Schröder & Schmitt, 1988, S. 166).

In einer Studie von Seiffge-Krenke und anderen Autoren (Hürter, A., Boeger, A. Moormann, D., Niles, D. & Suckow, A., 1992) wurden neben den Jugendlichen auch die Familien, Freunde sowie medizinischen Experten, die Kontakt mit diesen Jugendlichen hatten, befragt. Aus der Zusammensicht dieser Ergebnisse wurden dann Schlussfolgerungen auf die Krankheitsbewältigung der juvenilen Diabetes gezogen. Leider war eine solche ergänzende Zusammenstellung nicht möglich.

Bereits im Kapitel zur Chaostheorie wurde auf die Potenz des Familiensystem-Test, FAST, hingewiesen. Seine Möglichkeiten durch den Einbezug der visuellen Dimension und durch das Aufzeigen verschiedener Bilder einen Prozessverlauf darzustellen, wurden in die Untersuchung mittels fünf Aufstellungen genutzt. Diese Aufstellungen illustrieren die beschriebenen Familiensituationen und –dynamiken und die Wünsche und Hoffnungen der jungen Frauen für ihre eigenen Partnerschaften, ein Thema, das von Freund (1996) ausführlich behandelt wurde. Eine detaillierte Auswertung hätte den Rahmen dieser Arbeit gesprengt.

7.2.4 Stichprobe

Ein Problem bei der Untersuchung von Bewältigung, Ressourcen und Gesundheit besteht darin, dass geeignete gesunde Versuchspersonen nicht so einfach aus laufenden Behandlungen in therapeutischen Diensten oder Praxen zur Verfügung stehen wie kranke, in Behandlung stehende Personen. Die Scheidungsarbeit bewegt sich im Rahmen der sekundären Prävention und ist demnach auf Gruppen ausgerichtet, die soziale Belastungen und Risiken aufweisen, aber keine überdauernden, manifesten Schwierigkeiten (Hurrelmann, 1989, S. 111). So sind von einer Scheidung Betroffene kaum und wenig institutionell über diese Problematik erfasst. Einige Autoren (in Schroeder, 1988, S. 115) regen an, nicht vorrangig eine Negativauslese von sog. schlechten Bewältigern zu berücksichtigen, sondern sich auf Personen zu konzentrieren, von denen eine effektive Bewältigung gelernt werden könnte. Auch in der konkreten Arbeit mit Scheidungsfamilien wird in jüngster Zeit versucht, das Gewicht auf eine Stärkung der familiären Ressourcen und nicht auf deren Problematik zu legen (Matthey, 1992, S. 33; Weber, 1992, S. 36). Ein Kriterium für die Auswahl der Untersuchungspersonen war deshalb, dass sie keine ernsthaften Probleme in irgendeinem Lebensbereich aufweisen durften. Es wurden unkonventionelle Wege der Suche nach Personen, die geeignet und bereit für eine Untersuchung zu diesem Thema der Scheidungsbewältigung waren, begangen. Dazu gehörte die Suche nach Befragungspersonen über den Kontakt zu Ausbildungsstätten und den Aushang von Informationen an solchen Orten.

Wenn nach geglückten Prozessen von Scheidungsbewältigung gesucht wird, besteht die Möglichkeit, diese während der Phase der Bewältigung selbst oder später zu erfassen. Wird das Jugendalter als Zeitpunkt der Erfassung gewählt, so kann aufgrund der gereiften kognitiven Fähigkeiten mit

Reflexionsfähigkeit der Betroffenen gerechnet werden. Wird zudem im späten Jugendalter befragt, besteht zusätzlich die Möglichkeit, dass abgeschätzt werden kann, ob sich die Bewältigung über eine gewisse Zeit bewährt hat. Werden junge Erwachsene interviewt, sind zusätzlich schon Erfahrungen in heterosexuellen Beziehungen vorhanden, und es haben sich Bereiche von Schwierigkeiten abgezeichnet. Seiffge-Krenke (1994 a, S. 26, 32ff) war in ihrer Untersuchung von Jugendlichen jedoch mit den Problemen einer abnehmenden Selbstenthüllungsbereitschaft gegenüber Erwachsenen, dem Prozesshaften, den Interaktionsphänomenen zwischen Jugendlichen und Untersuchern und reifungsbedingten Veränderungen konfrontiert. Weiter beeinflussten auch Vorkommnisse des Jugendalters wie die imaginäre Audienz (d.h. das Gefühl, ständig beobachtet und bewertet zu werden) oder die erlebte Einzigartigkeit (im Sinne von ‚niemand versteht mich' [vgl. Elkind, 1977; in Seiffge-Krenke, 1994 a, S. 32]) die Untersuchungsbedingungen. Als Nachteil bei einer späteren Erfassung muss aber berücksichtigt werden, dass auch Wichtiges vergessen worden sein könnte. Aufgrund dieser Überlegungen wurde das Alter der Untersuchungspersonen zwischen 20 und 25 Jahre eingegrenzt. Im zweiten Lebensjahrzent kann auch von sich stabilisierenden Verhaltensmustern ausgegangen werden (Hurrelmann, 1988, S. 36).

Hurrelmann (1988, S. 104ff) verweist als weiteren Faktor auf die Geschlechtsabhängigkeit, die die Art der Bewältigung beeinflusst. Frauen scheinen während der Sozialisation mehr mit dem Gefühl des Verbundenseins und der Intimität geprägt zu werden als Jungen. Dies wird u.a. damit erklärt, dass der Junge, um die emotionale Trennung von der Mutter zu verkraften und die damit einhergehenden Schmerzen zu ertragen, sich emotional verschliesst, während das Mädchen ein Gefühl von Nähe und Verbundenheit bewahren kann (Kolip, 1993, S. 88). Mädchen zeigen ein aktiveres Bewältigungsverhalten in fast allen Situationen im Gegensatz zu Jungen und sind eher in ein Netzwerk eingebunden, in dem eine Gesprächs- und Problemlösekultur gepflegt wird (Kolip, 1993, S. 152, 178). Diese Geschlechtsunterschiede zeigen sich in auffallender Andersartigkeit auch bei Freundschaften: Freundschaften von Männern werden als ‚Seite-an-Seite'-Beziehungen, diejenigen von Frauen als ‚von-Angesicht-zu-Angesicht'-Beziehungen beschrieben (Wright, 1982; in Kolip, 1993, S. 84). Dies bedeutet, dass sich die Freundschaften von Männern über gemeinsame, nach aussen gerichtete Aktivitäten definieren, während die Freundschaften unter Frauen von der gegenseitigen Sorge, von Vertrauen und dem emotionalen Rückhalt füreinander leben. Kolip (1993, S. 96) unterstreicht diesen geschlechtsspezifischen Einfluss auch gerade für das Thema der Bewältigung: invulnerable Mächen unterscheiden sich von invulnerablen Jungen, und in der Bewältigungssituation sind andere Schutzfaktoren für

Mädchen wichtig als für Jungen. Es wurde weiter auch gefunden, dass Unterschiede in der emotionalen und sozialen Entwicklung zwischen Mädchen aus geschiedenen Familien und aus nicht-geschiedenen Familien mit niedrigem Konfliktniveau nach 2 Jahren verschwanden, bei Knaben jedoch nicht (Oberndorfer, 1991, S. 23). Kolip (1993, S. 180 ff) kommt gar zum Schluss, dass die Invulnerabilität, ein scheinbar optimales Bewältigungsvermögen, ein weibliches Phänomen zu sein scheint. Es fiel in ihrer Untersuchung bedeutend leichter, invulnerable Mädchen als invulnerable Knaben zu finden. Es kann jedoch auch sein, dass die stillere, unauffälligere Problemverarbeitung der Mädchen den traditionellen Rollenerwartungen entspricht und für eine Problemlösung gehalten wird, was noch keine solche ist. In dieser Arbeit führte diese Geschlechtsabhängigkeit, die noch einmal in Erinnerung gerufen wurde, zur Schlussfolgerung, für die Untersuchung nur junge Frauen zu befragen.[28]

Wird die Frage der Bewältigung untersucht, so ist der Frage der Passung Aufmerksamkeit zu schenken (Lerner, 1984). Da jede Person auch unterschiedliche Reaktionen auf sich und ihr Verhalten hervorruft, wird die Passung zu einer wesentlichen Voraussetzung adaptiver Entwicklung. Daher wurde die Stellung der untersuchten jungen Frau in ihrer Familie in Rechnung gezogen, denn es spielt für den Bewältigungsprozess eine bedeutende Rolle, ob jemand Lieblingstocher oder schwarzes Schaf, und ob jemand in einem bindenden oder ausstossenden Familiensystem zu Hause war. Die Situation der Familie und das Familiensystem wurden daher beschrieben.

Bei Jugendlichen, die so normal wie möglich sein wollen, besteht eine weitere Schwierigkeit darin, eine Störung überhaupt wahrzunehmen und zu zeigen. Für die Jugendlichen, die unter hohen Problembelastungen leiden, besteht ein Dilemma zwischen einem Äusserungswunsch und einer Äusserungshemmung: mit zunehmendem Problemdruck steigt die Enthüllungsbereitschaft aber auch das Bedürfnis, die eigene Intimsphäre zu schützen (Seiffge-Krenke, 1994 a). Eine Scheidung der Eltern ist denn auch kein anzustrebender Zustand, auf den hin man sich definieren oder in dem man Identität finden könnte. Er entsteht durch ein Abweichen von der vorgestellten Norm, durch das Fehlen eines Elternteiles.

Zum Schluss soll hier noch einmal in Erinnerung gerufen werden, dass die Stichprobe klein sein muss, wenn umfassend untersucht werden soll (Dittmann, 1984, S. 241).

---

[28] *„... in view of the evidence that women perceive and construct social reality differently from men and that these differences center around experiences of attachment and separation..."* (Gilligan, 1982, p. 171 in Levine, 1992, p. 462)

Als wichtige Kriterien zur Kontrolle einer Untersuchungsgruppe sind gemäss Seiffge-Krenke (1994 a, S. 365) die folgenden Merkmale weiter zu berücksichtigen:
- Neben dem Alter und Geschlecht,
- die subjektive Problembelastung,
- das Selbstkonzept, d.h. das Ausmass der reflexiven Beschäftigung mit sich und anderen,
- die Qualität der Beziehungen zu den Eltern,
- zu Gleichaltrigen,
- die soziale Herkunft und
- verschiedene regionale Kontexte.

Es wurden daher sieben junge Frauen im Alter von 21 Jahren für die Untersuchung ausgewählt und befragt. Eine der Frauen wurde für die Auswertung wieder aus der Untersuchung ausgeschlossen, da ihr Vater im Scheidungsverlauf Suizid begangen hatte und so eine weitere schwerwiegende Situation zur Scheidungsbewältigung hinzukam. Alle der sechs übriggebliebenen jungen Frauen hatten als Kinder oder Jugendliche die Scheidung ihrer Eltern miterlebt und keine der Befragten litt zum Untersuchungszeitpunkt unter ernsten Anpassungsstörungen. Alle befanden sich in Ausbildung oder kurz vor Abschluss ihrer Ausbildung und die meisten lebten noch zu Hause.

7.2.5 Das Untersuchungsmaterial und die Fragestellungen

Die im folgenden für die Untersuchung verwendeten Fragen behandeln die Quellen der Unterstützung, die für die Befragten als Scheidungskinder in ihrer Erinnerung bedeutsam waren. Schröder & Schmitt (1988) sehen die soziale Unterstützung in den folgenden Fragen klar werden: welche Personen stehen für die soziale Unterstützung zur Verfügung, welche Arten von Unterstützung werden ausgetauscht und wie entsprechen diese Ressourcen den Bedürfnissen des Empfängers.

In einer Einleitung wurden die jungen Frauen darüber informiert, dass bereits viel über Scheidungsfolgen geforscht und herausgefunden wurde. Es wurde weiter mitgeteilt, wie überrascht die untersuchenden Autorinnen Wallerstein & Blakeslee (1989) und Fassel (1994) über die Kompetenz und Liebenswürdigkeit waren, die viele dieser ehemaligen Scheidungskinder trotz der Schwere ihrer Erfahrungen aufbrachten. In diesem Verständnis sollte auch die folgende Befragung erfolgen und auf dem bereits beschrittenen Weg weitergegangen werden mit eben der Frage, was geholfen hatte, die elterliche Scheidung zu bewältigen. Das Interesse der Verfasserin am Thema wurde ebenfalls dargelegt und informiert, dass die Thematik der elterlichen Scheidung auch aufgrund des eigenen Erlebens ein vertrautes und bewegendes Thema darstellt.

Nach den ersten allgemeinen Fragen zur Person, Tätigkeit, zur momentanen Befindlichkeit und den familiären Beziehungen folgte ein halbstrukturiertes Interview, das mit dem Einverständnis der Befragten auf Tonband aufgenommen wurde. Es wurde darauf geachtet, dass Assoziationen auslösende Fragen zu Beginn und Kognitionen auslösende Fragen nachgestellt wurden.

Wie alt sind/bist Sie/Du?
Welche Ausbildung/Arbeit haben/hast Sie/Du?
Wie wohnen/wohnst Sie/Du?
Besteht eine Liebesbeziehung, seit wann?
Was machen/machst Sie/Du in der Freizeit?
Wie geht es Ihnen/Dir?
Bestehen irgendwo spezielle Probleme?
Geben/gib Sie/ bitte Alter und Beruf Ihres/Deines Vaters an?
Alter und Beruf Ihrer/Deiner Mutter?
Alter Ihrer/Deiner Geschwister?
Wie alt waren/warst Sie/Du bei der Scheidung der Eltern?
Welche äussere Veränderungen ergaben sich durch die Scheidung?

1. Ich beschäftige mich mit dem, was eine Scheidung bewirkt und vor allem damit, was hilft, diese Erfahrung zu bewältigen.
Könnten/könntest Sie/Du mir zuerst sagen, wie sich die Scheidung Ihrer/Deiner Eltern ereignet hat und wie Sie/Du sie erlebt haben/hast?
2. Welche Schwierigkeiten ergaben sich durch die Scheidung Ihrer/Deiner Eltern? Welche Schwierigkeiten ergaben sich speziell für Sie/Dich?
3. Mich interessiert dabei besonders, was Ihnen/Dir geholfen hat, diese Erfahrung und Situation zu bewältigen. Was fällt Ihnen/Dir zuerst ein?
4. In welchen Bereichen fühlten/fühltest Sie/Du sich/Dich unterstützt:
- in der Familie: von den Eltern, Geschwistern?
- im weiteren Umkreis: von Verwandten, Freunden, Bekannten, Nachbarn?
- von anderen Personen?
- in der Schule?
- in der Freizeit?
- durch Ihre/Deine eigene Person und Aktivitäten?
Zuerst sollte ein möglichst offener, kaum strukturierter Einstieg in die Fragestellung gefunden werden, um die Themenwahl und Gewichtung möglichst der befragten Frau zu überlassen. Es sollte so vermieden werden, dass wichtige Themen gar nicht in den Fokus gelangten und nicht befragt werden konnten.

5. Gab es einen bestimmten Bereich/eine bestimmte Person, die für Sie/Dich vor allem bedeutend und unterstützend war?
6. Die weiteren Fragen betreffen jetzt vor allem diesen hilfreichen Bereich oder diese hilfreiche Person. Was hat diese/n so bedeutend werden lassen?
7. Wenn eine Person für Sie/dich bedeutend war, welche Eigenschaftswörter für die Beschreibung dieser Person würden Ihnen/Dir einfallen?
8. Welche Rolle oder Funktion hatte diese Person?
9. Was hat sie Ihnen/Dir gegeben?
10. Was hat dies an Ihrem/Deinem Bild von sich selbst verändert, wie haben/hast Sie/Du sich/Dich nachher anders gefühlt?
11. In welchen Situationen und welcher Zeit war dies besonders notwendig und hilfreich?
12. Wie oft hat diese Unterstützung stattgefunden?
13. Wie lange hat diese Unterstützung zeitlich angedauert?
14. War es notwendig, dass diese Person anwesend war, um Ihnen/Dir die hilfreiche Unterstützung zu geben? Wenn nicht, wie wurde die Unterstützung wirksam und was hat sie angeregt?
15. Was haben/hast Sie/Du unternommen, um diese Unterstützung zu erhalten?
16. Was an Ihnen/Dir hat es ausgemacht, glauben/glaubst Sie/Du, dass Sie/Du diese Unterstützung bekommen haben/hast?
17. Hat diese Person von ihrer Funktion für Sie/Dich gewusst?
18. Was für einen Einfluss hatten Sie/Du auf diese Person?
19. Gab es noch andere solche bedeutende, hilfreiche Personen?
20. ... oder hilfreiche Tätigkeiten?
21. ... oder hilfreiche Bereiche?
22. Was denken/denkst Sie/Du, haben/hast Sie/Du damals vor allem gebraucht? War Ihnen/Dir das klar und konnten/konntest Sie/Du das ausdrükken?
23. Was wurde als wenig oder nicht hilfreich bei der Scheidungsbewältigung erlebt?
24. Was denken/denkst Sie/Du abschliessend über diese erhaltene Unterstützung und die Bewältigung der Elternscheidung?
25. Hat es für die elterliche Scheidung und deren Bewältigung eine Rolle gespielt, dass Sie/Du ein Mädchen waren/warst?
26. Haben/hast Sie/Du nach der Scheidung der Eltern gewisse Entscheide getroffen (wie sich selbst nie scheiden zu lassen, nett zu sein, sich verantwortlich zu verhalten oder ähnliches)?
27. Welche Schwierigkeiten stellen sich Ihnen/Dir heute durch die frühere Scheidung Ihrer/Deiner Eltern?

28. Welche positiven Auswirkungen hatte die Scheidung Ihrer/Deiner Eltern für Sie/Dich?

Nachbefragung
Eine Woche später fand eine erneute, kürzere Befragung statt. So konnten aufgetauchte Fragen geklärt werden oder es hätte die Möglichkeit bestanden, Schwierigkeiten, die durch die Konfrontation mit der Scheidungserfahrung in der Befragung entstanden, aufzufangen und allenfalls in kompetente Hände weiterzugeben. In diesen erneuten Treffen bestand auch die Gelegenheit, noch weitergehende Überlegungen, die durch die Auseinandersetzung mit dem Thema angeregt wurden, einfliessen zu lassen.

Der Familiensystemtest (FAST)
Im FAST wurde die Möglichkeit gegeben, bildlich und visuell die anwesenden und unterstützenden Personen in der Scheidungssituation darzustellen. Es sollte auch versucht werden, die Grenzen der untersuchten Familiensysteme zu eruieren. Sind diese durchlässig, so kann sich das System zur Konfliktbewältigung auch erweitern, indem Verwandte, Gleichaltrige und andere aussenstehende Personen Zugang haben. Die Versuchspersonen wurden also darum gebeten, mittels Holzfiguren auf einem Brett ihre Familie vor und nach der Scheidung darzustellen. Die Situation der Familie sollte dann nach der Scheidung, zu einem Zeitpunkt, zu dem angenommen wird, dass sich die Familie bereits wieder restrukturiert hat, gezeigt werden. Die jungen Frauen sollten sich dabei im Kreis der unterstützenden Personen zeigen. Nach einer Aufstellung der Familie zum Zeitpunkt der Befragung, stellten die Frauen schliesslich noch die von ihnen selbst in der Zukunft zu gründende Familie auf.
Der FAST mit den im folgenden beschriebenen Aufstellungen wurde aufgenommen, jedoch aufgrund der Materialfülle, wie bereits angeführt, nicht ausgewertet. Die Aufzeichnungen liegen für eine weitere Arbeit an diesem Thema bereit; dennoch sollen die Anweisungen zu den Aufstellungen, die dieser Befragung angepasst wurden, hier wiedergegeben werden. Die inhaltlichen Ergebnisse zu diesen Aufstellungen finden sich in Kap. 2.1, bei den Beschreibungen der befragten jungen Frauen und in den Antworten zu den Fragen 2, 3, 4, 5, 6, 8, 13 und 26, in Kap. 2.2 und 2.3.

1. Aufstellung
Stellen/Stell Sie Ihre/Deine Familie zu ihrer besten Zeit vor der Scheidung auf.
Wo stehen Sie?
2. Aufstellung

Stellen/Stell Sie Ihre/Deine Familie auf, nachdem sich Ihre/Deine Eltern getrennt haben.

Zeigen Sie die Bewegungen der Familienmitglieder.

Wohin haben/hast Sie/Du sich/Dich bewegt und wo stehen/stehst Sie/Du?

3. Aufstellung

Stellen/Stell Sie sich/Dich in Ihrer/Deiner Familie und mit den Personen auf, die für Sie/Dich in der Scheidungsbewältigung bedeutend waren. Wo stehen diese Personen?

Waren diese Personen schon vorher, in der besten Zeit der Familie da?

Welchen Einfluss hatten diese Personen auf die Familie?

4. Aufstellung

Stellen/Stell Sie Ihre/Deine Familie zum heutigen Zeitpunkt auf.

Welche Veränderungen haben sich ergeben?

Sind diese bedeutsamen Personen immer noch präsent, und falls andere, welche anderen Personen oder Bereiche sind wichtig geworden?

5. Aufstellung

Wie soll Ihre/Deine eigene Familie später einmal aussehen? Stellen/Stell Sie sie auf.

8. DISKUSSION

Bei einer Scheidung werden alle diejenigen Faktoren, die ein gesundes Empfinden und Verhalten begründen, stark in Frage gestellt: Die Kontrollüberzeugung, die Überzeugung ein Ereignis selbst aktiv beeinflussen zu können, die Selbstwirksamkeit, die Kontingenz zwischen einer eingetretenen Situation und der eigenen Handlung und die Kompetenzerwartung, die Annahme, dass eine Massnahme wirksam sein wird, werden allesamt erschüttert. So stellt die Bewältigung von Scheidung eine grosse Herausforderung dar.

Im theoretischen Teil konnte gezeigt werden, dass eine Vielzahl an Ideen und Erkenntnissen neueren Datums zu den Themen Scheidung, Bewältigung, Gesundheit und deren Umsetzung vorhanden sind. Eine Verbindung dieser Themen war jedoch erst zu leisten.

Das Kernstück und Herz dieser Arbeit jedoch stellen die Befragungsergebnisse, die Beispiele gelebter Bewältigung dieser jungen Frauen dar. Der neue Rahmen der Salutogenese, die nicht die Pathogenese sucht, sondern den positiven Wert von Bewältigung ins Zentrum stellt, wirkte beflügelnd und machte nicht nur das Fragen nach belastenden, intimen Erinnerungen und Emotionen einfacher, sondern wirkte auch auf die befragten Frauen befreiend und anregend.

Lehrreich waren vor allem die folgenden Erkenntnisse:

Hilfreich für die Bewältigung der Scheidungssituation kann eigentlich, wie bereits im theoretischen Teil dargelegt wurde, alles sein. Die beschriebenen Ressourcen sind denn auch sehr vielfältig und hängen ab von den Stärken der involvierten Personen. Es scheint, dass, gleich welche persönliche Stärke jemand besitzt, diese zur Bewältigung hilfreich eingesetzt werden kann. Trotzdem scheint sich ein roter Faden durch diese Geschichten erfolgreicher Bewältigungen zu ziehen: Immer wieder wird sichtbar und betont, dass ein über die Scheidung und die damit verbundenen Gefühle Sprechen-können zentral ist. Diese Fähigkeit wird denn auch oft bei den Vätern vermisst. Neben den Gesprächen war ein überall wichtiger Teil der Bewältigung, der Belastung nicht allein ausgesetzt zu sein. Die heilsame Präsenz von anderen ermöglichte Praktisches wie ein Abschauen-können bei anderen; letztlich ist die Bedeutung und Aussage der Präsenz anderer aber ein Liebesbeweis. Eine weitere Übereinstimmung, die sich durch diese Bewältigungsgeschichten zieht, ist, dass immer dort, wo die Bewältigung schwierige Phasen durchlief oder unter schwierigen Bedingungen stattfand, Fluchttendenzen aus der Familie weg sichtbar werden. Eine solche Flucht aus der Familie kann denn auch eine Möglichkeit des Umgangs mit einer als unlösbar erlebten Situation sein, damit nicht, wenn ein Weggehen unmöglich ist, Suizid Thema werden muss, wie dies hier beängstigend oft berichtet wurde.

Viele der Erkenntnisse aus der Theorie fanden eine Bestätigung. So wurde bei den befragten jungen Frauen überaus deutlich, wie enorm entlastend es für die Kinder ist, wenn die Eltern nach einer Scheidung wieder ruhig miteinander kommunizieren können. Die Töchter rechnen weiter ihren Müttern hoch an, nicht schlecht über ihre Väter geredet zu haben oder aber berichteten, wie schwierig es war, von ihren Müttern ins Vertrauen gezogen zu werden. Es ergab sich jedoch auch Neues. So wurde auf eindrückliche Weise ersichtlich, dass mit grossem persönlichem Einsatz und viel Toleranz auch Dinge möglich werden wie der Aufbau einer neu zusammengesetzten Familie zur Zufriedenheit aller, was als äusserst schwierig gilt. Diese neue Familie wurde für alle ein Ort von Wohlbefinden und grösster Wichtigkeit gerade für die Scheidungsbewältigung. Neu sind vielleicht auch die vielen Aussagen, die glaubhaft machen, dass alle Familienmitglieder von der Scheidung profitiert haben, und dass das Gefühl entstand, sich nach der Trennung mehr als Familie zu fühlen. Die produktive Nutzung der Scheidung als Krise konnte eine Familie ja ganz deutlich vorleben. Es soll aber auch hier nicht verschwiegen werden, dass auch so positive Ausgänge wie dieser mit viel Schmerz verbunden sind. Wichtig und neu ist auch die Erkenntnis, welche grosse Bedeutung das Spielen-, Ausspannen-, Fröhlich- und Normal-sein-Können gerade auch für Scheidungskinder hat. Vielleicht wird durch diese Erkenntnis gerade die Theorie und Wissenschaft herausgefordert, sind doch fernsehen und andere triviale Entspannungen etwas, das zwar gelebt, aber nur mit Schwierigkeiten als auch positiv akzeptiert wird.

Ersichtlich wurde auch die hohe Kompetenz und Fähigkeit, die sich diese jungen Frauen in der Bewältigung der Scheidungssituation erarbeitet haben, und wie sie ihr Leben zufrieden und erfolgreich angehen und meistern, trotz der Schwierigkeiten, die sie auch mittragen. Sichtbar wurde ferner die Kreativität, die die Frauen im Bewältigen entwickelten.

Abschliessend ist die grosse Wichtigkeit der Mütter zu betonen. Sie sind es, die von den Töchtern als überaus bedeutsam erwähnt wurden. Ihre Stärke und Sorge um die Kinder wird als ganz zentral berichtet. Hier spielt auch ein geschlechtsspezifischer Unterschied: die grössere Nähe der Töchter zu ihren Müttern erleichterte die Unterstützung durch die Mütter, die nicht zuletzt auch Ausdruck in körperlicher Nähe fand. Da doch nicht alle jungen Frauen als Mädchen spüren und äussern konnten, was sie brauchten, ist eine solche Präsenz und einfühlsame Unterstützung der Mütter ausserordentlich bedeutsam. Die Mütter sollten daher in ihrer grossen und auch überaus schwierigen Aufgabe unterstützt werden. Dies kann auch nicht erst geschehen, wenn eine Belastung wie eine Scheidung dann stattfindet. Vielmehr dürfte ersichtlich geworden sein, dass alle Beziehungen, die in der Scheidungsbewältigung von den befragten jungen Frauen als hilfreich erlebt wurden, schon vor der Krise bestanden. Wenn sich eine neue Situation und Krise ergibt, wird somit auf das Vorhandene, bereits Bekannte zurückgegriffen. Das Bekannte bietet Sicherheit und Halt, und in einer Situation, die bereits genug Neues und Unbekanntes bietet, ist dies trostreich.

Die grosse Präsenz, die die Brüder der jungen Frauen in der Untersuchung gefunden haben, obwohl nicht nach ihnen gefragt wurde, muss aufrütteln. Allesamt scheinen sehr unter der Scheidungssituation zu leiden, und dieses Leid wird aber nicht offen gezeigt. Es scheint notwendig, sich den Buben und jungen Männern in Scheidungskrisen spezifisch zuzuwenden und hier weitere Erkenntnisse für deren Unterstützung zu gewinnen.

Zur Stichprobe ist zu sagen, dass es sicher Vorteile gebracht hat, nicht Mädchen in der Scheidungssituation selbst zu befragen. Die jungen, befragten Frauen hatten doch einigen Abstand zu den Trennungserfahrungen und besitzen als junge Erwachsene auch beeindruckende Fähigkeiten zur Reflexion, wie dies auch eine der befragten jungen Frauen äusserte.

Im methodischen Teil, in dem die System- und Chaostheorie dargestellt wurde, konnte viel interessantes Material und neueste Erkenntnisse dargestellt werden. Die Aufnahme solcher Ideen in die Untersuchung erwies sich jedoch als schwierig. Entsprechende Fragen an die jungen Frauen, wie bspw. die Frage nach dem eigenen Einfluss auf den Erhalt von Unterstützung oder die Veränderung, die die erhaltene Unterstützung im Selbstbild bewirkte, konnten kaum beantwortet werden. Wir scheinen in der Integration des systemischen Denkens, das nach Wechselwirkungen und Vernetzungen fragt, in unser konkretes alltägliches Leben noch sehr am Anfang zu stehen.

Es ist klar, dass die geschilderten Bewältigungsprozesse nicht als abschliessende Bewältigung von Scheidung angesehen werden dürfen. Eine endgültige Bewertung dieser Bewältigungsleistungen und ihrer Effekte wäre ja auch nur durch die Beurteilung eines gesamten Lebens möglich. Und auch dann gäbe es verschiedene Perspektiven auf eine solche Bewältigung der Lebenskrise Scheidung, abhängig davon, ob bspw. die Beziehungsfähigkeit oder der Arbeitserfolg betrachtet wird.

Es stellt sich dennoch die Frage, ob für eine abschliessendere Beantwortung der Frage nach der Scheidungsbewältigung nicht ältere Frauen, nach dem 40. Altersjahr, befragt werden müssten. Die Zeit von 20 bis 30 Jahren kann nämlich vielleicht gerade auch als ein Alter der Bewältigung verstanden werden, das genutzt werden sollte, um Themen der Kindheit und einer Scheidung zu verarbeiten. Im Alter zwischen 30 und 40 Jahren fallen dann weitere wichtige Entscheidungen und ein Lebensweg hat sich bis dahin abgezeichnet.

Ausdrücklich wurde bei der Schilderung der Bewältigungsberichte von den Eindrücken und der Auswahl der betroffenen jungen Frauen und der Verfasserin ausgegangen. Die offene Darstellung soll der Leserin und dem Leser ermöglichen, sich bezüglich dieser Bewältigungsprozesse ein eigenes Urteil zu bilden. Es ist ein reiches Bild entstanden und damit die Hoffnung, dass von dieser Vielfältigkeit, - die in der Beschreibung des Elephanten durch die blinden Kinder in der Einleitung thematisiert wurde (s. Kap. 1) - die Erkenntnis und der Enthusiasmus weitergetragen wird, dass, gleich welches unsere Stärken sind, sie der Bewältigung dienlich werden können.

9. ZUSAMMENFASSUNG

Die vorliegende Arbeit beschäftigt sich mit der produktiven Bewältigung von Scheidung im Kindes- und Jugendalter. Die neuen Forschungsergebnisse zu den Themenbereichen der Scheidung und Bewältigung sowie der Gesundheitspsychologie wurden dargestellt. Als verbindendes Gebiet wurde die Traumaforschung in bezug auf ihre Relevanz für die Scheidungsbearbeitung aus der Sicht des Kindes beschrieben. Schliesslich wurden in einem weiteren Teil die Themen Scheidung und Bewältigung zusammengeführt und die für die Scheidung zu bewältigenden Aufgaben und die möglichen Vorgehensweisen vorgestellt. Im methodischen Teil wurde die System- und Chaostheorie in ihrer Relevanz für die Scheidungsbewältigung und für die Wahl einer qualitativen Form der Untersuchung dargestellt. In einer qualitativen Untersuchung wurden sechs junge Frauen im Alter von 21 Jahren retrospektiv zur Bewältigung der elterlichen Scheidung befragt. Diese exemplarischen Darstellungen gelebter Scheidungsbewältigung wurden der ganzen Arbeit vorangestellt.

10. DANKSAGUNG

Für die Entstehung und Bewältigung dieser Arbeit gilt, was auch für die Scheidungsbewältigung als bedeutsam beschrieben wurde: die Unterstützung durch andere Menschen, nähere und entferntere war zentral. So ist diese Arbeit entstanden mit der Unterstützung unzähliger Menschen, denen ich zutiefst dankbar bin. Namentlich erwähnt werden sollen hier einzig Prof. Heinz Stefan Herzka und Dr. phil. Wolf Reukauf, die diese Arbeit mit Liebe und Akribie begleitet haben.

LITERATUR-VERZEICHNIS

- Abraham, F.D., Abraham, R.H. & Shaw Ch.D. (1992). Basic Principles of Dynamical Systems. In R.L. Levine & H.E. Fitzgerald (Eds.), *Analysis of Dynamic Psychological Systems* (Vol. 1, p. 35-143). New York: Plenum Press.
- Aichhorn, A. (1974). *Verwahrloste Jugend* (8., unver. Aufl.). Bern: Huber.
- Arendell, T. (1995). *Fathers and divorce*. Thousand Oaks, California: Sage.
- Argelander, H. (1987). *Das Erstinterview in der Psychotherapie* (3. Aufl.). Darmstadt: Wissenschaftliche Buchgesellschaft.
- Ariès, Ph. (1975). *Geschichte der Kindheit* (3. Aufl.). München: Carl Hanser.
- Arndt, K. (1986). *Der erste Mann in meinem Leben...* München: Heyne.
- Arzaga, M.P. (1969). *Die Bedeutung des Vaters für die personale Entfaltung weiblicher Jugendlicher in der Reifezeit*. Phil. Dissertation, Universität Münster.
- Aster v., S. & Steinhausen, H.-Ch. (1984). Kinder aus unvollständigen Familien. In H.-Ch. Steinhausen (Hrsg.), *Risikokinder* (S. 123-135). Stuttgart: Kohlhammer.
- Backes, H. & Stiksrud, A. (1985). „Gestreckte" versus „verkürzte" Adoleszenz in Abhängigkeit vom Bildungsstatus: Normative Entwicklungsvorstellungen von Jugendlichen. In D. Liepmann & A. Stiksrud (Hrsg.), *Entwicklungsaufgaben und Bewältigungsprobleme in der Adoleszenz* (S. 190-200). Göttingen: Hogrefe.
- Bailer, J.H. (1989). *Bewältigung familiärer und beruflicher Belastungen*. Konstanz: Hartung-Gorre.
- Balloff, R. (1992). Trennung und Scheidung als Übergangsphase in der Familienentwicklung. In W.E. Fthenakis & H.-R. Kunze (Hrsg.), *Trennung und Scheidung - Familie am Ende?* (S. 41-64). Grafschaft: Vektor-Verlag.
- Balloff, R. (1993). Die Regelung der elterlichen Sorge nach Trennung oder Scheidung. Neuere Tendenzen und Entwicklungen. In K. Menne, H. Schilling & M. Weber (Hrsg.), *Kinder im Scheidungskonflikt: Beratung von Kindern und Eltern bei Trennung und Scheidung* (S. 115-136). Weinheim: Juventa.
- Ballstaedt, St.-P. & Mandl, H. (1985). Lesen im Jugendalter. In R. Oerter (Hrsg.), *Lebensbewältigung im Jugendalter* (S. 160-191). Weinheim: VCH Verlagsgesellschaft.
- Balscheit, P., Gasser, W., Haefliger, C. & Kling, V. (1987). *Wir trennen uns - was tun wir für unsere Kinder?* Zürich: Verlag Pro Juventute.
- Bauers, B. (1993). Psychische Folgen von Trennung und Scheidung für Kinder. In K. Menne, H. Schilling & M. Weber (Hrsg.), *Kinder im Scheidungskonflikt: Beratung von Kindern und Eltern bei Trennung und Scheidung* (39-62). Weinheim: Juventa.

- Bauers, B. (1994). Kinder aus Scheidungsfamilien - Seelische Folgen von Trennung und Verlust unter Berücksichtigung geschlechtsspezifischer Unterschiede. In A. Eggert-Schmid Noerr, V. Hirmke-Wessels & H. Krebs (Hrsg.), *Das Ende der Beziehung?: Frauen, Männer, Kinder in der Trennungskrise* (46-65). Mainz: Matthias-Grünewald-Verlag.
- Beelmann, W. & Schmidt-Denter, U. (1991). Kindliches Erleben sozialemotionaler Beziehungen und Unterstützungssysteme in Ein-Elternteil-Familien. *Psychologie in Erziehung und Unterricht*, 38, 180-189.
- Benard, Ch. & Schlaffer, E. (1992). Papa's Alibi. *Psychologie Heute*, 19, (2), 20-25.
- Berger, M. (1988). Das verstörte Kind mit seiner Puppe. In D. Bürgin (Hrsg.), *Beziehungskrisen in der Adoleszenz* (S. 23-40). Bern: Huber.
- Bettelheim, B. (1960). *Aufstand gegen die Masse*. München: Kindler.
- Bettschart, (1988). Therapeutische Aspekte bei Reifungskrisen in der Adoleszenz. In D. Bürgin (Hrsg.), *Beziehungskrisen in der Adoleszenz* (S. 55-64). Bern: Huber.
- Borgers, D. & Steinkamp, G. (1994). Sozialepidemiologie: Gesundheitsforschung zu Krankheit, Sozialstruktur und gesundheitsrelevanter Handlungsfähigkeit. In P. Schwenkmezger & L.R. Schmidt (Hrsg.), *Lehrbuch der Gesundheitspsychologie* (S. 133-148). Stuttgart: Enke.
- Boszormenyi-Nagy, I. & Spark, G.M. (1981). *Unsichtbare Bindungen. Die Dynamik familiärer Systeme*. Stuttgart: Klett-Cotta.
- Brand, J. (1991). Aus der Sicht des Sachverständigen: Grundlagen und Ziele. In A. Buskotte (Hrsg.), *Ehescheidung: Folgen für Kinder* (S. 108-119). Hamm: Hoheneck.
- Brandtstädter, J. (1985). Entwicklungsprobleme des Jugendalters als Probleme des Aufbaus von Handlungsorientierung. In D. Liepmann & A. Stiksrud (Hrsg.), *Entwicklungsaufgaben und Bewältigungsprobleme in der Adoleszenz* (S. 5-12). Göttingen: Hogrefe.
- Braun, H. (1994). Gesundheitssysteme und Sozialstaat. In P. Schwenkmezger & L.R. Schmidt (Hrsg.), *Lehrbuch der Gesundheitspsychologie* (S. 247-263). Stuttgart: Enke.
- Braun von, C. (1995). Das Kloster im Kopf. In K. Flaake & V. King (Hrsg.), *Weibliche Adoleszenz* (3. Aufl.) (S. 213-239). Frankfurt a.M.: Campus.
- Brazelton, T.B. (1991). *Zerreissproben. Familienkrisen und wie sie bewältigt werden können*. München: Piper.
- Briechle, R.U. (1985). Normative Orientierungen Jugendlicher in leistungsbezogenen Situationen (Konkurrenz versus Solidarität). In D. Liepmann & A. Stiksrud (Hrsg.), *Entwicklungsaufgaben und Bewältigungsprobleme in der Adoleszenz* (S. 168-179). Göttingen: Hogrefe.

- Brüderl, L., Halsig, N. & Schröder, A. (1988). Historischer Hintergrund, Theorien und Entwicklungstendenzen der Bewältigungsforschung. In L. Brüderl (Hrsg.), *Theorien und Methoden der Bewältigungsforschung* (S. 25-45). Weinheim: Juventa.
- Brunstein, J. (1988). Gelernte Hilflosigkeit: Ein Modell für die Bewältigungs-Forschung? In L. Brüderl (Hrsg.), *Theorien und Methoden der Bewältigungsforschung* (S. 115-128). Weinheim: Juventa.
- Buchholz, M.B. (1990 a). Die Rotation der Triade. *Forum der Psychoanalyse*, 6, 116-134.
- Buchholz, M.B. (1990 b). *Die unbewusste Familie*. Berlin: Springer.
- Buchholz, M.B. (1991). Die Regression der Triade. *Forum der Psychoanalyse*, 7, 47-61.
- Buchholz, M.B. (Hrsg.). (1993). *Metaphernanalyse*. Göttingen: Vandenhoeck & Ruprecht.
- Bundesamt für Statistik (Hrsg.) (1993). *Statistisches Jahrbuch der Schweiz 1994*. Zürich: Verlag Neue Zürcher Zeitung.
- Bürgin, D. (1989). Trauer bei Kindern und Erwachsenen. *Zeitschrift für psychoanalytische Theorie und Praxis*, 4 (1), 55-78.
- Buskotte, A. (1991). Familie - Risiken und Chancen auf der Suche nach dem Glück. In A. Buskotte (Hrsg.), *Ehescheidung: Folgen für Kinder* (S. 176-182). Hamm: Hoheneck.
- Camazine, S. (1994). Selbstorganisation aus Prinzip. In A. Deutsch (Hrsg.), *Muster des Lebendigen. Faszination ihrer Entstehung und Simulation* (S. 39-54). Braunschweig: Vieweg.
- Christ, U., Pfeifer, H. & Stiksrud, A. (1985). Wert- und Normkonflikte in der Adoleszenz griechischer Jugendlicher in Deutschland - Problemhierarchien der II. Generation. In D. Liepmann & A. Stiksrud (Hrsg.), *Entwicklungsaufgaben und Bewältigungsprobleme in der Adoleszenz* (S. 46-55). Göttingen: Hogrefe.
- Coleman, J. (1984). Eine neue Theorie der Adoleszenz. In E. Olbrich & E. Todt (Hrsg.), *Probleme des Jugendalters* (S. 49-67). Berlin: Springer.
- D'Andrade, R.G. (1973). Father absence, identification and identity. *Ethos*, 1(4), 440-455.
- Deutsch, A. (1994). Muster, Modelle, Simulationen. In A. Deutsch (Hrsg.), *Muster des Lebendigen. Faszination ihrer Entstehung und Simulation* (S. 1-38). Braunschweig: Vieweg.
- DeVol, D.M. & Schweflinghaus, W. (1985). Wertbereichsbezogene Selbstschemata bei Jugendlichen im Alter zwischen 11 und 16 Jahren - Ausgesuchte Befunde einer Längsschnittuntersuchung. In D. Liepmann & A. Stiksrud (Hrsg.), *Entwicklungsaufgaben und Bewältigungsprobleme in der Adoleszenz* (S. 121-132). Göttingen: Hogrefe.

- Dittmann-Kohli, F. (1984). Die Bewältigung von Entwicklungsaufgaben bei Lehrlingen: Analyse und Interventionsgesichtspunkte. In E. Olbrich & E. Todt (Hrsg.), *Probleme des Jugendalters* (S. 227-257). Berlin: Springer.
- Dittmann-Kohli, F. (1985). Soziale Handlungsfähigkeit bei Lehrlingen. In D. Liepmann & A. Stiksrud (Hrsg.), *Entwicklungsaufgaben und Bewältigungsprobleme in der Adoleszenz* (S. 13-26). Göttingen: Hogrefe.
- Dlugosch, G.E. (1994 a). Modelle in der Gesundheitspsychologie. In P. Schwenkmezger & L.R. Schmidt (Hrsg.), *Lehrbuch der Gesundheitspsychologie* (S. 101-117). Stuttgart: Enke.
- Dlugosch, G.E. (1994 b). Gesundheitsberatung. In P. Schwenkmezger & L.R. Schmidt (Hrsg.), *Lehrbuch der Gesundheitspsychologie* (S. 222-233). Stuttgart: Enke.
- Dlugosch, G.E. & Wottawa, H. (1994). Evaluation in der Gesundheitspsychologie. In P. Schwenkmezger & L.R. Schmidt (Hrsg.), *Lehrbuch der Gesundheitspsychologie* (S. 149-168). Stuttgart: Enke.
- Döbert, R. & Nunner-Winkler, G. (1984). Abwehr- und Bewältigungsprozesse in normalen und kritischen Lebenssituationen. In E. Olbrich & E. Todt (Hrsg.), *Probleme des Jugendalters* (S. 259-315). Berlin: Springer.
- Dreher, M. (1985). Planung im Jugendalter: Konzepte der Handlungsorganisation. In R. Oerter (Hrsg.), *Lebensbewältigung im Jugendalter* (S. 62-68). Weinheim: VCH Verlagsgesellschaft.
- Dreher, E. & Dreher, M. (1985). Wahrnehmung und Bewältigung von Entwicklungsaufgaben im Jugendalter: Fragen, Ergebnisse und Hypothesen zum Konzept einer Entwicklungs- und Pädagogischen Psychologie des Jugendalters. In R. Oerter (Hrsg.), *Lebensbewältigung im Jugendalter* (S. 30-61). Weinheim: VCH Verlagsgesellschaft.
- Dreher, E. & Dreher, M. (1985). Entwicklungsaufgaben im Jugendalter: Bedeutsamkeit und Bewältigungskonzepte. In D. Liepmann & A. Stiksrud (Hrsg.), *Entwicklungsaufgaben und Bewältigungsprobleme in der Adoleszenz* (S. 56-70). Göttingen: Hogrefe.
- Duss-von Werdt, J. & Fuchs, A. (1980). *Scheidung in der Schweiz. Eine wissenschaftliche Dokumentation.* Bern: Paul Haupt.
- Erikson, E.H. (1980). *Identität und Lebenszyklus* (6. Aufl.). Frankfurt a.M.: Suhrkamp.
- Erikson, E.H. (1992). *Kindheit und Gesellschaft* (11., veränd. Aufl.). Stuttgart: Klett-Cotta.
- Ermann, M. (1985). Die Fixierung in der frühen Triangulierung. *Forum der Psychoanalyse*, 1, 93-110.
- Faltermaier, T. (1988). Notwendigkeit einer sozialwissenschaftlichen Belastungskonzeption. In L. Brüderl (Hrsg.), Theorien und Methoden der *Bewältigungsforschung* (S. 46-62). Weinheim: Juventa.

- Fassel, D. (1994). *Ich war noch ein Kind als meine Eltern sich trennten... Spätfolgen der elterlichen Scheidung überwinden.* München: Kösel.
- Feigenbaum, M. (1993). The Transition to Chaos. In J. Holte (Ed.), *Nobel Conference XXVI. Chaos: The New Science* (p. 45-53). Boston: University Press of America.
- Fend, H. (1990). Ego-Strength Development and Pattern of Social Relationships. In H. Bosma & S. Jackson (Eds.), *Coping and Self-Concept in Adolescence* (p. 92-109). Berlin: Springer.
- Fend, H. (1991). *Identitätsentwicklung in der Adoleszenz* (Bd. II). Bern: Huber.
- Feth, M. (1993). *Kein Vater fürs Wochenende.* Düsseldorf: Patmos.
- Figdor, H. (1994). Zwischen Aufklärung und Deutung. Zur Methode und Technik psychoanalytisch-pädagogischer Beratung von Scheidungseltern. In A. Eggert-Schmid Noerr, V. Hirmke-Wessels & H. Krebs (Hrsg.), *Das Ende der Beziehung?: Frauen, Männer, Kinder in der Trennungskrise* (S. 133-167). Mainz: Matthias-Grünewald-Verlag.
- Fischer, M. (1994). Gesundheitspsychologie: Die ökopsychologische Perspektive. In P. Schwenkmezger & L.R. Schmidt (Hrsg.), *Lehrbuch der Gesundheitspsychologie* (S. 88-100). Stuttgart: Enke.
- Flaake, K. & John, C. (1995). Räume zur Aneignung des Körpers. In K. Flaake & V. King (Hrsg.), *Weibliche Adoleszenz* (3. Aufl.) (S. 199-212). Frankfurt a.M.: Campus.
- Flaake, K. & King, V. (1995). Psychosexuelle Entwicklung, Lebenssituation und Lebensentwürfe junger Frauen. In K. Flaake & V. King (Hrsg.), *Weibliche Adoleszenz* (3. Aufl.) (S. 13-39). Frankfurt a.M.: Campus.
- Freud, A. (1980). *Das Ich und die Abwehrmechanismen* (12. Aufl.). München: Kindler.
- Freud, A. & Burlingham, D. (1944). *Infants without families.* New York: International University Press.
- Freud, S. (1905/1975). *Drei Abhandlungen zur Sexualtheorie.* (Studienausgabe, Bd. V, S. 39-145). Frankfurt a.M.: Fischer.
- Freud, S. (1928-33). *Die Weiblichkeit.* Gesammelte Werke XV, 33 (S. 119-145).
- Freund, C. (1996). *Langfristige Effekte der Ehescheidung der Eltern während der Adoleszenz ihrer Tochter.* Regensburg: Roderer.
- Frick-Bruder, V. (1989). Die Bedeutung des Vaters für die Entwicklung des Kindes. *Psychosomatische Gynäkologie und Geburtshilfe,* 1988, 61-67.
- Fthenakis, W.E., Griebel, W., Kunze, H.-R., Niesel, R. & Oberndorfer, R. (1992). Reorganisation familialer Beziehungen bei Trennung und Scheidung - Eine veränderte Sichtweise des Scheidungs- und Nachscheidungsgeschehens. In W.E. Fthenakis & H.-R. Kunze (Hrsg.), *Trennung und Scheidung - Familie am Ende?* (S. 12-28). Grafschaft: Vektor-Verlag.

- Fthenakis, W.E., Niesel, R. & Griebel, W. (1993). Scheidung als Reorganisationsprozess. Interventionsansätze für Kinder und Eltern. In K. Menne, H. Schilling & M. Weber (Hrsg.), *Kinder im Scheidungskonflikt: Beratung von Kindern und Eltern bei Trennung und Scheidung* (S. 261- 289). Weinheim: Juventa.
- Fthenakis, W.E., Niesel, R. & Kunze, H.-R. (1982). *Ehescheidung.* München: Urban & Schwarzenberg.
- Gehring, T.M. (1993). *FAST Familiensystemtest.* Manual. Weinheim: Beltz.
- Gehring, M., Funk, U. & Schneider M. (1989). Der Familiensystem-Test (FAST): Eine drei-dimensionale Methode zur Analyse sozialer Beziehungsstrukturen. *Praxis der* Kinderpsychologie und Kinderpsychiatrie, 38, 152-164.
- Gerth, U. (1993). Familiäre Ressourcen zur Bewältigung der Trennungskrise. In K. Menne, H. Schilling & M. Weber (Hrsg.), *Kinder im Scheidungskonflikt: Beratung von Kindern und Eltern bei Trennung und Scheidung* (S. 293-298). Weinheim: Juventa.
- Gilligan, C. (1995). Auf der Suche nach der „verlorenen Stimme" in der weiblichen Adoleszenz - Shakespeares Schwester unterrichten. In K. Flaake & V. King (Hrsg.), *Weibliche Adoleszenz* (3. Aufl.) (S. 40-63). Frankfurt a.M.: Campus.
- Gleick, J. (l995). Chaos and Beyond. In J. Holte (Ed.), *Nobel Conference XXVI. Chaos: The New Science* (p. ll9-127). Boston: University Press of America.
- Gutschmidt, G. (1993). Kinder in Einelternfamilien. Positive Aspekte einer Lebensform. In K. Menne, H. Schilling & M. Weber (Hrsg.), *Kinder im Scheidungskonflikt: Beratung von Kindern und Eltern bei Trennung und Scheidung* (S. 299-305). Weinheim: Juventa.
- Haase, H. (l995). Die Preisgabe: Ueberlegungen zur Bedeutung der Menstruation in der Mutter-Tocher-Beziehung. In K. Flaake & V. King (Hrsg.), *Weibliche Adoleszenz* (3. Aufl.) (S. 166-l85). Frankfurt a.M.: Campus.
- Hagemann-White, C. (l995). Berufsfindung und Lebensperspektive in der weiblichen Adoleszenz. In K. Flaake & V. King (Hrsg.), *Weibliche Adoleszenz* (3. Aufl.) (S. 64-83). Frankfurt a.M.: Campus.
- Hainline, L. & Feig, E. (1978). The Correlates of childhood father absence in college-aged women. *Child Development,* 49, 37-42.
- Haller-Meichelböck, E. (l986). *Die Bedeutung des Vaters für die frühkindliche Entwicklung des Sohnes.* Phil. Dissertation, Universität Salzburg.
- Halsig, N. (l988 a). Uebergang vom Schüler zum Studenten - Bewältigungsverhalten von Medizinstudenten zu Studienbeginn. In L. Brüderl (Hrsg.), *Belastende Lebenssituationen* (S. 37-56). Weinheim: Juventa.
- Halsig, N. (l988 b). Erfassungsmöglichkeiten von Bewältigungsversuchen. In L. Brüderl (Hrsg.), *Theorien und Methoden der Bewältigungsforschung* (S. 162-l9l). Weinheim: Juventa.

- Herrmann, C. (1988). Die Rolle von Attribution im Bewältigungsgeschehen. In L. Brüderl (Hrsg.), *Theorien und Methoden der Bewältigungsforschung* (S. 88-106). Weinheim: Juventa.
- Herzka, H.St. (1986 a). *Die Untersuchung von Kindern*. Göttingen: Vandenhoeck & Ruprecht.
- Herzka, H.St. (1986 b). *Kinderpsychopathologie* (2. Aufl.). Basel: Schwabe.
- Herzka, H.St. (1992 a). Was ist Dialogik? In E.P. Fischer, H.St. Herzka & K.H. Reich (Hrsg.), *Widersprüchliche Wirklichkeit. Neues Denken in Wissenschaft und Alltag* (S. 38-42). München: Piper.
- Herzka, H.St. (1992 b). Gesundheit und Krankheit. Dialogisches Denken als Grundlage medizinischer Anthropologie. In E.P. Fischer, H.St. Herzka & K.H. Reich (Hrsg.), *Widersprüchliche Wirklichkeit. Neues Denken in Wissenschaft und Alltag* (S. 199-219). München: Piper.
- Hetherington, E.M. (1972). Effects of father absence on personality development in adolescent daughters. *Developmental Psychology*, Vol. 7, 3, 313-326.
- Hetherington, E.M. (1979). Divorce. A child's perspective. *American Psychologist*, Vol. 34, 10, 851-858.
- Hock, M. & Kohlmann, C.-W. (1988). Angst und Angstbewältigung. In L. Brüderl (Hrsg.), *Theorien und Methoden der Bewältigungsforschung* (S. 80-87). Weinheim: Juventa.
- Hodapp, V. (1994). Kausalmodelle bei nicht-experimentellen Daten. In P. Schwenkmezger & L.R. Schmidt (Hrsg.), *Lehrbuch der Gesundheitspsychologie* (S. 119-132). Stuttgart: Enke.
- Hoffman, L. (1987). *Grundlagen der Familientherapie. Konzepte für die Entwicklung von Systemen* (2. Aufl.). Hamburg: ISKO-PRESS.
- Hohenstern, W.-D. (1991). Aus der Sicht des Rechtsanwaltes: Konfliktverschärfung oder Konfliktvermeidung. In A. Buskotte (Hrsg.), *Ehescheidung: Folgen für Kinder* (S. 99-107). Hamm: Hoheneck.
- Holte, J. (1993). Introduction to Nobel Conference XXVI. In J. Holte (Ed.), *Nobel Conference XXVI. Chaos: The New Science* (vii-xii). Boston: University Press of America.
- Hörmann, H-J. & Brunke, Ch. (1985). Aspekte der Selbstkonzeptentwicklung bei Jugendlichen nach Abschluss des Gymnasiums. In D. Liepmann & A. Stiksrud (Hrsg.), *Entwicklungsaufgaben und Bewältigungsprobleme in der Adoleszenz* (S. 110-120). Göttingen: Hogrefe.
- Hornung, R. & Gutscher, H. (1994). Gesundheitspsychologie: Die sozialpsychologische Perspektive. In P. Schwenkmezger & L.R. Schmidt (Hrsg.), *Lehrbuch der Gesundheitspsychologie* (S. 65-87). Stuttgart: Enke.
- Hunter, R. & Ballmoos von, I. (1994). *Das Vaterbild des Mädchens nach einem Vaterverlust*. Universität Zürich: Unveröffentlichte Lizentiatsarbeit.
- Hurrelmann, K. (1988). *Sozialisation und Gesundheit*. Weinheim: Juventa.

- Hurrelmann, K. (1989). *Human Development and Health*. Berlin: Springer.
- Hurrelmann, K., Rosewitz, B. & Wolf, H.K. (1985). *Lebensphase Jugend*. Weinheim: Juventa.
- Jackson, S. & Bosma, H. (1990 a). Coping and Self in Adolescence. In H. Bosma & S. Jackson (Eds.), *Coping and Self-Concept in Adolescence* (p. 1-11). Berlin: Springer.
- Jackson, S. & Bosma, H. (1990 b). Coping and Self-Concept: Retrospect and Prospect. In H. Bosma & S. Jackson (Eds.), *Coping and Self-Concept in Adolescence* (p. 203-221). Berlin: Springer.
- Jaede, W. (1992). Beratungsangebote vor, während und nach der Trennung und Scheidung. In W.E. Fthenakis & H.-R. Kunze (Hrsg.), *Trennung und Scheidung - Familie am Ende?* (S. 106-125). Grafschaft: Vektor-Verlag.
- Jaede, W., Wolf, J. & Zeller-König, B. (1996). *Gruppentraining mit Kindern aus Trennungs- und Scheidungsfamilien*. Weinheim: Psychologie Verlags Union.
- Janoff-Bulman, R. (1992). *Shattered Assumptions. Towards a New Psychology of Trauma*. New York: The Free Press, Macmillan.
- Jansen, M.M. & Jockenhövel-Poth, A. (1995). Trennung und Bindung bei adoleszenten Mädchen aus psychoanalytischer Sicht. In K. Flaake & V. King (Hrsg.), *Weibliche Adoleszenz* (3. Aufl.) (S. 266-278). Frankfurt a.M.: Campus.
- Jerusalem, M. (1985). Selbstkonzeptentwicklung von Kindern und Jugendlichen und der Einfluss perzipierten Lehrerverhaltens. In D. Liepmann & A. Stiksrud (Hrsg.), *Entwicklungsaufgaben und Bewältigungsprobleme in der Adoleszenz* (S. 98-109). Göttingen: Hogrefe.
- Kahlenberg, E. (1993). *Die Zeit allein heilt keine Wunden*. Pfaffenweiler: Centaurus.
- Kast, V. (1986). *Trauern: Phasen und Chancen des psychischen Prozesses*. (6. Aufl.). Stuttgart: Kreuz.
- Kast, V. (1987). *Der schöpferische Sprung. Vom therapeutischen Umgang mit Krisen*. Olten: Walter.
- Kast, V. (1994). *Sich einlassen und loslassen*. Freiburg i.B.: Herder.
- Kasten, H. (1993). *Die Geschwisterbeziehung*. Göttingen: Hogrefe.
- Keyserlingk von, L., (1994). *Stief und halb und adoptiv. Neue Familie - neue Chance*. Düsseldorf: Patmos.
- King, V. (1995). Geburtswehen der Weiblichkeit - Verkehrte Entbindungen. In K. Flaake & V. King (Hrsg.), *Weibliche Adoleszenz* (3. Aufl.) (S. 103-125). Frankfurt a.M.: Campus.
- Kölling, W. (1993). Väter in Trennungskrisen. Vaterbilder und Scheidungskonflikte. In K. Menne, H. Schilling & M. Weber (Hrsg.), *Kinder im Scheidungskonflikt: Beratung von Kindern und Eltern bei Trennung und Scheidung* (S. 75-93). Weinheim: Juventa.

- Kohlmann, C.-W. (1988). Persönlichkeitsspezifische Aspekte der Erfassung von Belastungsreaktionen. In L. Brüderl (Hrsg.), *Theorien und Methoden der Bewältigungsforschung* (S. 192-199). Weinheim: Juventa.
- Kohlmann, C.-W. (1990). *Stressbewältigung und Persönlichkeit: Flexibles versus rigides Copingverhalten und seine Auswirkungen auf Angsterleben und physiologische Belastungsreaktionen.* Bern: Huber.
- Kolip, P. (1993). *Freundschaften im Jugendalter. Der Beitrag sozialer Netzwerke zur Problembewältigung.* Weinheim: Juventa.
- Krabbe, H. (1992). Beratungsangebote vor, während und nach der Trennung und Scheidung. In W.E. Fthenakis & H.-R. Kunze (Hrsg.), *Trennung und Scheidung - Familie am Ende?* (S. 126-151). Grafschaft: Vektor-Verlag.
- Krämer, M. (1991). *Problembewältigung und Kontrollüberzeugungen.* Regensburg: Roderer.
- Krebs, H. (1994). Traditionelle Familienstrukturen und geschlechtsspezifische Verarbeitungsformen in der Trennungsberatung. In A. Eggert-Schmid Noerr, V. Hirmke-Wessels, & H. Krebs (Hrsg.), *Das Ende der Beziehung?: Frauen, Männer, Kinder in der Trennungskrise* (S. 103-132). Mainz: Matthias-Grünewald-Verlag.
- Kriechbaum, W. (1969). *Das Vaterbild bei vaterlosen 12- und 13jährigen Kindern.* Phil. Dissertation, Universität Salzburg.
- Kriz, J. (1992). *Chaos und Struktur. Grundkonzepte der Systemtheorie.* München: Quintessenz.
- Landolf, P. (1968). *Kinder ohne Vater. Ein psychologischer Beitrag zur Bestimmung der Vaterrolle.* Bern: Huber.
- Lang, H. (1992). Die „strukturale Triade". *Praxis der Psychotherapie und Psychosomatik*, 37, 207-215.
- Laufer, M. (1988). Zusammenbruch der Entwicklung im Adoleszenzalter und Ziele der therapeutischen Behandlung. In D. Bürgin (Hrsg.), *Beziehungskrisen in der Adoleszenz.* Bern: Huber.
- Lazarus, R.S. (1991). *Emotion and Adaptation.* New York: Oxford University Press.
- Lederle, O. (1993). Schwerpunkte der Trennungs- und Scheidungsberatung. Was brauchen Kinder - was brauchen Eltern? In K. Menne, H. Schilling & M. Weber (Hrsg.), *Kinder im Scheidungskonflikt: Beratung von Kindern und Eltern bei Trennung und Scheidung* (S. 239-259). Weinheim: Juventa.
- Lehmkuhl, U. & Born C.J. (1986). Das Vaterbild in der Scheidungsfamilie. *Zeitschrift für Kinder- und Jugendpsychiatrie*, 14, 50-62.
- Lempp, R. (1981). *Adoleszenz. Biologische, sozialpädagogische und jugendpsychiatrische Aspekte.* Bern: Huber.

- Lempp, R. (1989). Die Rolle des Vaters und ihre Veränderung im 20. Jahrhundert. In: W. Faulstich & G.E. Grimm (Hrsg.), *Sturz der Götter? Vaterbilder im 20. Jahrhundert.* (S. 176-189). Frankfurt a.M.: Suhrkamp.
- Lerner, R.M. (1984). Jugendliche als Produzenten ihrer eigenen Entwicklung. In E. Olbrich & E. Todt (Hrsg.), *Probleme des Jugendalters* (S. 69-87). Berlin: Springer.
- Levine, R.L. (1992). An Introduction to Qualitative Dynamics. In R.L. Levine & H.E. Fitzgerald (Eds.), *Analysis of Dynamic Psychological Systems* (Vol. 1, p. 267-330). New York: Plenum Press.
- Levine, R.L. & Fitzgerald, H.E. (1992). Living Systems, Dynamical Systems, and Cybernetics: Historical Overview and Introduction to System Dynamics. In R.L. Levine & H.E. Fitzgerald (Eds.), *Analysis of Dynamic Psychological Systems* (Vol. 1, p. 1-7). New York: Plenum Press.
- Levine, R.L., Van Sell, M. & Rubin, B. (1992). System Dynamics and the Analysis for Feedback Processes in Social and Behavioral Systems. In R.L. Levine & H.E. Fitzgerald (Eds.), *Analysis of Dynamic Psychological Systems* (Vol. 1, p. 145-266). New York: Plenum Press.
- Liepmann, D. & Hautzinger, M. (1985). Zur Ueberwindung sozialer Angst („Redeangst") bei Jugendlichen in Abhängigkeit differentieller Problemlösefähigkeiten. In D. Liepmann & A. Stiksrud (Hrsg.), *Entwicklungsaufgaben und Bewältigungsprobleme in der Adoleszenz* (S. 27-37). Göttingen: Hogrefe.
- Liepmann, D., Herrmann, C. & Jerusalem, M. (1985). Zur Frage der Interaktion von Leistungsmotivation und Schulangst bei Berufsschülern. In D. Liepmann & A. Stiksrud Hrsg.), *Entwicklungsaufgaben und Bewältigungsprobleme in der Adoleszenz* (S. 147-158). Göttingen: Hogrefe.
- Liepmann, D., Zapf, D. & Dunckel, H. (1985). Zur Vorhersage der beruflichen und allgemeinen Zukunftsorientierung bei jugendlichen Auszubildenden. In D. Liepmann & A. Stiksrud (Hrsg.), *Entwicklungsaufgaben und Bewältigungsprobleme in der Adoleszenz* (S. 180-189). Göttingen: Hogrefe.
- Mächtlinger, V.J. (1981). The father in psychoanalytic theory. In M.E. Lamb (Eds.), *The role of the father in child development* (p. 113-153). New York: Wiley.
- Mandelbrot, B. (1993). Fractals. In J. Holte (Ed.), *Nobel Conference XXVI. Chaos: The New Science* (p. 1-33). Boston: University Press of America.
- Marcia, J.E., Waterman, A.S., Matteson, D.R., Archer, S.L. & Orlofsky, J.L. (1993). *Ego identity.* New York: Springer.
- Matthey, H. (1992). Trennung und Scheidung als Uebergangsphase in der Familienentwicklung. In W.E. Fthenakis & H.-R. Kunze (Hrsg.), *Trennung und Scheidung - Familie am Ende?* (S. 32-34). Grafschaft: Vektor-Verlag.
- Mayring, Ph. (1988 a). Kontrollüberzeugung. In L. Brüderl (Hrsg.), *Theorien und Methoden der Bewältigungsforschung* (S. 139-148). Weinheim: Juventa.

- Mayring, Ph. (1988 b). Qualitative Auswertung im Rahmen des Belastungs-Bewältigungs-Paradigmas. In L. Brüderl (Hrsg.), *Theorien und Methoden der Bewältigungsforschung* (S. 200-207). Weinheim: Juventa.
- Mayring, Ph. (1992). Analytische Schritte bei der Textinterpretation. In G.L. Huber (Hrsg.), *Qualitative Analyse*. (S. 11-41). München: Oldenbourg.
- Mayring, Ph. (1993). *Qualitative Inhaltsanalyse* (4. Aufl.). Weinheim: Studien Verlag.
- Messer, Ch.-M. (1992). Trennung und Scheidung als Uebergangsphase in der Familienentwicklung. In W.E. Fthenakis & H.-R. Kunze (Hrsg.), *Trennung und Scheidung - Familie am Ende?* (S. 65-68). Grafschaft: Vektor-Verlag.
- Miller, J.G. & Miller J.L. (1992). Cybernetics, General Systems Theory, and Living Systems Theory. In R.L. Levine & H.E. Fitzgerald (Eds.), *Analysis of Dynamic Psychological Systems* (Vol. 1, p. 9-34). New York: Plenum Press.
- Minuchin, S. (1987). *Familie und Familientherapie. Theorie und Praxis struktureller Familientherapie* (7. Aufl.). Freiburg i. Breisgau: Lambertus.
- Minuchin, S. & Fishman, H.Ch. (1983). *Praxis der strukturellen Familientherapie*. Freiburg i.B.: Lambertus.
- Murza, G. & Laaser, U. (1994). Gesunheitsprogramme in Betrieben und Organisationen. In P. Schwenkmezger & L.R. Schmidt (Hrsg.), *Lehrbuch der Gesundheitspsychologie* (S. 234-245). Stuttgart: Enke.
- Mussen, P. (1984) Persönlichkeit und politische Einstellungen im Jugendalter. In E. Olbrich & E. Todt (Hrsg.), *Probleme des Jugendalters* (S. 317-332). Berlin: Springer.
- Napp-Peters, A. (1988). *Scheidungsfamilien. Interaktionsmuster und kindliche Entwicklung*. Stuttgart: Kohlhammer.
- Nave-Herz, R. (1993). Trennungs- und Ablösungsprozesse der Kinder von ihren Eltern. Ein historischer Vergleich. In K. Menne, H. Schilling & M. Weber (Hrsg.), *Kinder im Scheidungskonflikt: Beratung von Kindern und Eltern bei Trennung und Scheidung* (S. 25-37). Weinheim: Juventa.
- Nave-Herz, R. (1994). Trennung und Scheidung im historischen Vergleich. In A. Eggert-Schmid Noerr, V. Hirmke-Wessels & H. Krebs (Hrsg.), *Das Ende der Beziehung?: Frauen, Männer, Kinder in der Trennungskrise* (S. 12-25). Mainz: Matthias-Grünewald-Verlag.
- Newman, B. (1984). Merkmale interpersonalen Verhaltens während der frühen Adoleszenz. In E. Olbrich & E. Todt (Hrsg.), *Probleme des Jugendalters* (S. 323-352). Berlin: Springer.
- Nicolis, G. & Prigogine, I. (1987). *Die Erforschung des Komplexen. Auf dem Weg zu einem neuen Verständnis der Naturwissenschaften*. München: Piper.

- Nieder, A. & Pezaro, A. (1985). Wandel der Geschlechtsrollen im Kontext weiblicher Identitätsentwicklung in der Adoleszenz. In D. Liepmann & A. Stiksrud (Hrsg.), *Entwicklungsaufgaben und Bewältigungsprobleme in der Adoleszenz* (S. 71-83). Göttingen: Hogrefe.
- Nordlohne, E. (1992). *Die Kosten jugendlicher Problembewältigung. Alkohol-, Zigaretten- und Arzneimittelkonsum im Jugendalter.* Weinheim: Juventa.
- Nystrom, C. & Baum, A. (1992). *Micha versteht die Welt nicht mehr. Wenn Eltern sich trennen* (2. Aufl.). Giessen: Brunnen.
- Oberndorfer, R. (1991). Die subjektive Sicht der Betroffenen im Scheidungsgeschehen. In A. Buskotte (Hrsg.), *Ehescheidung: Folgen für Kinder* (S. 9-28). Hamm: Hoheneck.
- Oerter, R. (1984). Zur Entwicklung der Handlungsstruktur im Jugendalter: Eine neue theoretische Perspektive. In E. Olbrich & E. Todt (Hrsg.), *Probleme des Jugendalters* (S. 187-225). Berlin: Springer.
- Oerter, R. (1985). Die Anpassung von Jugendlichen an die Struktur von Arbeit und Beruf. In R. Oerter (Hrsg.), *Lebensbewältigung im Jugendalter* (S. 69-110). Weinheim: VCH Verlagsgesellschaft.
- Offer, D. (1984). Das Selbstbild normaler Jugendlicher. In E. Olbrich & E. Todt (Hrsg.), *Probleme des Jugendalters* (S. 111-157). Berlin: Springer.
- Olbrich, E. (1984). Jugendalter - Zeit der Krise oder der produktiven Anpassung? In E. Olbrich & E. Todt (Hrsg.), *Probleme des Jugendalters* (S. 1-47). Berlin: Springer.
- Olbrich, E. (1985). Konstruktive Auseinandersetzung im Jugendalter: Entwicklung, Förderung und Verhaltenseffekte. In R. Oerter (Hrsg.), *Lebensbewältigung im Jugendalter* (S. 7-29) Weinheim: VCH Verlagsgesellschaft.
- Olbrich, E. (1990). Coping and Development. In H. Bosma & S. Jackson (Eds.), *Coping and Self-Concept in Adolescence* (p. 35-47). Berlin: Springer.
- Olds, L.E. (1992). *Metaphors of interrelatedness. Towards a systems theory of psychology.* Albany N.Y.: State University of New York Press.
- Olivier, Ch. (1987). *Jokastes Kinder.* Paris: Denoel/Gonthier.
- Oser, F. & Schlaefli, A. (1985). Das moralische Grenzgängersyndrom: Eine Interventionsstudie zur Förderung sozial-moralischer Identität bei Lehrlingen. In R. Oerter (Hrsg.), *Lebensbewältigung im Jugendalter* (S. 111-130). Weinheim: VCH Verlagsgesellschaft.
- Overbeck, A. (1995). Körper, Kreativität und Weiblichkeit. In K. Flaake & V. King (Hrsg.), *Weibliche Adoleszenz* (3. Aufl.) (S. 84-102). Frankfurt a.M.: Campus.
- Palermo, D.S. (1989). *Coping with Uncertainity: Behavioral and Developmental Perspectives.* Hillsdale, New Jersey: Lawrence Erlbaum.
- Parish, Th.S. (1981). The impact of divorce on the family. *Adolescence*, Vol. XVI, 63, 577-580.

- Parish, Th.S. & Dostal J.W. (1980). Evaluations of self and parent figures by children from intact, divorced, and reconstituted families. *Journal of Youth and Adolescence.* Vol. 9, 4, 347-351.
- Parish, Th.S. & Wigle. St.E. (1985). A longitudinal study of the impact of parental divorce on adolescents' evaluations of self and parents. *Adolescence,* Vol. XX, 77, 239-244.
- Parsons, T. (1955). Family structure and the socialization of the child. In T. Parsons & R.F. Bales (Eds.), *Family, socialization and interaction process* (p. 25-45). Glencoe, Illinois: Free Press.
- Peak, D. & Frame, M. (1995). *Komplexität - das gezähmte Chaos.* Basel: Birkhäuser.
- Peisker, I. (1991). *Die strukturbildende Funktion des Vaters.* Pfaffenweiler: Centaurus.
- Peitgen, H.-O. (1993). The Causality Principle, Deterministic Laws and Chaos. In J. Holte (Ed.), *Nobel Conference XXVI. Chaos: The New Science* (p. 35-43). Boston: University Press of America.
- Perrez, M. & Gebert, S. (1994). Veränderung gesundheitsbezogenen Risikoverhaltens: Primäre und sekundäre Prävention. In P. Schwenkmezger & L.R. Schmidt (Hrsg.), *Lehrbuch der Gesundheitspsychologie* (S. 169-187). Stuttgart: Enke.
- Peters, M. (1988 a). Das Belastungs-Bewältigungs-Paradigma in früher Kindheit: eine vielversprechende Perspektive? In L. Brüderl (Hrsg.), *Belastende Lebenssituationen* (S. 10-22). Weinheim: Juventa.
- Peters, M. (1988 b). Bewältigungsforschung und Adoleszenz. In L. Brüderl (Hrsg.), *Belastende Lebenssituationen* (S. 23-36). Weinheim: Juventa.
- Plaum, E. (1985). Leistungsmotivation bei Jugendlichen: Methodische Probleme und empirische Befunde. In D. Liepmann & A. Stiksrud (Hrsg.), *Entwicklungsaufgaben und Bewältigungsprobleme in der Adoleszenz* (S. 159-167). Göttingen: Hogrefe.
- Pohle-Hauss, H. (1977). *Vater und Kind. Zur Psychologie der Vater-Kind-Beziehung.* Frankfurt a. Main: Haag & Herchen.
- Polkinghorne, J. (1993). Chaos and Cosmos: A Theological Approach. In J. Holte (Ed.), *Nobel Conference XXVI. Chaos: The New Science* (p. 105-117). Boston: University Press of America.
- Poluda-Korte, E.S. (1995). Identität im Fluss. In K. Flaake & V. King (Hrsg.), *Weibliche Adoleszenz* (3. Aufl.) (S. 147-165). Frankfurt a.M.: Campus.
- Prigogine, I. (1993). Time, Dynamics and Chaos: Integrating Poincar's "Non-Integrable Systems". In J. Holte (Ed.), *Nobel Conference XXVI. Chaos: The New Science* (p. 55-88). Boston: University Press of America.

- Prokop, U. (1994). Relativierung der „Normalfamilie" - Konsequenzen für die weibliche und männliche Identitätsbildung. In A. Eggert-Schmid Noerr, V. Hirmke-Wessels & H. Krebs (Hrsg.), *Das Ende der Beziehung?: Frauen, Männer, Kinder in der Trennungskrise* (S. 26-45). Mainz: Matthias-Grünewald-Verlag.
- Quast, H.-H. (1985). Alltagsbelastungen und selbstbezogene Kognitionen bei Jugendlichen. In D. Liepmann & A. Stiksrud (Hrsg.), *Entwicklungsaufgaben und Bewältigungsprobleme in der Adoleszenz* (S. 133-146). Göttingen: Hogrefe.
- Reinhard, H.B. (1988). *Abwehr und Bewältigung. Ein Beitrag zur Grundlegung einer allgemeinen Psychopathologie des Kindes- und Jugendalters.* Berlin: Marhold.
- Reinke, E. (1995). Die Uebermittlung von unbearbeiteten Traumen im Zusammenhang mit dem Nationalsozialismus 1933-1945. In K. Flaake & V. King (Hrsg.), *Weibliche Adoleszenz* (3. Aufl.) (S. 126-146). Frankfurt a.M.: Campus.
- Reukauf, W. (1989). *Hilfen für Scheidungskinder und ihre Eltern.* Unveröffentlichter Vortrag, gehalten in Lublin (Polen).
- Reukauf, W. (1992). Die Zukunft der Psychotherapie. Der Beitrag des dialogischen Prinzips. In E.P. Fischer, H.St. Herzka & K.H. Reich (Hrsg.), *Widersprüchliche Wirklichkeit. Neues Denken in Wissenschaft und Alltag* (S. 220-243). München: Piper.
- Ross, M.-T. (1991). Scheidung - und die Folgen für die Eltern. In A. Buskotte (Hrsg.), *Ehescheidung: Folgen für Kinder* (S. 29-37). Hamm: Hoheneck.
- Rotmann, M. (1985). Frühe Triangulierung und Vaterbeziehung. *Forum der Psychoanalyse*, 1, 308-317.
- Rudeck, R. (1993). Kindergruppenarbeit im Feld Trennung und Scheidung. In K. Menne, H. Schilling & M. Weber (Hrsg.), *Kinder im Scheidungskonflikt: Beratung von Kindern und Eltern bei Trennung und Scheidung* (S. 151-166). Weinheim: Juventa.
- Schachtner, Ch. (1994). Das autonome Subjekt: Ideal und Risiko. In H. Felder & H.-J. Wirth (Hrsg.), *Frauen zwischen Autonomie und Gebundenheit* (17. Jg., Heft 1, S. 9-16). München: Reinhardt.
- Schaub, H.A. & Schaub-Harmsen, F. (1986). Einelternfamilien aus der Sicht der betroffenen Kinder - Versuch einer familienorientierten Gruppenarbeit. *Familiendynamik*, 11, (2), 143-150.
- Scheuerer-Englisch, H. (1993). Beratung statt Begutachtung. Ein Modell der Zusammenarbeit von Erziehungsberatung und Familiengericht. In K. Menne, H. Schilling & M. Weber (Hrsg.), *Kinder im Scheidungskonflikt: Beratung von Kindern und Eltern bei Trennung und Scheidung* (S. 213-225). Weinheim: Juventa.
- Schleiffer, R. (1988). *Elternverluste. Eine explorative Datenanalyse zur Klinik und Familiendynamik.* Berlin: Springer.
- Schlippe v., A. (1987). *Familientherapie im Überblick.* Paderborn: Junfermann.

- Schmidt, J.U. (1985). Problembewältigungsformen von Auszubildenden in beruflichen, insbesondere sozialen Situationen. In D. Liepmann & A. Stiksrud (Hrsg.), *Entwicklungsaufgaben und Bewältigungsprobleme in der Adoleszenz* (S. 38-45). Göttingen: Hogrefe.
- Schmidt, L.R. (1994). Public Health. In P. Schwenkmezger & L.R. Schmidt (Hrsg.), *Lehrbuch der Gesundheitspsychologie* (S. 207-221). Stuttgart: Enke.
- Schröder, A. (1988). Bewältigung lebensbedrohlicher Erkrankungen. In L. Brüderl (Hrsg.), *Belastende Lebenssituationen* (S. 108-124). Weinheim: Juventa.
- Schröder, A. & Schmitt, B. (1988). Soziale Unterstützung. In L. Brüderl (Hrsg.), *Theorien und Methoden der Bewältigungsforschung* (S. 149-159). Weinheim: Juventa.
- Schroeder, M. (1994). *Fraktale, Chaos und Selbstähnlichkeit. Notizen aus dem Paradies der Unendlichkeit.* Heidelberg: Spektrum.
- Schwenkmezger, P. (1994). Gsundheitspsychologie: Die persönlichkeitspsychologische Perspektive. In P. Schwenkmezger & L.R. Schmidt (Hrsg.), *Lehrbuch der Gesundheitspsychologie* (S. 47-64). Stuttgart: Enke.
- Schwenkmezger, P. & Schmidt, L.R. (1994). Gesundheitspsychologie: Alter Wein in neuen Schläuchen? In P. Schwenkmezger & L.R. Schmidt (Hrsg.), *Lehrbuch der Gesundheitspsychologie* (S. 1-8). Stuttgart: Enke.
- Secunda, V. (1994). *Tochter bleibt man ein Leben lang. Von Frauen und ihren Vätern.* München: Wilhelm Goldmann Verlag.
- Seiffge-Krenke, I. (1984). Formen der Problembewältigung bei besonders belasteten Jugendlichen. In E. Olbrich & E. Todt (Hrsg.), *Probleme des Jugendalters* (S. 363-386). Berlin: Springer.
- Seiffge-Krenke, I. (1985). Die Funktion des Tagebuchs bei der Bewältigung alterstypischer Probleme in der Adoleszenz. In R. Oerter (Hrsg.), *Lebensbewältigung im Jugendalter* (S. 131-159). Weinheim: VCH Verlagsgesellschaft.
- Seiffge-Krenke, I. (1990). Developmental Processes in Self-Concept and Coping Behaviour. In H. Bosma & S. Jackson (Eds.), *Coping and Self-Concept in Adolescence* (p. 51-68). Berlin: Springer.
- Seiffge-Krenke, I. (1994 a). *Gesundheitspsychologie des Jugendalters.* Göttingen: Hogrefe.
- Seiffge-Krenke, I. (1994 b). Gesundheitspsychologie: Die entwicklungspsychologische Perspektive. In P. Schwenkmezger & L.R. Schmidt (Hrsg.), *Lehrbuch der Gesundheitspsychologie* (S. 29-45). Stuttgart: Enke.
- Seligman, M.E.P. (1986). *Erlernte Hilflosigkeit* (3., ver. Aufl.). München: Psychologie Verlags Union.
- Silbereisen, R.K. & Kastner, P. (1985). Jugend und Drogen: Entwicklung von Drogengebrauch - Drogengebrauch als Entwicklung? In R. Oerter (Hrsg.), *Lebensbewältigung im Jugendalter* (S. 192-219). Weinheim: VCH Verlagsgesellschaft.

- Smale, St. (1993). What Is Chaos?. In J. Holte (Ed.), *Nobel Conference XXVI. Chaos: The New Science* (p. 89-104). Boston: University Press of America.
- Sohni, H. (1991). Mutter, Vater, Kind - Zur Theorie dyadischer und triadischer Beziehungen. *Praxis der Kinderpsychologie und Kinderpsychiatrie*, 6, 213-221.
- Stäudel, T. (1988). Kompetenz. In L. Brüderl (Hrsg.), *Theorien und Methoden der Bewältigungsforschung* (S. 129-138). Weinheim: Juventa.
- Stäudel, T. & Weber, H. (1988). Bewältigungs- und Problemlöseforschung: Parallelen, Ueberschneidungen, Abgrenzungen. In L. Brüderl (Hrsg.), *Theorien und Methoden der Bewältigungsforschung* (S. 63-78). Weinheim: Juventa.
- Stein, Y. (1992). Zwei Erkenntnislehren der Psychoanalyse. Beiträge der Komplementaritätsidee. In E.P. Fischer, H.St. Herzka & K.H. Reich (Hrsg.), *Widersprüchliche Wirklichkeit. Neues Denken in Wissenschaft und Alltag* (S. 244-259). München: Piper.
- Steiner-Adair, C. (1995). Körperstrategien. In K. Flaake & V. King (Hrsg.), *Weibliche Adoleszenz* (3. Aufl.) (S. 240-253). Frankfurt a.M.: Campus.
- Stein-Hilbers, M. (1993). Ihr die Sorge und ihm die Rechte? Zum Verhältnis kindlicher Rechte auf Sorge und Umgang zu elterlichen Sorge- und Umgangsrechten. In K. Menne, H. Schilling & M. Weber (Hrsg.), *Kinder im Scheidungskonflikt: Beratung von Kindern und Eltern bei Trennung und Scheidung* (S. 95-114). Weinheim: Juventa.
- Stern, L. (1995). Vorstellungen von Trennung und Bindung bei adoleszenten Mädchen. In K. Flaake & V. King (Hrsg.), *Weibliche Adoleszenz* (3. Aufl.) (S. 13-39). Frankfurt a.M.: Campus.
- Stiksrud, A. & Wobit, F. (1985). Entwicklungsaufgaben als Bewältigungsprobleme von jugendlichen Migranten der zweiten Generation. In D. Liepmann & A. Stiksrud (Hrsg.), *Entwicklungsaufgaben und Bewältigungsprobleme in der Adoleszenz* (S. 84-97). Göttingen: Hogrefe.
- Strehmel, P. (1988). Prozessanalyse in der Bewältigungsforschung. In L. Brüderl (Hrsg.), *Theorien und Methoden der Bewältigungsforschung* (S. 208-230). Weinheim: Juventa.
- Suess, G.J. (1993). Das Kindesinteresse im Scheidungsverlauf. Implikationen für die Beratungspraxis. In K. Menne, H. Schilling & M. Weber (Hrsg.), *Kinder im Scheidungskonflikt: Beratung von Kindern und Eltern bei Trennung und Scheidung* (S. 167-175). Weinheim: Juventa.
- Tewes, U. & Schedlowski, M. (1994). Gesundheitspsychologie: Die psychobiologische Perspektive. In P. Schwenkmezger & L.R. Schmidt (Hrsg.), *Lehrbuch der Gesundheitspsychologie* (S. 9-28). Stuttgart: Enke.
- Thöne-Jäpel, D. (1993). Eure Scheidung - und was ist mit uns? Erfahrungen und Wünsche von Kindern und Jugendlichen. In K. Menne, H. Schilling & M. Weber (Hrsg.), *Kinder im Scheidungskonflikt: Beratung von Kindern und Eltern bei Trennung und Scheidung* (S. 139-149). Weinheim: Juventa.

- Thomae, H. (1984). Formen der Auseinandersetzung mit Konflikt und Belastung im Jugendalter. In E. Olbrich & E. Todt (Hrsg.), *Probleme des Jugendalters* (S. 89-110). Berlin: Springer.
- Todt, E. (1984). Selbstkonzept und Selbstkonzeptänderung als Mittler bei der Bewältigung von Anforderungen in der Adoleszenz. In E. Olbrich & E. Todt (Hrsg.), *Probleme des Jugendalters* (S. 159-186). Berlin: Springer.
- Trautmann-Sponsel, R.D. (1988 a). Definition und Abgrenzung des Begriffs „Bewältigung". In L. Brüderl (Hrsg.), *Theorien und Methoden der Bewältigungsforschung* (S. 14-24). Weinheim: Juventa.
- Trautmann-Sponsel, R.D. (1988 b). Depression und antidepressives Verhalten. In L. Brüderl (Hrsg.), *Theorien und Methoden der Bewältigungsforschung* (S. 107-114). Weinheim: Juventa.
- Tress, W. (1986). *Das Rätsel der seelischen Gesundheit*. Göttingen: Vandenhoeck & Ruprecht.
- Vargon, M.M., Lynn, D.B. & Barton K. (1976). Effects of father absence on women's perception of „ideal" mate and father. *Multivariate Experimental Clinical Research*, Vol. 2, 1, 33-42.
- Waldeck, R. (1995). Die Frau ohne Hände. In K. Flaake & V. King (Hrsg.), *Weibliche Adoleszenz* (3. Aufl.) (S. 186-189). Frankfurt a.M.: Campus.
- Wallerstein, J. (1984). Die Bedeutung der Scheidung für Kinder. In H.-Ch. Steinhausen (Hrsg.), *Risikokinder* (S. 107-122). Stuttgart: Kohlhammer.
- Wallerstein, J. & Blakeslee, S. (1989). *Gewinner und Verlierer. Frauen, Männer, Kinder nach der Scheidung*. München: Knaur.
- Wallerstein, J. & Blakeslee, S. (1996). *Gute Ehen. Wie und warum die Liebe dauert*. Weinheim: Quadriga.
- Weber, H. (1994). Veränderung gesundheitsbezogener Kognitionen. In P. Schwenkmezger & L.R. Schmidt (Hrsg.), *Lehrbuch der Gesundheitspsychologie* (S. 188-206). Stuttgart: Enke.
- Weber, H. & Knapp-Glatzel, B. (1988). Alltagsbelastungen. In L. Brüderl (Hrsg.), *Belastende Lebenssituationen* (S. 140-157). Weinheim: Juventa.
- Weber, M. (1991). Aus der Sicht der Beratungsstellen: Rahmenbedingungen und Beispiele. In A. Buskotte (Hrsg.), *Ehescheidung: Folgen für Kinder* (S. 77-98). Hamm: Hoheneck.
- Weber, M. (1992). Trennung und Scheidung als Uebergangsphase in der Familienentwicklung. In W.E. Fthenakis & H.-R. Kunze (Hrsg.), *Trennung und Scheidung - Familie am Ende?* (S. 35-40). Grafschaft: Vektor-Verlag.
- Wendl-Kempmann, G. & Wendl, Ph. (1986). *Partnerkrisen und Scheidung*. München: Beck'sche Verlagsbuchhandlung.
- Weyerer, S., Fichter, M.M. & Möhrle, W. (1987). Der Verlust von Vater oder Mutter in der Kindheit und das Auftreten psychischer Erkrankungen im Erwachsenenalter. *Zeitschrift für Kinder- und Jugendpsychiatrie*, 15, 288-301.

- Wiesner, R. (1992). Begrüssung am Symposium in Kassel 1991. In W.E. Fthenakis & H.-R. Kunze (Hrsg.), *Trennung und Scheidung - Familie am Ende?* (S. 7-9). Grafschaft: Vektor-Verlag.
- Willke, H. (1993). *Systemtheorie: eine Einführung in die Grundprobleme der Theorie sozialer Systeme* (4., überarb. Aufl.). Stuttgart: Fischer.
- Wolfenstein, M. (1966). How is mourning possible? *Psychoanalytic Study of the Child*, 21, 93-123.
- Young, E.R. & Parish, T.S. (1977). Impact of father absence during childhood on the psychological adjustment of college females. *Sex Roles*, 3, 217-227.
- Youniss, J. & Smollar, J. (1990). Self through Relationship Development. In H. Bosma & S. Jackson (Eds.), *Coping and Self-Concept in Adolescence* (p. 130-148). Berlin: Springer.
- Zeddies, R. (1993). Trennungs- und Scheidungsberatung aus Ostberliner Sicht. In K. Menne, H. Schilling & M. Weber (Hrsg.), *Kinder im Scheidungskonflikt: Beratung von Kindern und Eltern bei Trennung und Scheidung* (S. 63-73). Weinheim: Juventa.